GENT 1978

# LETTRES

## INÉDITES

# DE M<sup>me</sup> DE SÉVIGNÉ.

# LETTRES
## INÉDITES
# DE M.<sup>me</sup> DE SÉVIGNÉ.

PARIS,

BOSSANGE père, libraire, rue de Richelieu, N° 60.
MASSON père et fils, libraire, rue d'Erfurth, N° 3.

1824.

# AVERTISSEMENT

## DE L'ÉDITEUR DE 1814.

Dans un moment où les *Correspondances* se multiplient, verra-t-on sans intérêt l'apparition inattendue d'un nouveau Recueil des Lettres de Madame de Sévigné ? Ce n'est point ici une découverte apocryphe, spéculation frauduleuse sur la curiosité publique et le prestige d'un nom célèbre *; c'est un recueil de Lettres conservées dans les archives du château d'Epoisses par une famille recommandable, digne de posséder un si précieux héritage. Cette famille est celle de M. de Guitaut, à qui sont adressées la plus grande partie des nouvelles Lettres que

---

* Les manuscrits autographes seront déposés chez M. Boulard, Notaire.

l'on donne au public. M. le Comte de Guitaut\* est plusieurs fois cité dans les anciennes Lettres de Madame de Sévigné, dont il fut l'ami jusqu'à sa mort. Il naquit le 5 octobre 1626, la même année que Madame de Sévigné. Les rapports de voisinage rendirent leurs relations plus intimes. Madame de Sévigné possédoit la terre de Bourbilly, qui relevoit de celle d'Epoisses, dont M. de Guitaut étoit Seigneur; elle la possédoit du chef de son père, Bussi-Rabutin, Baron de Chantal et de Bourbilly, fils de la *bienheureuse mère de Chantal*\*\*, qui en avoit fait sa résidence ordinaire. Ce château, à deux lieues de celui d'Epoisses, est situé dans un joli vallon, arrosé par la rivière du Serain; il a été démoli presque entièrement; ce qui en reste est habité par le Fermier. Madame

---

\* Guillaume de Pechpeirou-Comminge, Comte de Guitaut, Chevalier de l'ordre du Saint-Esprit, Marquis d'Epoisses.

\*\* Voyez les anciennes Lettres.

de Sévigné, qui ne négligeoit pas le soin de ses affaires, venoit de tems en tems à sa terre de Bourbilly, dont elle appeloit agréablement le maître son *Seigneur*. Elle devoit se plaire dans une société où elle étoit si bien appréciée. On conserve encore, sous le nom de *chambre de la Marquise*, la chambre qu'elle avoit coutume d'occuper dans ce château. M. le Comte de Guitaut mourut à Paris, en 1685, onze ans avant Madame de Sévigné, qui continua toujours sa correspondance avec Madame la Comtesse de Guitaut, dont les qualités personnelles lui avoient inspiré une grande estime. Madame de Grignan, après la mort de sa mère, correspondit comme elle avec Madame de Guitaut. De toutes ces Lettres, il n'en est resté que six; elles font partie de ce volume; beaucoup d'autres, tant de la mère que de la fille, ont été perdues en 1793.

Les dix dernières Lettres de ce Recueil,

adressées à M. d'Hacqueville et à Madame de Grignan, nous ont été données par M. le Comte Garnier, Sénateur, qui en possède les manuscrits autographes, et qui, désirant en enrichir notre littérature, a bien voulu nous autoriser à les publier.

C'est avec la même grâce qu'un autre ami des lettres, qui réunit plusieurs sortes de distinctions, a enrichi ce Recueil d'un écrit fort curieux de Madame de Sévigné, caractérisé dans une note non moins piquante, dont l'auteur ne s'est point fait connoître. Le Recueil est terminé par des lettres de plusieurs personnages connus, contemporains de l'illustre Marquise.

Faire précéder ces Lettres nouvelles d'un éloge suranné de leur auteur, ce seroit grossir inutilement le volume sans ajouter à l'intérêt. Pourquoi redire ce qui a été dit, et bien dit? On possède déjà sur ce sujet un morceau très-judicieux de La Harpe, et une notice de M. Suard, écrite avec la justesse et l'urbanité qui distinguent les productions trop peu nombreuses de cet élégant écrivain. Des recherches généalogiques sur la famille de Madame de Sévigné * et une Lettre sur le caractère de ses écrits, par M. de Brancas, nous tiendront lieu de discours préliminaire : ces deux morceaux auront du moins le mérite de la nouveauté.

Il nous reste à justifier la suppression des dates dans le cours presque entier de cette correspondance. Les Lettres originales n'étant, pour la plupart, datées que du jour de la semaine, un ordre méthodique n'auroit pu être que conjectural. Il existe d'ailleurs de grandes lacunes entre ces divers écrits, dont le mérite est tout-à-fait indépendant

---

* Ces recherches ont été soigneusement revues, corrigées et augmentées par l'auteur, qui n'avoit pas pu en surveiller l'impression, pendant l'invasion de 1814.

des époques. Il ne faut cependant pas dissimuler que le sujet de cette nouvelle correspondance ne seroit pas toujours intéressant, si quelque chose pouvoit ne pas l'être en sortant de la plume aimable et facile qui a su tant de fois donner de l'attrait aux circonstances les plus légères. Du reste, on n'a épargné ni soins ni recherches pour compléter cette collection, la seule peut-être qui ne paroîtra jamais trop volumineuse.

---

*N. B.* On a imprimé les noms propres comme les avoit écrits Madame de Sévigné, c'est-à-dire assez irrégulièrement.

# AVIS
## DES ÉDITEURS D'AUJOURD'HUI.

Persuadés qu'il seroit agréable aux lecteurs de retrouver à ces Lettres inédites, des dates omises à la première édition, nous nous sommes occupés de les faire remplir. M. le Général de G\*\*\*, qui connoît son Sévigné sur le bout du doigt, et qui ayant eu une alliance dans cette illustre famille, y prend un vif intérêt, a bien voulu se charger de ce soin. Les dates qu'il y a placées ne peuvent être, comme on le sent bien, qu'approximatives, puisqu'il n'avoit point les originaux sous les yeux, et que quand bien même il les eût possédés, il n'en auroit pas tiré des renseignemens fort précieux; si ces Lettres, ainsi que M. de Guitaut l'assure lui-même, ne portent en grande partie d'autre date que celle du jour de la semaine où elles furent écrites. M. de G\*\*\* n'a eu pour secours, dans ce travail, que sa prodigieuse mémoire, et les rapprochemens qu'il a pu faire des anecdotes, des événemens cités dans ces lettres, avec les époques qui les virent naître, les circonstances qui les accompagnèrent. Nous nous garderons donc bien de garantir l'exactitude parfaite de ces dates; il nous suffira de témoigner ici publiquement à M. le Général de G\*\*\* la reconnoissance que nous lui devons de tant de bontés et des trois Lettres inédites qu'il nous a procurées, *pour être assurés que ce même public lui saura gré de ses efforts, surtout s'il pouvoit savoir avec quelle grâce il s'est prêté à des recherches aussi minutieuses.*

*Ce premier travail fait, nous avons cru devoir le compléter, pour ainsi dire, en accolant à côté de chaque Lettre le numéro de celle qui la suivroit dans le grand recueil, si elle y étoit placée. De cette manière, les possesseurs de l'édition présente, comme ceux des éditions que nous publiâmes en 1806, 11 vol. in-12 et 8 vol. in-8°, pourront facilement, à l'aide de ces numéros d'appel, voir la place désignée à chacune de ces Lettres inédites dans le grand ordre du premier recueil. Ce travail est également commun aux divers tirages* stéréotypes qui ont été faits en 12 vol. in-18, mais ne s'accorderoit point avec les autres éditions données jusqu'à ce jour.

# EXTRAIT

D'UNE LETTRE

## DE M. LE DUC DE BRANCAS,

*Au sujet de la première édition des Lettres de Madame de Sévigné, qui parut en 1726.*

Je ferois un volume, s'il falloit vous rendre un compte exact de tout ce que je pense des Lettres de Madame de Sévigné et de ce qui m'a passé par la tête en les lisant. Je commence par vous dire, en gros, que j'en suis charmé. Il est bien sûr qu'elle ne les a pas écrites pour devenir publiques. Quand elle l'auroit prévu, je ne sais si elle auroit pris beaucoup de peine à éviter la triste critique de ces pauvres grammairiens; elle étoit bien éloignée, de l'humeur dont vous l'avez connue, d'aspirer à la perfection grammaticale. Je crois qu'elle auroit plutot fait profession de la mépriser, et elle lui auroit volontiers reproché d'avoir pensé déshonorer les lettres de Voiture. Je suis de son avis; vous n'en avez que trop de preuves dans la barbarie de mon style. Pour moi, je ne trouve rien de plus fade que des lettres étudiées, travaillées, compassées, dans un commerce journalier, entre amis intimes, ou entre une mère et sa fille.

Il faut avoir bien peu de sentiment dans le cœur, ou de goût dans l'esprit, pour ne pas trouver dans ces Lettres des beautés incomparables, très-indépendantes de l'élocution. J'avouerai que j'ai trouvé la tendresse de cette mère, de la manière dont elle l'exprime, plus intéressante que bien des spectacles d'amour dont les poëtes et les romanciers nous amusent. Et puis, quand on a connu comme nous cet objet si digne d'une passion si prodigieuse et si vraie, elle fait encore plus d'impression. Madame de Sévigné se retient, dans la peur d'ennuyer sa fille; elle met, pour ainsi dire, un frein à l'abandon de ses pensées et de ses expressions, et une digue au débordement de son cœur, pendant que nos poëtes se donnent la torture à multiplier leurs exagérations, et le plus souvent sans justesse.

Il y a des portraits inimitables qu'elle fait sans y penser et d'un seul trait de plume. Il est pourtant vrai que cette lecture est plus intéressante pour ceux qui, comme nous, ont connu la plus grande partie des personnes dont elle parle, que pour les autres.

Enfin, tout y est naturel et plein de grâce. Pour les endroits d'imagination, où il y a le plus d'esprit, on voit qu'ils lui échappent sans le moindre dessein d'y en mettre. Tout absorbée dans son attention à cet objet à qui elle parle, dont elle est remplie, et qui la porte à autant de distance d'elle-même, qu'il y en a entre la Bretagne et la Provence, elle n'avoit garde de songer à ce qu'elle écrivoit en ce tems-là par rapport à la vanité de bien écrire.

J'ai encore fait un autre usage plus sérieux de ces Lettres, que de m'en divertir simplement. Aucun sermon sur la vanité des choses du monde ne m'a fait tant d'impression : je n'ai jamais eu l'imagination si frappée; il m'a semblé que d'un coup de baguette, comme par magie, elle avoit fait sortir de terre cet ancien monde, que nous avons vu si différent de celui-ci, pour le faire passer en revue devant moi; elle ressuscitoit si parfaitement tous ceux qu'elle me nommoit, qu'il n'y manquoit pas un trait. Elle m'a fait retrouver d'anciennes douleurs à quoi je ne pensois plus, et elle m'en a fait regretter d'autres dont je ne m'étois pas avisé dans le tems de leurs maux. Enfin, soit que j'aie tort ou que j'aie raison (car vous croyez bien que je ne donne pas mon jugement comme une règle sûre), j'ai fait une grande provision de compassion, pour en distribuer libéralement à tous ceux qui ne seront pas de mon avis sur ces Lettres. Je ne sais comment je me suis embarqué dans une si longue dissertation. Je ne sais si vous aurez la patience de la lire jusqu'au bout; mais je suis bien sûr que vous me pardonnerez mon radotage; et comme ce n'est que devant vous tout seul que j'extravague, je n'ai pas eu la force de m'en contraindre, connoissant votre indulgence pour moi.

# DÉTAILS HISTORIQUES

## SUR

## LES ANCÊTRES, LE LIEU DE NAISSANCE,

### LES POSSESSIONS ET LES DESCENDANS

## DE Mme DE SÉVIGNÉ.

Par Cl. Xav. GIRAULT, Jurisconsulte, Membre de plusieurs Sociétés savantes de Paris et des départemens.

---

Tout a droit de nous intéresser dans un personnage d'une haute réputation: ceux dont il a reçu le jour, le berceau de sa naissance, ses domaines, ses enfans, ses amis; tout, à la faveur d'un nom illustre, acquiert de l'importance, devient précieux à recueillir; et l'intérêt que la personne inspire, vient en quelque sorte se répandre sur tout ce qui lui fut cher.

Celui qui donna le jour au défenseur de

Calais, ne voulut que ces mots pour toute épitaphe : *Ci-gît le père de Jean de Vienne.* Pau montroit avec ostentation le berceau de Henri IV, et Dijon les maisons qu'habitèrent Bossuet, Crébillon, Piron et Rameau. On acheta au centuple de sa valeur réelle un petit exemplaire de Claudien qui ne quittoit point la poche du grand Racine, et la plume trouvée sur le bureau de J.-J. Rousseau fut vendue prodigieusement cher \*.

Quelques détails qui se rattachent à Madame de Sévigné ne peuvent donc rester sans intérêt. Cette femme est placée par la postérité au rang des plus grands hommes du règne de Louis XIV; à ce titre, elle appartient à son siècle, à toute la France \*\*. Mais il est deux provinces qui doivent revendiquer l'honneur de lui appartenir plus spécialement encore : la Bourgogne, où elle

---

\* La lampe de fer d'Epictète fut vendue, suivant Lucien, trois mille drachmes, environ cinq cents écus de notre monnoie (*Tr. de l'Op.* 1-69).

\*\* La maison des Augustins de Livry se trouvoit honorée du séjour qu'y fit à diverses reprises Madame de Sévigné (*Env. de Paris*, 11-12).

prit naissance; la Bretagne, où elle reçut le nom sous lequel elle s'est illustrée.

Du chef des FREMYOT et des BERBISEY, Madame de Sévigné tenoit aux premières familles du parlement de Bourgogne; par les RABUTIN et les ROCHE-BARON, elle descendoit des meilleurs Gentilshommes de la province. Le nom de COULANGES marque dans les fastes littéraires et dans ceux du parlement de Paris; les annales de Bretagne mentionnent honorablement le nom de SÉVIGNÉ; les GRIGNAN, les SIMIANE, sont au nombre des maisons les plus illustres de la Provence; les villes de *Montélimart* et d'*Apt* leur devoient leur existence.

L'aïeule de Madame de Sévigné, Jeanne-Françoise *Fremyot*, naquit à Dijon, le 20 janvier 1572; elle étoit fille de Bénigne Fremyot et de Marguerite Berbisey *.

Les FREMYOT s'honoroient d'être l'une des premières familles chrétiennes de la Bour-

---

* Cette dernière étoit sœur de Marguerite, mariée au Baron des Francs, de la maison de Neufchèses, mère de l'Evêque de Châlons, et sœur de l'Archevêque de Bourges, qui rendit de grands services à la France dans les diverses négociations auxquelles il fut employé.

gogne, et d'avoir eu leurs ancêtres baptisés de la main même de saint Bénigne [1].

Bénigne Fremyot*, reçu Président au parlement de Dijon, dès le 16 novembre 1581, soutint avec un courage héroïque le parti de Henri IV en Bourgogne : il siégeoit à la tête des conseillers restés fidèles au Roi, et présidoit la section du parlement qui s'étoit retirée à Semur [2]. Inaccessible à toute espèce de séduction de la part du Duc de Mayenne, il échappa un jour à ce gouverneur de dire dans un moment de dépit : *Plaisante écritoire, pour tant la rechercher!* Jeannin, qui se trouva présent, lui répondit : *Que de cette écritoire on verroit un jour sortir des boulets* [3]. Les événemens justifièrent la vérité de cette prédiction. Pendant la Ligue,

---

* Il étoit fils de Jean Fremyot, magistrat pieux, chrétien très-zélé, surtout contre les erreurs de Luther et Calvin, qui prirent naissance de son temps : l'Évêque du Puy raconte qu'il eut la révélation de sa mort, et qu'après être allé rendre visite à ses parens et à ses amis, il se fit dire le lendemain la messe dans sa chapelle, et expira aux dernières ablutions, âgé de soixante-quinze ans (*Maupas*).

[1] Lévesque.   [3] Courtépée.
[2] Palliot.

le Comte de Tavanes faisoit le siége de Duesmes, lorsqu'il reçut la visite du président Fremyot, qui, informé de la fin tragique de Henri III, étoit venu en toute hâte faire prêter aux troupes, sous les ordres du Comte de Tavanes, serment de fidélité à Henri IV. Pendant qu'il en dressoit acte, une balle de mousquet vint crever le tambour sur lequel écrivoit cet intrépide magistrat; il n'en fut pas même troublé, et ne fit que changer de bureau.

Les Ligueurs ayant fait prisonnier son fils (André, qui fut depuis Archevêque de Bourges), menacèrent ce magistrat de lui envoyer sa tête, s'il ne se rangeoit de leur parti. *Je m'estimerois heureux*, répondit le président, *de le sacrifier pour une si belle cause; il vaut mieux au fils de mourir innocent, qu'au père de vivre perfide.* Après la réduction de la province, celui qui l'avoit menacé de la mort de son fils, accusé de plusieurs autres crimes et perfidies, étoit dévoué à la mort par Henri IV même. Fremyot se prosterne aux pieds du Monarque, et sollicite sa grâce avec tant d'instance, qu'elle lui fut accordée : *Je vois bien, président*, lui dit le Roi, *qu'il faut que ma clémence se joigne à votre douceur; vous voulez la vie de votre ennemi, je vous la donne; j'oublie que je dois être juste pour pardonner avec vous* [1].

Henri IV voulut récompenser le zèle du vertueux Fremyot, par la place de premier président du parlement, dont étoit alors revêtu Denis Brulart. *A Dieu ne plaise,* SIRE, répond Fremyot, *que je m'ingère jamais à la place d'un homme vivant;* et il refusa [2]. Il en fut dédommagé par un brevet de conseiller-d'état et les revenus de l'abbaye de Saint-Etienne, dont il se départit en faveur de son fils André [3]; il fut nommé maire de Dijon après la réduction de cette ville, mourut en août 1611, et eut sa sépulture à Notre-Dame.

Claude *Fremyot*, son neveu, Seigneur d'Is-sur-Tille, aussi président au parlement de Bourgogne dès le 7 janvier 1644 [4], institua Madame de Sévigné son héritière universelle. Elle-même nous l'apprend dans sa 39ᵉ Lettre, sous la date du 20 avril 1670 [5] *Re-*

---

[1] Maupas.
[2] *Ibid.*
[3] Palliot.
[4] Palliot, fol. 100.
[5] Grouvelle, p. 94.

*venons à M. Fremyot, notre cousin; n'est-il pas trop bon, ce président, d'avoir pensé, en mourant, à me donner son bien* (sa succession alloit à 100,000 liv.) *lorsque j'y pensois le moins? Je l'aimois fort, et j'y joins présentement une grande reconnoissance; de sorte que ma douleur est véritable.* Son mausolée existoit à Notre-Dame de Dijon, d'où il a été transféré en l'église cathédrale.

La maison de BERBISEY étoit alliée à saint Bernard par le mariage de Perrenot de Berbisey, en 1378, avec Oudette de Mormant, de la maison de saint Bernard *; aussi cette famille étoit-elle en honneur sous nos anciens Ducs [2]. Guy et Etienne de Berbisey étoient membres de leur grand conseil, en 1460 [3]; Perpétuo Berbisey de Vantoux fut reçu président au parlement, le 18 mars 1597 **, et Jean de Berbisey, le 8 février 1674 [4]; ce dernier mourut le 8 septembre 1697. C'est de lui dont Madame de

---

\* Suivant un titre latin de Jean de Marigny, abbé de Saint-Étienne, sous la date du 6 mai 1378.

\*\* Étienne Berbisey, maitre des comptes, en 1554, étoit père de l'épouse du président Fremyot (*Lévesque*).

[1] Lévesque.      [3] D. de Salles.
[2] Or. fun. de Mad. de Toul.     [4] Palliot, fol. 88.

Sévigné parloit à sa fille, le 22 janvier 1690: *Avez-vous ménagé le bon président de Berbisey? Ecrivez-lui, peut-être qu'il vous fera trouver de l'argent sur cette hypothèque* [1].

Jean second de Berbisey, fils du précédent, fut reçu premier président du parlement de Bourgogne, le 13 janvier 1716, magistrature qu'il exerça pendant trente années à la satisfaction de tous les ordres de citoyens [2]. Il affecta son hôtel de Dijon et sa baronie de Vantoux à ceux qui lui succéderoient à perpétuité dans la dignité de chef du parlement, fit les fonds des prix annuels qui se distribuoient solennellement au collége des Godrans, fonda plusieurs bourses perpétuelles, destinées à faire apprendre des métiers aux enfans pauvres, et voulut être inhumé chez les Carmes, qui eurent aussi part à ses libéralités [3]. Sa famille lui fit ériger, dans l'église de ce monastère, un superbe cénotaphe, exécuté par Masson et Martin, sculpteurs de Paris, et transféré dans la nouvelle cathédrale; mais, plus durable que le marbre, la mémoire de ce magistrat

---

[1] Grouvelle, 569ᵉ lett.  [3] Courtépée, 1—506.
[2] Petitot, fol. 11.

se perpétue d'âge en âge, et le souvenir de ses vertus, de ses bienfaits, restera éternellement en vénération parmi ses concitoyens. La reconnoissance publique a attaché le nom de ce magistrat à la rue qu'il habitoit.

Jeanne-Françoise Fremyot semble avoir réuni dans sa personne les vertus de ces deux respectables familles. Elle avoit à peine vingt ans lorsqu'elle épousa, en 1592, Christophe de Rabutin, Baron de Chantal et de Bourbilly.

La maison de RABUTIN étoit très-ancienne en Bourgogne * [1]; elle remplissoit des places de dignité à la cour de nos anciens Ducs, et étoit attachée à la première dynastie de ces Princes par le mariage de Hugues Rabutin d'Epiry avec la fille de Claude de Montaigu de Couches, l'un des descendans du Duc

---

* Elle tire son nom d'un ancien château du Charolois, situé en un marais, au milieu d'un bois, dit la forêt de Rabutin : le plus ancien Seigneur de cette maison est Mayeul de Rabutin, qui signa, en 1147, un traité avec Pierre-le-Vénérable, abbé de Cluny. (*Hist. généal. de la maison de Rabutin, dressée par Messire Roger de Bussi-Rabutin, pour dame Marie de* RABUTIN, *Marquise de* SÉVIGNÉ; mss. in-4°, dont une copie soignée est conservée à la Bibliothèque publique de la ville de Dijon.

[1] Beguillet, fol. 98.

Hugues III * [1], et à la famille royale de Danemarck, par le mariage de Louis de Rabutin avec une Duchesse de Holstein [2]. Olivier de la Marche et Philippe de Comines parlent avantageusement d'un *Amé Rabutin* **, qui signala sa vaillance dans les tournois et dans les combats, et fut tué en 1472, à l'assaut de Beauvais [3];

---

* Jeanne (d'autres disent Claude), fille naturelle de Claude de Couches et de Gillette dudit lieu, légitimée par lettres de Louis XI, de 1461, avoit épousé, vers 1450, Hugues Rabutin d'Épiry et de Balorre, à qui son beau-père donna Bourbilly, le 10 octobre 1467, Sully, le 20 novembre 1469. Les lettres de légitimation furent enregistrées en la chambre des comptes de Dijon, le 13 août 1496 (*Tabl. hist.*, 1754, pag. 6). Le P. Anselme, tom. I$^{er}$, 562. D.

** « Venons à nos Mayeuls et à nos Amés. En vérité, mon cher cousin, cela est fort beau; ce sont des vérités qui font plaisir. Ce n'est point chez nous que nous trouvons ces titres, ce sont dans des chartres anciennes et dans des histoires. Ce commencement de naissance plaît fort, on n'en voit point la source, et la première personne qui se présente est un fort grand Seigneur, il y a plus de cinq cents ans, des plus considérables de son pays, dont nous trouvons la suite jusqu'à nous. » (*Lettre* 734, 22 juillet 1685).

[1] Courtép., Abr. p. 227.
[2] Généalog. à la Bibliothèque publique de Dijon.
[3] Armorial.

( xxix )

Louis de Rabutin, époux de Barbe de Damas, fut tué au combat de Marignan.

Le Comte de Bussy nous peint aussi le premier des Christophe, dans une lettre datée de Forléans, le 21 novembre 1666, et qu'il écrivoit à sa belle cousine, pour lui rendre compte d'une excursion qu'il avoit faite à Bourbilly :

« En arrivant, le soleil qu'on n'avoit pas
« vu depuis deux jours, commença de pa-
« roître; et lui et votre fermier firent fort
« bien l'honneur de la maison, celui-ci en
« nous faisant une bonne collation, l'autre
« en dorant toutes les chambres que les
« Christophe et les Guy s'étoient contentés
« de tapisser de leurs armes *. J'y étois

---

\* Celles des *Rabutins*, cinq points d'or, équipollés de quatre de gueules, avec des chérubins pour cimier et pour supports.

Celles des *Montaigu de Couches*, de Bourgogne plein, brisé d'un canton d'hermines ( *Tabl. hist.*, 1754, 10 ).

Celles des *Roche-Baron*, de gueules à bande d'argent, à la bordure d'azur chargé de fleurs-de-lys d'or, bordée de même, écartelé d'argent à trois faces d'azur.

Celles des *Brion*, de sable au lion d'argent, au chef d'or chargé de bandes de sable ( *Pailiot* ).

*c.*

« allé en famille, qui fut aussi satisfaite de
« cette maison que moi. Les Rabutin vivans,
« voyant tant d'écussons, s'estimèrent en-
« core davantage, connoissant par-là le cas
« que les Rabutin morts faisoient de leur
« maison. Mais l'éclat de rire nous prit à
« tous lorsque nous vîmes le bon homme
« Christophe à genoux, qui, après avoir mis
« ses armes en mille endroits et de mille
« manières différentes, s'en étoit fait faire
« un habit \*. Il est vrai que c'est pousser
« l'amour de son nom aussi loin qu'il peut
« aller. Vous croyez bien, ma belle cousine,
« que Christophe avoit un cachet, et que
« ses armes étoient sur sa vaisselle, sur les
« housses de ses chevaux, et sur son car-

---

Celles des *Fremyot*, d'azur à trois molettes d'argent, surmontées de trois étoiles d'or, au chef de gueules, chargé d'un lambel d'argent : *Sic virtus super astra vehit* (*Palliot*).

Celles des *Berbisey*, d'azur à la brebis paissante d'argent (*Palliot*).

\* Sous Charles V et Charles VI, on portoit des habits blasonnés et chamarrés des pièces armoriales et des couleurs de son écu : les femmes portoient, sur leurs robes, à droite l'écu de leur mari, à gauche le leur. (*Saint-Foix*, 1-95, 11-187).

« rosse ; pour moi, j'en mettrois la main
« dans le feu » [1].

Ce Christophe étoit seigneur de Sully et de Bourbilly, terres qu'avoit apportées dans sa maison l'héritière de Couches [2]; il fut inhumé, en 1567, dans la chapelle du château de Bourbilly, qu'il avoit fondée; son épouse étoit Claude de Roche-Baron, fille de Guillaume de Roche-Baron et de Madeleine de Brion [*] [3].

La maison de *Roche-Baron* étoit ancienne dans la province ; Antoine de Roche-Baron, seigneur de Berzé-le-Châtel, en Nivernois, étoit, vers le milieu du quinzième siècle, chambellan et échanson du Duc Philippe-le-Bon [4]; il avoit épousé Philippe, fille naturelle du Duc Jean-sans-Peur et de la dame de Gyac, sa maîtresse, morte le 24 avril 1461. Le Duc lui donna quatre

---

[*] Nous le présumons ainsi sur ce que nous lisons, que Jean de Damas de Digoine, qui avoit défendu la Bourgogne, en 1557, avoit épousé Jeanne, fille de Guillaume de Roche-Baron et de Madeleine de Brion (*le P. Anselme*, VIII, 831, C).

[1] Grouvelle, t. I$^{er}$, p. 80.    [3] Le P. Ans. VIII, 831.
[2] Courtépée.    [4] D. de Salles.

prisonniers de guerre pour l'aider à retirer son père détenu chez les ennemis. Il mourut en octobre 1463, laissant deux fils, Claude et Girard.

*Sont issus du mariage de Christophe de Rabutin et de Claude de Roche-Baron :*

Guy de Rabutin-Bourbilly, époux de Françoise de Cossay.

Christophe de Rabutin-Bussi, époux de Hélie de Damas.

Christophe de Rabutin-Chantal, époux de Jeanne-Françoise Fremyot.

Léonor de Rabutin, époux de Diane de Cognac.

Celse-Bénigne Rabutin, époux de Marie de Coulanges.

Roger, comte de Bussi-Rabutin, époux de Gabrielle de Toulongeon.

Guy de Rabutin-Bourbilly acquit, en 1580, les baronies de Montholon * et

---

* Ce fut cette terre qui donna son nom à François de Montholon, garde-des-sceaux de France, en 1542, surnommé l'Aristide français (*Courtépée*).

Chantal [1]; il étoit décoré du cordon de Saint-Michel [2], et avoit épousé Françoise de *Cossay*, fille de Charles, seigneur de Beauvoir, et d'Anne d'Anlezi [3] : il fut blessé à la bataille de Renti.

Après la mort de son épouse, des suites d'un cancer au sein, et le mariage de son fils [4], Guy de Rabutin se retira au château de Chantal, qu'il habita le reste de ses jours avec une gouvernante [5] qui s'étoit tellement emparée de l'esprit de son maître, qu'elle tenoit toute la maison dans une dépendance que lui seul ne sentoit pas. Le vieux Baron étoit d'une humeur fâcheuse et difficile ; la vieillesse augmentoit encore son chagrin, et le rendoit chaque jour moins traitable ; il avoit soixante-quinze ans, et toute la caducité et la brusquerie de cet âge [6], lorsqu'il voulut attirer près de lui la veuve de son fils et ses enfans, la menaçant, en cas de refus, de se remarier et de les déshériter. Cette sainte femme resta sept ans et demi dans cette maison ; c'est dans les historiens de sa

---

[1] Courtépée.
[2] Lévesque.
[3] Moréri.
[4] Maupas.
[5] Édit. 1768.
[6] Maupas.

vie qu'il faut lire les détails de tout ce qu'elle eut à souffrir de cette servante-maîtresse, qui avoit fondé l'espoir de ses cinq enfans sur la fortune du vieux Baron, qu'elle administroit à son gré, et suivant qu'elle y trouvoit son avantage.

Madame de Chantal quitta son beau-père en avril 1610; il survécut encore deux années à cette séparation, et mourut en novembre 1612, au château de Chantal [1].

Christophe second de Rabutin, Baron de Chantal et de Bourbilly, né en 1564, fut l'un des chevaliers les plus braves et les plus accomplis de son tems; il étoit bien fait de sa personne, d'un caractère franc et généreux [2], d'un esprit vif et prompt, aimant à remplir ses devoirs, mais obligeant ceux qui lui étoient soumis à remplir exactement les leurs; ennemi de la débauche et du libertinage, soutenant son rang avec dignité, aimé et recherché à la Cour, estimé et admiré à la guerre.

Il étoit, au tems de la Ligue, gouverneur de Semur, ville qui fit éclater hautement sa fidélité pour ses Rois [3] : mis par les fonc-

---

[1] Maupas.  [3] Courtépée.
[2] Édit. 1768.

tions de sa place en rapport avec le président Fremyot, chef du parlement séant à Semur, il épousa sa fille en 1592 [1]. Le Baron de Chantal avoit alors vingt-huit ans, et Mademoiselle Fremyot étoit âgée de vingt; ces époux fixèrent leur résidence à Bourbilly, qui n'étoit éloigné de Semur que de deux petites lieues.

Dès que Henri IV fut entré en Bourgogne, le Baron de Chantal ne le quitta plus; il le suivit au combat de Fontaine-Française, où il fut blessé sous les yeux du Roi, qui, ne dissimulant pas qu'on lui devoit en partie le succès de cette journée [2], récompensa Chantal par une pension de douze cents écus, et des éloges publics bien au-dessus des gratifications. Il fut l'un de ceux qui accompagnèrent le parlement, lors de sa rentrée solennelle à Dijon, le 19 juin 1595 [3].

Les troubles de la Ligue dissipés, le Baron de Chantal passoit une partie de son tems à la Cour, et l'autre à sa campagne, que son épouse ne quittoit jamais, et où elle menoit, par goût, la vie la plus retirée pendant l'absence de son mari [4]; mais dès qu'il étoit de

---

[1] Marsollier.  [3] Courtépée.
[2] Lévesque.  [4] Édit. 1768.

( xxxvj )

retour, les fêtes, les repas, les visites y ramenoient les plaisirs et le faste, car Chantal aimoit à tenir son rang. En 1601, il revint de la Cour, malade d'une dyssenterie qu'il porta plus de six mois [1]; il en étoit à peine rétabli, lorsqu'un de ses parens et de ses meilleurs amis, d'Anlezy de Chazelle, vint lui rendre visite : ce dernier étoit amateur passionné de la chasse, et la terre de Bourbilly abondoit en gibier; Chantal ne prisoit pas beaucoup cet exercice; d'ailleurs, encore convalescent, il n'avoit pas assez de force pour s'y livrer, néanmoins il ne put refuser à son ami de l'y accompagner : il portoit ce jour-là un costume ventre-de-biche, et, fatigué, il se reposoit à l'ombre des halliers; la couleur du vêtement en impose à la vue de son ami [2]; il croit voir une biche dans les buissons, dans son ardeur lâche son coup de fusil, et casse la cuisse au malheureux Baron, qu'on reporte à demi-mort dans son château [3], où il expira neuf jours après, ayant voulu que le pardon qu'il accordoit à son imprudent meurtrier fût écrit à perpétuelle mémoire sur les registres de la paroisse. Bussi

---

[1] Maupas.  [3] Maupas.
[2] Marsollier.

raconte les causes de cette mort d'une manière différente : « Un jour qu'il étoit allé à « la chasse avec d'Anlezi, seigneur de Cha-« zelle, son voisin, son parent et son bon « ami, chacun un arquebuse sur l'épaule, la « détente de celle de Chazelle s'en alla, et « blessa Christophe au ventre; ce dont il « mourut huit jours après » [1].

Madame de Chantal n'étoit que dans la quinzaine des couches de sa dernière fille, lorsque ce malheureux événement arriva [2]; elle le supporta avec cette résignation qui n'appartient qu'aux âmes véritablement pieuses. Elle avoit vécu neuf ans avec son mari, et en avoit eu six enfans, dont deux morts en bas-âge : un fils et trois filles survécurent à leur père; le premier fut envoyé à Dijon chez le président Fremyot, pour y recevoir une éducation convenable; Madame de Chantal se chargea de l'éducation de ses filles; à ce devoir, elle ajoutoit le soin des malades et des pauvres. Telles furent ses occupations exclusives pendant les deux années qu'elle passa à Bourbilly après la mort de son époux.

Elle avoit fondé une messe quotidienne

---

[1] Généalogie manuscr. de Bussi-Rabutin.    [2] Maupas.

dans la chapelle du château de Bourbilly, village où il n'y a pas d'église paroissiale *; on montre encore dans ce village le grand four où

---

\* Madame de Sévigné avoit dessein d'en établir une; elle écrivoit à ce sujet au Comte de Guitaut (*Lettre inéd.* XXIV) : « Le bon Abbé, qui se connoit en droits honorifiques comme en bons vins, ne comprend pas que vous ne dussiez autant aimer de m'avoir, et moi, et ma paroisse, et mon château, relevant de vous, que d'avoir cette paroisse de moins, et me voir pêle-mêle avec vo. paysans à votre *Vic-de-Chassenai.* Savez-vous bien d'où vient que nous avons été ainsi traités familièrement? C'est qu'un seigneur de Montagu, seigneur d'Epoisses et autres lieux, dernier Prince de la première race des Ducs de Bourgogne, maria sa fille unique, légitimée à la vérité, à un Rabutin, en 1460, et lui donna Bourbilly, Forléans, Foux, Changi et Plumeron, et enfin pour 20,000 liv. de rente, chose considérable alors, et tout cela relevoit, comme de raison, du père, qui avoit toutes sortes de droits sur sa fille. En ce temps, on étoit ravi d'être à plate terre dans la paroisse de Montagu; par la suite des tems, on se trouve bien durement sur ses genoux; et s'il étoit vrai que cela vous fût égal d'avoir une paroisse de plus, vous m'avoueriez que cette pensée est toute naturelle, quand elle est jointe à une espèce de scrupule qui fait que l'on croit faire quelque chose de bon, de contribuer à l'instruction des peuples (*Page* 70).

« La barbarie et l'ignorance de mes pauvres sujets nous ont fait penser à faire une paroisse de ces deux villages, afin d'être instruits et d'entendre quelquefois prêcher Jésus-Christ. M. d'Autun le souhaite fort. Il faut ménager cette sainte veuve faisoit cuire elle-même, chaque semaine, le pain des pauvres; dans

et dédommager M. le curé de Vic-Chassenai; et pour vous qui êtes le seigneur, je suis persuadée que vous le voudrez bien, par la raison que je n'en relève pas moins de vous, et que c'est une augmentation au nombre de vos paroisses. Plus ma terre est belle, et plus le seigneur est grand seigneur. Vous ne me verrez pas souvent à votre paroisse : ainsi je crois que vous aimerez mieux, que moi, ma paroisse et ma terre vous rendent hommage, que de charger votre conscience de l'ignorance de nos paysans, qui nous parurent comme des Indous (*Page* 76).

« Vos droits honorifiques n'en sont nullement offensés : vous auriez une paroisse de plus dont vous seriez le seigneur supérieur avec toutes les marques; c'est, en Btetagne, ce qu'on appelle embellir sa terre, et la rendre considérable, que d'avoir plusieurs paroisses. Mais nous n'en sommes pas à vous persuader, les avocats le feroient en un moment. Je ne ferai jamais de séjour à cette terre; et comme j'ai mon habitation dans Epoisses, la civilité dont vous faites profession me donnera toujours une des bonnes places dans votre paroisse. Je n'ai donc pas besoin de me tant tourmenter; je vous assure aussi que ce n'étoit que par une espèce de conscience, qui me faisoit voir comme une obligation l'instruction de mes pauvres villages, qui assurément n'ont jamais entendu parler de Jésus-Christ. Mais je m'en remets à M. d'Autun (*Page* 80).

Je ne veux pas surpasser la mère de Chantal; ce qui seroit proprement vouloir aller par-delà Paradis (*Page* 83).

une année de famine, elle distribua tous les jours du pain et de la soupe aux indigens qui se présentoient; ils y accouroient de six ou sept lieues à la ronde [1]; l'affluence fut telle, qu'elle fut obligée de faire ouvrir dans sa cour une seconde porte, afin que les pauvres pussent entrer par l'une et sortir par l'autre, après avoir reçu leur portion; aussi le souvenir de ses bienfaits est-il encore dans ce village l'objet d'une perpétuelle vénération.

Lorsqu'elle transporta sa résidence à Chantal, près de son beau-père, elle n'y donna pas de moindres exemples de piété et de charité [2]; elle y transféra la messe qu'elle avoit fondée à Bourbilly, et consacra une chambre à une pharmacie, en faveur des malades qu'elle-même alloit visiter et panser. Elle ne craignoit pas de se rendre à Autun tous les matins, à pied, pour y entendre les sermons de l'Avent et du Carême [3]; au retour, elle doubloit le pas, pour ne pas retarder l'heure du dîner de son beau-père. La mémoire de ses vertus se conserve encore dans ce village; et le nom de Madame de Chantal n'y est prononcé que couvert de bénédictions [4].

---

[1] Maupas.
[2] Ibid.
[3] Courtépée.
[4] Maupas.

En 1604, saint François-de-Sales étant venu, à la sollicitation des élus et du parlement, prêcher le carême à Dijon, Madame de Chantal vint passer ce tems chez son père; ce fut là où elle jeta les fondemens de la vie spirituelle qu'elle embrassa dans la suite.

Après ce carême, elle retourna près de son beau-père, faisant néanmoins quelques voyages à Bourbilly pour y régler ce qui concernoit cette terre [1]. Elle s'y trouvoit en 1606, lorsqu'une épidémie s'y manifesta; Madame de Chantal prit soin des malades, et ne les abandonna point; son zèle la rendit presque victime; elle y tomba malade elle-même assez dangereusement.

Après quelques années, revenue à Chantal, elle y maria sa fille aînée (Marie-Aimée) avec Jean (ou Bernard) de Sales, Baron de Thorens, frère du saint Evêque de Genève, qui vint célébrer ce mariage dans la chapelle même du château de Chantal, le 13 octobre 1609 [2].

L'année suivante, Madame de Chantal, appelée à d'autres destinées, quitta le château de Chantal, fit à son père ses derniers adieux, remit entre ses mains le bien de ses

---

[1] Maupas.     [2] *Ibid.*

enfans et des sommes assez considérables qui leur revenoient; pria son frère, l'archevêque de Bourges, de veiller aussi sur la conduite du jeune Baron, son neveu; et, malgré toutes les représentations de son père, les sollicitations de sa famille, les vives instances de son fils, elle s'en sépara pour aller avec ses deux filles s'établir près de son pieux directeur, à Annecy, où elle fonda, le 6 juin 1610, le premier monastère des Dames de la Visitation, ordre qui fut approuvé par bulles de Paul V, du 5 octobre 1618.

Madame de Chantal perdit l'une de ses filles en la même année. La mort de son père, en août 1611, la rappela en Bourgogne; elle plaça son fils au collége de Dijon pour y achever son éducation, passa quelques jours à Bourbilly pour y régler les affaires de cette terre; visita, en s'en retournant, le vieux Baron de Chantal [1], dont la mort, arrivée en novembre 1612, la rappela encore dans cette province. Dans ce second voyage, accompagnée du Baron de Thorens, son gendre, elle donna des preuves de sa générosité et de son indulgence envers cette gouver-

---

[1] Maupas.

nante despotique, qui l'avoit tant et si souvent abreuvée d'outrages et de mortifications [1].

Madame de Chantal perdit dans la même année, son gendre, sa fille, et le seul enfant qu'il y eût de cette union; dans le commencement de 1617, le Baron de Thorens, conduisant son régiment en Piémont, y mourut; sa femme, âgée de dix-neuf ans, courut se jeter dans les bras de sa mère pour répandre sa douleur dans son sein [2]; elle étoit alors enceinte, et ne survécut que cinq mois à son mari; elle accoucha avant son terme, et l'enfant qu'elle portoit suivit de près ses père et mère au tombeau [*].

Il ne restoit plus à Madame de Chantal qu'un fils et une fille; elle maria celle-ci (Françoise de Rabutin-Chantal) [3], en 1622,

---

[*] M. de Fontette, tom. IV, fol. 268, n° 4816, mentionne l'oraison funèbre de cette dame en ces termes : « La mémoire de Darie, ou parfait modèle pour les jeunes dames, dans la vie de Madame Marie-Aimée de Rabutin-Chantal, épouse de Bernard, Baron de Sales et de Thorens; par Louis-Joseph-Dominique de Cambis, Marquis de Villeron. » (*Mss.*)

[1] Marsollier.        [3] Lévesque.
[2] Maupas.

au Comte Antoine de Toulongeon *, seigneur d'Alonne, capitaine des gardes, gouverneur de Pignerol, brave guerrier, qui s'étoit distingué aux siéges de Suze, de Negreplisse et de La Rochelle, et lui donna pour dot les terres de Montholon et de Chantal [1].

Après la mort de son mari, arrivée en 1633, la Comtesse de Toulongeon vint fixer sa résidence à Autun **, pour être plus à portée de ses possessions [2]; elle y reçut sa mère en 1638, et maria Gabrielle de Toulon-

---

\* Cette famille tire son nom du château de Toulongeon, près d'Orgelet, en Franche-Comté; elle a produit plusieurs maréchaux de Bourgogne et chevaliers de la Toison-d'Or : les Toulongeon ayant pris le parti de Marie de Bourgogne, Louis XI ruina leur château et confisqua leurs biens (*Courtépée*, IV, 338).

\*\* Madame de Sévigné écrivoit de Montjeu, près Autun, le 22 juillet 1672, au Comte de Bussi : « Madame de Toulongeon, ma tante, vint m'y voir, et M. Jeannin (*le fils du célèbre président de ce nom*) m'a prié si instamment de venir ici, que je n'ai pu lui refuser.... Le grand Jupiter (Mont-Jeu, *Mons-Jovis*) s'est contenté de me mettre sur sa montagne, sans vouloir me faire voir ma famille entière. Je trouve Madame de Toulongeon, ma cousine, fort jolie et fort aimable, je ne la croyois pas si bien faite, ni qu'elle entendit si bien les choses. » (*Lettre* 227, *tom.* III, *pag.* 76)

[1] Courtépée.     [2] Marsollier.

geon, sa fille, au Comte Roger de Bussi-Rabutin *, qui par cette union se trouvoit doublement allié à la Marquise de Sévigné, qui lui écrivoit le 22 juin 1690 : *Je compte vous aimer toujours, mon cher cousin, par bien des raisons; en voici une*, et elle signe Marie de Rabutin [1]; et le 25 octobre 1673, elle écrivoit d'Epoisses à sa fille : *Je n'achevai qu'avant-hier toutes mes affaires à Bourbilly, et le même jour je vins ici, où l'on m'attendoit avec quelqu'impatience; j'y menai avec moi Monsieur et Madame de Toulongeon*, QUI NE SONT POINT ÉTRANGERS DANS CETTE MAISON [2].

Enfin, après avoir fondé quatre-vingt-sept monastères de son ordre **, Madame de Chantal mourut à Moulins, le vendredi 13 décembre 1641, entre les bras de ses saintes filles, qui la béatifièrent [3] :

---

* Il épousa en secondes noces, en 1650, Louise de Rouville, qui mourut en 1703; il étoit mort à Autun, le 9 mars 1693.

** Celui de Dijon fut par elle fondé le 8 mai 1622, presque vis-à-vis l'hôtel de ses pères ; ce qui a fait donner à la rue en face de ce couvent le nom de rue Chantal.

[1] Grouvelle, t. X, p. 57.   [3] Maupas.
[2] *Idem*. t. III, p. 49.

( xlvj )

Benoît XIV ratifia ce jugement en 1751, et Clément XIV la canonisa en 1767. Plusieurs auteurs ont publié son éloge et sa vie *. Le recueil de ses lettres forme trois volumes in-12, Paris, 1753.

Madame de Chantal avoit vu mourir son père, son frère **, son époux et tous ses enfans; la Comtesse de Toulongeon fut la seule qui lui survécut *** jusqu'en 1648.

Celse-Bénigne de Rabutin, Baron de Chantal et de Bourbilly, fut le seul fils de Christophe de Rabutin et de Jeanne-Françoise Fremyot; il étoit né en 1597, fut élevé à Dijon, chez le président Fremyot, son aïeul ; après la mort de ce magistrat,

---

* Bailly, Morel, Fichet, Maupas, Camato, la Marquise de Coligni, Marsollier, Cordier, Beaufils, la Tour-du-Pin, Séguy, Clément, un chanoine d'Orléans, et autres anonymes.

** Il mourut le 13 mai 1641.

*** M. de Fontette, tom. IV, fol. 219, n° 48190, fait mention de l'oraison funèbre de la Comtesse de Toulongeon (Françoise de Rabutin; fille de la bienheureuse Chantal), par Nicolas Lévesque, chanoine de Notre-Dame d'Autun; Autun, 1685, in-4°. L'auteur a joint à cette oraison funèbre les preuves de sa filiation et les généalogies des familles Rabutin, Fremyot et Barbisey.

il acheva ses études et son éducation au collége de cette ville.

Il avoit épousé, en 1624, Marie de Coulanges, fille de Philippe, seigneur de la Tour, conseiller-d'état, secrétaire des finances, et de Jeanne Lefebvre d'Ormesson [1].

Ce Baron de Chantal étoit extrêmement brusque et impatient; il poussoit la franchise jusqu'à la rudesse, et le laconisme jusqu'à la sécheresse. Sa fille écrivoit, le 13 décembre 1684, au Comte de Bussi : *Vous apostrophez l'âme de mon pauvre père, pour vous faire raison de la patience de quelques courtisans; Dieu veuille qu'il ne soit point puni d'avoir été d'un caractère si opposé* [2] *!*

Et ailleurs, en août 1675, lett. 328 : *Mon père est l'original de ce style. Il écrivoit au maréchal de Schomberg* (celui qui avoit été surintendant des finances quand on le fit maréchal de France) [3] :

« Qualité, barbe noire, familiarité. »
CHANTAL.

*Vous entendez qu'il vouloit dire qu'il avoit été fait maréchal de France, parce qu'il*

---

[1] Lévesque.     [3] *Idem*, t. III, p. 425.
[2] Grouv. t. VII, p. 270.

*avoit de la qualité, la barbe noire comme Louis XIII, son maître, et qu'il avoit de la familiarité avec lui* \*.

Malgré ces défauts, le Baron de Chantal étoit d'un naturel enjoué, d'un esprit plein de grâces, connu par sa bravoure, et plusieurs autres bonnes qualités; il avoit encouru la disgrâce du cardinal de Richelieu, pour avoir été intimement lié avec Henri de Talleyrand, prince de Chalais, à qui ce ministre fit trancher la tête [1]. Il étoit ami du maréchal de Thoiras, qui lui donna à commander le premier escadron des gentilshommes volontaires, formé de l'élite du royaume, pour aller défendre les côtes contre les Anglais. Chantal fut chargé de s'opposer à leur descente à l'île de Rhé, et les combattit en héros, le 22 juillet 1627, pendant six heures consécutives [2]; il eut trois chevaux tués sous lui, reçut vingt-sept coups de piques [3]; le dernier, dit-on, lui fut porté de la main de Cromwel; il expira deux heures après [4], et, malgré la belle défense de Thoi-

___

\* Charles Schomberg avoit été élevé comme menin de Louis XIII, et avoit épousé Marie de Hautefort, que le Roi avoit aimée.

[1] Généal. des Rabutin.   [3] Édit. 1752.
[2] Édit. 1768.   [4] Grouvelle.

ras, qui les repoussa jusqu'à trois fois, l'on ne put empêcher les Anglais de descendre dans l'île, et de s'en rendre maîtres. Il fut inhumé aux Minimes de la Place Royale, à Paris.

Marie de *Coulanges*, sa veuve, ne survécut que cinq années à la perte de son mari; elle mourut en août 1632, ne laissant de son mariage avec le Baron de Chantal [1] qu'une fille unique, orpheline à cinq ans, que son aïeule se contenta de recommander aux soins de l'archevêque de Bourges [2], et laissa entre les mains de ses parens maternels; cette fille étoit MARIE DE RABUTIN, qui devint si célèbre sous le nom de Marquise de Sévigné.

Elle fut d'abord placée sous la tutelle de Philippe de la Tour, son aïeul maternel, et élevée avec son fils, Philippe-Emmanuel de Coulanges*. Son aïeul étant mort en 1636, Christophe de Coulanges, abbé de Livri, servit de père à la jeune Baronne; il en a

---

* Il étoit né en 1631, avoit épousé Mademoiselle Dugué de Bagnols, nièce, par sa mère, de l'épouse du chancelier Le Tellier, et mourut le 31 janvier 1716, âgé de quatre-vingt-cinq ans. C'étoit le plus enjoué et le

[1] Maupas.   [2] Edit. 1768.

rempli les devoirs jusqu'à sa mort, et c'est véritablement à ce *bon Abbé* que sa nièce doit tout ce qu'elle fut, et que nous devons l'inimitable Marquise de Sévigné.

Mais c'est à sa plume à nous peindre ses sentimens pour lui, et toutes les obligations qu'elle avoit au *bien bon*, au *bon Abbé*, à son cher oncle.

*Notre Abbé qui se fait adorer, parce qu'il vous adore,* écrivoit-elle à sa fille, le 23 mai 1671, *m'a enfin donné tout son bien* (Grouvelle, tom. II, pag. 59); *il n'a point eu de repos que cela n'ait été fait : n'en parlez à personne, car la famille le dévoreroit* (Lett. 104). Sa succession alloit à 80,000 liv.

*J'ai vu mourir depuis dix jours mon cher oncle,* écrivoit-elle au Comte de Bussi, le 2 septembre 1687; *vous savez ce qu'il fut pour sa chère nièce ; il n'y a point de bien qu'il ne m'ait fait, soit en me donnant son*

---

plus aimable des chansonniers français. Quelques-unes de ses lettres se retrouvent dans les recueils de celles de son illustre cousine. Ses chansons sont imprimées en deux volumes in-12. Paris, 1698.

*bien tout-à-fait, soit en conservant et rétablissant celui de mes enfans* (Grouvelle, tom. VIII, pag. 64); *il m'a tirée de l'abîme où j'étois à la mort de M. de Sévigné; il a gagné des procès, il a remis toutes mes terres en bon état, il a payé mes dettes; il a fait la terre où demeure mon fils, la plus jolie et la plus agréable du monde; il a marié mes enfans; en un mot, c'est à ses soins continuels que je dois le repos et la paix de ma vie* (Lett. 69).

*Mon cher oncle avoit quatre-vingts ans, il étoit accablé de la pesanteur de cet âge, il étoit infirme et triste de son état, la vie n'étoit plus qu'un fardeau pour lui. Sa maladie a été celle d'un homme de trente ans, une fièvre continue, une fluxion sur la poitrine; en sept jours, il a fini sa longue et honorable vie avec des sentimens de piété, de pénitence et d'amour de Dieu, qui nous font espérer sa miséricorde pour lui. Voilà, mon cher cousin, ce qui m'a affligée et occupée depuis quinze jours; je suis pénétrée de douleur et de reconnoissance.*

Marie de Rabutin, Baronne de Chantal et de Bourbilly, naquit le 5 février 1626, et tous les nécrologues sont d'accord que ce fut en Bourgogne; mais dans quel lieu de cette grande province? C'est un des points que nous nous sommes proposé de traiter.

L'on doit tout au moins présumer, du silence gardé jusqu'ici sur le lieu de la naissance de cette femme célèbre, qu'elle ne reçut point le jour dans une des villes de l'ancien duché de Bourgogne; car la cité qui l'auroit vu naître dans son enceinte, n'auroit pas manqué d'en conserver le souvenir et d'en revendiquer l'honneur; il n'en est aucune, cependant, qui ose s'attribuer la gloire d'avoir vu naître Madame de Sévigné dans ses murs.

Elle ne peut donc avoir reçu le jour que dans quelqu'un des châteaux de ses ancêtres; mais la difficulté ne fait que s'augmenter par le nombre des terres, seigneuries, fiefs et châteaux que possédèrent, dans la province, les familles *Rabutin* et *Fremyot*; toutefois, nous essayerons de réduire la question à ses plus simples termes.

RABUTIN, paroisse de Changy, près Chârolles, donna son nom à la famille [1]; mais

---

[1] Courtépée, t. IV, p. 67.

il n'y a plus que deux feux; mais il n'y reste plus même aucun vestige de l'ancien château; ce qui prouve qu'il y avoit bien plus d'un siècle qu'il n'étoit plus habitable, et par conséquent habité: en effet, nous ne voyons pas qu'aucun des Rabutin en ait parlé.

Bussi-le-Grand, près Flavigny, dès 1583, passa des Chandio à Léonor de Rabutin, Baron d'Epiry, père du fameux Comte Roger, qui en fit rebâtir le château * ¹ : par conséquent cette terre n'appartenoit point, en 1626, aux ancêtres de Madame de Sévigné, mais à ses oncles.

Un autre Bussi, dit *la Paille*, près Sombernon, fut érigé en baronie par Henri IV, en 1596, en faveur de Jacques-des-Francs, gendre du président Fremyot ². Cet autre Bussi se trouvoit donc encore appartenir à la ligne collatérale de Madame de Sévigné, à l'époque de sa naissance.

---

*. Ce château est célèbre par les dix-sept ans d'exil qu'y passa le Comte Roger de Bussi-Rabutin, et les emblèmes satyriques dont il décora sa demeure pour se nourrir encore de ses illusions; monument historique qui attire dans ce château les étrangers curieux (*Voyage au midi de la France, par Millin*).

¹ Courtép. t. VI, p. 536.  ² *Idem*, t. VI, p. 133.

( liv )

Epiry, paroisse de Saint-Jean-de-Luz, ou Saint-Emilland, à trois lieues d'Autun, a long-tems appartenu aux Rabutin [1]; le Comte Roger de Bussi-Rabutin y reçut le jour en 1618. Dès 1623, cette terre passa aux La Madeleine.

Sulli, entre Autun et Couches, fut vendu, en 1528, par Christophe de Rabutin à Jean de Saulx, suivant que le Comte Roger l'écrivoit à sa cousine en 1678 [2].

Balorre, entre Charolles et Mont-Saint-Vincent, apporté en dot, en 1366, par Marie de Balorre à Jean Rabutin d'Epiry, fut confisqué, en 1578, sur Louis de Rabutin, et adjugé à Léonor, Comte de Chabot-Charni [3].

Chazeu, paroisse de Loisy, près d'Autun, fut acquis, en 1641, par le Comte Roger de Bussi-Rabutin, de Catherine de Chissey [4].

Thotes, entre Semur et Rouvrai, dont le Serein sépare le finage de celui de Bourbilly [5], appartenoit au président Fremyot, qui y reçut le parlement au tems de la

---

[1] Courtépée, t. III, p. 613.
[2] Idem, t. III, p. 624.
[3] Idem, t. IV, p. 53.
[4] Idem, t. III, p. 589.
[5] Idem, t. V, p. 573.

Ligue; mais il est à présumer qu'il céda cette terre à son gendre, Jacques-des-Francs, de la maison de Neufchèses, puisqu'en 1628, Jacques de Neufchèses, évêque de Châlons, en fit construire la chapelle et rebâtir le château. Cet Évêque laissa 30,000 liv. à Madame de Sévigné.

Forléans, annexe de Combertaut, ou Vieux-Château, près Semur [1], entra dans la maison de Rabutin par l'alliance de l'héritière de Couches. On lit dans l'église qu'elle fut fondée par Christophe Rabutin de Bourbilly et Claude de Roche-Baron, sa compagne, trisaïeux de Madame de Sévigné, dont les descendans vendirent cette terre, en 1718, aux Chartraires de Saint-Agnan.

Forléans appartenoit bien au père de Madame de Sévigné; mais lorsqu'à une lieue nous voyons cette branche aînée des Rabutin posséder une maison agréable et y faire sa résidence, lorsqu'on ne mentionne aucune habitation seigneuriale dans ce village, il est à présumer qu'il n'étoit qu'une dépendance de Bourbilly.

---

[1] Courtépée, t. V, p. 526.

Ce n'étoit ni de Coulanges-la-*Vineuse*, ni de Coulanges-sur-*Yonne*, les deux seules communes de ce nom au duché de Bourgogne [1], que tiroit son nom la mère de Madame de Sévigné. Dès le milieu du quinzième siècle, jusqu'en 1712, la maison de Châtelux étoit en possession de Coulanges-la-Vineuse, et Coulanges-sur-Yonne appartenoit dès 1608 au Marquis de Faulin.

Restent donc deux seules communes sur lesquelles doivent se porter nos doutes et nos recherches, Chantal et Bourbilly.

Chantal, paroisse de Montholon, diocèse d'Autun, long-tems habité par le bisaïeul de Madame de Sévigné, où la sainte veuve, son aïeule, passa sept années avec ses filles, ayant été donné en dot, en 1622, à la Comtesse de Toulongeon, il ne restoit plus à donner en partage à son frère que la baronie de Bourbilly.

Bourbilly, paroisse de Vic-Chassenay, entre Semur et Epoisses, étoit en effet l'apanage des fils de la branche aînée des Rabutin [*]; ils en tiroient la dénomination de

---

[1] Courtépée, t. VII, p. 24 et 34.

[*] Madame de Sévigné ne l'ignoroit pas; elle écrivoit,

leur branche; le château étoit le principal lieu de leur habitation, la chapelle étoit affectée à leur sépulture : cette terre étoit leur principal revenu; aussi échut-elle en partage au père de Madame de Sévigné. Elle l'estimoit 300,000 liv.

Il l'habitoit avec son épouse, comme son père l'avoit habité avec sa vertueuse compagne, comme son aïeul, qui avoit constitué cette terre sa principale résidence; y tenant d'autant plus, qu'elle lui retraçoit

---

le 15 mars 1647, au Comte de Bussi, cette lettre, peut-être la plus jolie de celles qui nous sont conservées :

« Je vous trouve un plaisant mignon de ne m'avoir
« pas écrit depuis deux mois; avez-vous oublié qui je
« suis, et le *rang que je tiens dans la famille?* Ah! vrai-
« ment, petit cadet, je vous en ferai bien ressouvenir; si
« vous me fâchez, je vous réduirai au *lambel.* Vous
« savez que je suis sur la fin d'une grossesse, et je ne
« trouve en vous non plus d'inquiétude de ma santé que
« si j'étois encore fille. Eh bien! je vous apprends,
« quand vous en devriez enrager, que je suis accouchée
« d'un garçon, à qui je vais faire sucer la haine contre
« vous avec le lait, et que j'en ferai encore bien
« d'autres, seulement pour vous faire des ennemis. Vous
« n'avez pas eu l'esprit d'en faire autant : le beau faiseur
« de filles! »

son alliance à la maison de Bourgogne, dont ces seigneurs se montroient fort jaloux; et c'étoit assez l'usage aux seigneurs de ce tems-là d'habiter leurs châteaux.

Tout indique donc que ce fut à celui de Bourbilly que Madame de Sévigné reçut la naissance, et nul autre lieu ne sauroit réunir en sa faveur d'aussi fortes probabilités.

Il n'y auroit eu besoin que d'un acte de naissance pour établir ce fait; mais les registres d'état civil des paroisses de Montholon et Vic-Chassenay ne remontant pas au-delà de 1650, ainsi que nous nous en sommes assurés par les recherches que nous avons fait faire aux greffes des tribunaux d'Autun et de Semur, il n'a pas été possible de se procurer un acte de l'an 1626, et l'on est obligé d'y suppléer par une masse de probabilités.

Bourbilly étoit d'ailleurs une habitation agréable, à une lieue de la ville de Semur, et à-peu-près autant de l'ancien bourg d'Epoisses, dans un pays réputé pour l'abondance et la bonne qualité des grains; ayant de belles prairies arrosées par la petite rivière du *Serein* *, à l'entrée d'une vallée aussi

---

* Malgré ce qu'en ait dit le Mercure de France de

riante que fertile, environnée de coteaux couverts de vignes et de bois. Mais laissons à Madame de Sévigné à nous la peindre elle-même.

Le Comte de Bussi lui écrivoit de Forléans, le 21 novembre 1666, lettre 29ᵉ. (*Grouvelle*, tom. I, *pag*. 80 ) : « Je fus hier « à Bourbilly; jamais je n'ai été si surpris, « ma belle cousine; je trouvai cette maison « belle, et quand j'en cherchai la raison, « après le mépris que j'en avois fait il y a « deux ans, il me sembla que cela venoit de « votre absence; en effet, vous et Mademoiselle de Sévigné enlaidissez ce qui « vous environne, et vous fîtes ce tour-là il « y a deux ans à votre maison. Il n'y a rien « de si vrai, et je vous donne avis que, si « vous la vendez jamais, vous fassiez ce « marché par procureur, car votre présence « diminueroit fort le prix. »

---

janvier 1729, le nom de cette petite rivière n'est point le SENAIN, mais le SEREIN : elle a sa source près de Vic-sous-Til, coule du sud à l'ouest, passe à Préci-sous-Til, Aisi, Montigni, BOURBILLY, Vieux-Château, Toutry, et se jette dans l'Yonne, au-dessus de l'embouchure de l'Armançon.

Elle-même écrivoit à sa fille, au mois d'octobre 1673 :

« Enfin, ma chère fille, j'arrive présen-
« tement dans le vieux château de mes
« pères [1]; j'ai trouvé mes belles prairies *,
« ma petite rivière, et mon beau moulin à la
« même place où je les avois laissés; il y a ici
« de plus honnêtes gens que moi, et cepen-
« dant au sortir de Grignan je m'y meurs de
« tristesse. On a élagué des arbres devant
« cette porte, ce qui fait une allée fort agréa-
« ble. Tout crève ici de blé, et de *Caron* pas
« un mot, c'est-à-dire, pas un sou. — Si vous
« n'aviez du blé, je vous offrirois du mien ;
« j'en ai vingt mille boisseaux à vendre ; je
« crie famine sur un tas de blé ; j'ai pour-
« tant assuré 14,000 liv. et fait un nou-

---

[1] Grouvelle, t. III, p. 143.

* L'abbé Courtépée (t. V, p. 502) parle d'un traité de 1631, par lequel Madame de Chantal accordoit aux habitants de Bourbilly le *champoie* dans cette prairie, après la fauchaison, jusqu'au 25 mars ; cet acte de bien-faisance, bien digne de Françoise Fremyot, ne peut cependant pas lui être attribué, vu que dès 1610 elle avoit renoncé au monde, et que dès 1624 la terre de Bourbilly appartenoit à son fils.

« veau bail sans rabaisser \*; voilà tout ce
« que j'avois à faire. » L'abbé de Coulanges
estimoit cette terre cent mille écus.

Cependant le mauvais tems lui en fit
trouver le séjour désagréable :

« Il pleut à verse, je suis désaccoutumée
« de ces continuels orages \*\*, j'en suis en

---

\* Madame de Sévigné écrivoit à M. de Guitaut : « Je
« n'ai pas reçu 2,200 livres de ma terre cette année. —
« Vous verrez par ces mémoires, que quand les grains
« ont été à bas prix, ma terre a toujours dû valoir
« 3,620 liv. à peu près; et quand les grains sont chers,
« cela passe 4,000 liv. — Ma pauvre terre devroit être
« affermée 4,000 liv. au lieu de 3,400 liv.; mais c'en
« est fait. » (*Lett. inéd.* XV, XVI, XVII).

\*\* Cette vallée y est très-sujette; Madame de Sévigné en décrit un, dans sa lettre inédite XIII, page 143, à Madame de Guitaut, en ces termes : « Aussitôt que j'eus reçu la lettre de Boucard, qui assurément ne diminuoit rien de l'horreur de la tempête, je me mis, comme un fidèle disciple de la Providence, à me soumettre de tout mon cœur à cette grêle qui avoit emporté tout mon pauvre bien....; car en effet, ma chère Madame, que peut-on faire contre une puissance si supérieure et des arrêts qui viennent de si haut? Qui croiroit qu'au 7 juillet, quand il a tant plu toute l'année, on ne fut pas en sûreté, et qu'il vint une espèce de chose qui vous emporte tous vos grains, qui brise votre paille, qui emporte vos foins, qui casse et renverse les vitres et les

« colère. Pour l'air d'ici, il n'y a qu'à res-
« pirer pour être grasse; il est humide et
« épais, il est admirable pour rétablir ce
« que l'air de Provence a desséché.

« J'ai resté neuf jours entiers en Bour-
« gogne, et je puis dire que ma présence et
« celle de l'Abbé étoient très-nécessaires à
« Bourbilly; malgré la rusticité de mon
« château, Madame de Guitaut vint m'y

---

couvertures de votre vieux château, et qui reçoit de cette manière un nouvel amodiateur.... Hélas! y a-t-il encore du blé dans mon petit climat?.... Devinez où s'en alla ce diable d'orage? Après m'avoir ravagé, il s'en alla bien vite à Vantoux, près Dijon, chez le président de Berbisey. Il fit une belle diligence; il étoit à deux heures chez moi, et à quatre chez lui; il y fit de plus une *oille*, une fricassée épouvantable de toutes sortes de gibiers et de volailles (*Page* 143).

« Plût à Dieu que vous eussiez été mon correspondant dès le commencement de mes réparations de Bourbilly! Combien d'argent, combien de dettes épargnées. (*Page* 24).

« Je reçois, Madame, un arrêt du conseil d'en haut, de M. l'abbé Tribolet, qui me taxe à donner aux pauvres de mes villages vingt boisseaux de blé par mois; il ne dit point jusqu'à la récolte, mais je le suppose; car ce seroit une étrange chose, et me mettre quasi au nombre de ceux à qui je donnerois, si cela devoit toujours.... Je suis touchée des histoires que vous me contez de ces

« voir avec Madame la Comtesse de Fiesque.
« Cela paroissoit beaucoup dans cette hor-
« rible maison. »

L'héritière de cette baronie étoit âgée de dix-huit ans lorsqu'elle épousa, en 1644, Henri, marquis de SÉVIGNÉ, maréchal-de-camp, gouverneur de Fougères, issu d'une des plus anciennes maisons de Bretagne. L'histoire de cette province nomme Louis de Sévigné pour fondateur de la confrérie de la noblesse de Bretagne, dans les premières années du quinzième siècle; un Guillaume de Sévigné fut créé, en 1440, chevalier banneret; les Sévigné tenoient par leurs alliances à la maison de Retz, qui avoit

---

pauvres gens qui meurent de faim. On pourroit vous en conter de plus pitoyables encore, et en plus grande quantité; mais il faut s'attacher principalement à ceux que nous pouvons et que nous devons secourir; et comme il n'est pas aisé de vivre d'espérance dans ces pressans besoins, je vous envoie un billet pour Lapierre, qui donnera à M. notre curé, à qui j'écris, vingt boisseaux de blé et de seigle, c'est-à-dire, moitié l'un, moitié l'autre. Je serai trop bien récompensée dès ce monde-ci de cette aumône, si M. l'abbé Tribolet me délivre des plaintes de mon fermier, et même de M. Boucard, sur la grêle, etc. etc. (*Page* 171).

alors une grande influence sur le gouvernement; ils étoient aussi alliés aux Duguesclin, aux Clissons, aux Rohans.

On nous représente le Marquis de Sévigné comme aimant le plaisir, le faste et la dépense; léger, gai, insouciant, rieur, homme à quolibets, et même à bonnes fortunes; Ninon de l'Enclos l'avoit attaché à son char, et cette rivalité fut ce qui affecta le plus sensiblement son épouse. Sa vie ne marque dans l'histoire que par quelques écarts; au surplus, elle fut très-courte : il fut tué en 1651, dans un duel qu'il eut avec le chevalier d'Albret.

Ainsi périrent de mort forcée l'aïeul, le père et l'époux de Madame de Sévigné : restée veuve à vingt-cinq ans, après sept années de mariage, elle se refusa à de nouveaux liens, mit tout son bonheur dans les deux enfans qu'elle avoit eus de son union, et se sacrifia pour réparer les brèches que les dépenses du père avoit faites à leur fortune.

Après trois ans de veuvage, elle reparut à la Cour, c'étoit en 1654, avec tous les succès de l'esprit joint à la beauté. Le Comte de Bussi nous a tracé à deux différentes époques le portrait de cette femme célèbre \*; nous les mettrons en regard pour que l'on puisse les comparer :

| Au recueil de Lettres de Madame de Sévigné. | Dans l'Histoire amoureuse des Gaules. |
|---|---|
| Mon dieu ! que vous avez d'esprit, ma belle cousine ! que vous écrivez bien ! que vous êtes adorable ! Il faut avouer qu'étant aussi prudente que vous êtes, vous m'avez grande obligation que je ne vous aime pas plus que je fais ( *Lett.* 9). — Quand vous ne voulez pas ce qu'on veut, Madame, il faut bien vouloir ce que vous voulez ; on est encore trop heureux d'être de | Madame de Sévigné a d'ordinaire le plus beau teint du monde ; les yeux petits et brillans ; la bouche plate, mais de belle couleur ; le front avancé ; le nez seul semblable à soi, ni long, ni petit, carré par le bout ; la mâchoire comme le bout du nez ; et tout cela, qui en détail n'est pas beau, est, à tout prendre, assez agréable. Elle a la taille belle, sans avoir bon |

---

\* Dans la Généalogie de la maison de Rabutin, qu'avoit composée, pour Madame de Sévigné, le Comte Roger de Bussi-Rabutin, dont nous avons dit que la bibliothèque publique de la ville de Dijon possédoit une belle copie, ce Comte appelle sa cousine *Marie pleine de grâces*.

*f.*

vos amis : il n'y a guère que vous dans le royaume qui puisse réduire un amant à se contenter d'amitié; et je suis persuadé qu'il faut qu'une femme ait un mérite extraordinaire pour faire en sorte que le dépit d'un amant maltraité ne le porte pas à rompre avec elle ( *Lett.* 10 ). — Vous vous amusez après la vertu, comme si c'étoit chose solide; et vous méprisez le bien, comme si vous ne pouviez jamais en manquer; nous vous verrons un jour regretter le tems que vous aurez perdu; nous vous verrons repentir d'avoir mal employé votre jeunesse, et d'avoir voulu, avec tant de peine, acquérir une réputation qu'un médisant * peut vous ôter, air; elle a la jambe bien faite; la gorge, les bras et les mains mal taillés; elle a les cheveux blonds, déliés et épais; elle a bien dansé, et a l'oreille encore juste; elle a la voix agréable et sait un peu chanter; voilà, pour les dehors, à peu près comme elle est faite.

Il n'y a point de femme qui ait plus d'esprit qu'elle, et fort peu qui en aient autant; sa manière est divertissante. Il y en a qui disent que, pour une femme de qualité, son caractère est un peu trop badin. Du tems que je la voyois, je trouvois ce jugement-là ridicule, et je sauvois son burlesque sous le nom de gaieté. Aujourd'hui qu'en ne la voyant plus son grand feu ne

---

*. Bussi-Rabutin joua ce rôle dans l'extrait ci-accolé.

et qui dépend plus de la fortune que de votre conduite (*Lett*. 8). — Je vous l'avoue, ma belle cousine, j'aimerois assez à vous faire un crime de quelque nature qu'il fût (*Lettre* 7).

Tant pis pour ceux qui vous ont refusée, ma belle cousine, je ne sais pas si cela leur fera grand profit; mais je sais bien que cela ne leur fera pas grand honneur (*Lett*. 6). — Je ne pense pas qu'il y ait au monde une personne plus généralement estimée que vous: vous êtes les délices du genre humain. L'antiquité vous auroit dressé des autels, et vous auriez été assurément déesse de quelque chose. Dans notre siècle, où l'on n'est pas si prodigue d'encens, on se contente de dire qu'il m'éblouit pas, je demeure d'accord qu'elle veut être trop plaisante.

Si l'on a de l'esprit, et particulièrement de cette sorte d'esprit qui est enjoué, l'on n'a qu'à la voir, on ne perd rien avec elle; elle vous entend, elle entre juste dans tout ce que vous dites, elle vous devine, et vous mène d'ordinaire plus loin que vous ne pensiez aller; quelquefois aussi on lui fait voir bien du pays. La chaleur de la plaisanterie l'emporte, et en cet état elle reçoit avec joie tout ce qu'on veut lui dire de libre, pourvu qu'il soit enveloppé; elle y répond même avec usure, et croit qu'il iroit du sien, si elle n'alloit pas au-delà de ce qu'on lui a dit.... La plus grande marque d'esprit qu'on puisse n'y a point de femme, à votre âge, plus vertueuse ni plus aimable que vous. Je connois des Princes du sang, des Princes étrangers, de grands seigneurs, de grands capitaines, des ministres d'état, des magistrats et des philosophes, qui fileroient pour l'amour de vous. En pouvez-vous demander davantage ? lui donner, c'est d'avoir de l'admiration pour elle; elle aime l'encens, et elle aime d'être aimée; et pour cela elle sème, afin de recueillir. Elle donne de la louange pour en recevoir. Elle aime généralement tous les hommes, de quelque profession qu'ils soient. A moins que d'en vouloir à la liberté des cloîtres, vous ne sauriez aller plus loin (*Lett.* 14). — Et si le cardinal Mazarin avoit à Paris une nièce faite comme vous, je me trompe fort, ou la paix seroit faite à quelque prix que ce fût. (*Lett.* 5).

Ces portraits tracés par la même main, mais dans des tems bien opposés, se réunissent cependant tous les deux pour donner de Madame de Sévigné la plus haute idée, et l'on ne doit pas être surpris de l'éclat avec lequel elle parut à la cour de Louis XIV, et dans les fêtes brillantes qui se donnèrent à Versailles.

Mais les éloges *, la vie, des notices ** sur cette Dame, sont entre les mains de tout le monde; nous ne pouvons qu'y renvoyer pour ne pas sortir du cercle que nous nous sommes tracé. Elle mourut à Grignan, en 1696, au mois d'avril ***.

Son fils, Charles, Marquis de Sévigné, né au mois de mars 1647, réunissoit les

---

* Celui de Madame de Sévigné, par Madame la présidente Brisson, qui a remporté le prix de l'Académie de Marseille, en 1777, portant cette épigraphe :

*Semper honos nomenque tuum laudesque manebunt.*

Ceux par Mesdames de La Fayette, Neker, MM. de La Harpe, Suard, etc.

** Les pensées ingénieuses, anecdotes littéraires, historiques et morales, les bons mots de Madame de Sévigné ont été recueillis sous le nom de *Sévigniana*. Paris 1756, 1768, Auxerre 1788, Paris 1803, in-12, deux volumes; c'est l'un des recueils le plus agréable de ce genre.

*** Plusieurs biographies, entre autres le Dictionnaire historique de D. Chaudon, placent sa mort au 14 janvier 1696; cependant l'on trouve, n° 1073, édition de Grouvelle, une lettre du 29 mars 1696, qui dément cette date. La tombe de Madame de Sévigné s'est conservée, comme par miracle, au milieu des profanations révolutionnaires dans la petite église de Grignan (*Itinér. de la France, par Vaisse, route de Lyon*, pag. 41).

agrémens qui plaisent le plus dans le monde : il étoit d'une figure agréable, blond comme sa mère et sa sœur, très-vif, grand rieur, et possédoit au suprême degré l'art de bien lire ; sa passion pour la trop célèbre Ninon de l'Enclos fit le tourment de sa tendre mère, et lui renouvela tous les chagrins que lui avoient donnés les liaisons de son époux avec cette célèbre épicurienne, dans la destinée de laquelle il étoit de captiver le mari, le fils et le petit-fils de Madame de Sévigné*.

Le jeune Sévigné embrassa le parti des armes ; plus heureux que son aïeul et non moins brave, il se trouva dans les actions les plus périlleuses, et paya de sa personne sans y recevoir de blessures : il commença sa carrière par le siége de Candie ; suivit le Maréchal de Luxembourg en Hollande, se

---

* « Parlons un peu de votre frère ; il a eu son congé de Ninon ; elle s'est lassée d'aimer sans être aimée ; elle a redemandé ses lettres, on les a rendues ; j'ai été fort aise de cette séparation. Je lui disois toujours un petit mot de Dieu ; je le faisois souvenir de ses bons sentimens passés, et le prioisde ne point étouffer le Saint-Esprit dans son cœur. Sans cette liberté de lui dire en passant quelques mots, je n'aurois pas souffert une confidence dont je n'avois que faire » (*Lett.* 86).

trouva à la bataille de Senef, à la prise d'Aire, où son intrépidité fut admirée du Prince d'Orange; à l'affaire de Mons, où il soutint pendant deux heures le feu de neuf pièces de canon, à la tête des gendarmes-dauphins.

À la paix, les Lettres obtinrent les hommages du Marquis de Sévigné, élève et ami des Boileau et des Racine, héritier de l'esprit et des grâces de sa mère, il y joignit l'érudition; sa dispute avec M. Dacier sur le sens d'un passage d'Horace fournit matière à des volumes de discussions dans lesquelles le Marquis de Sévigné fit preuve de connoissances, de délicatesse et d'esprit.

Enfin, il quitta l'armée, la cour et la ville, pour se retirer dans sa terre des Rochers, que l'abbé de Coulanges s'étoit plu à embellir et à rendre agréable, et qui n'avoit plus que le nom d'une solitude et d'un désert. (*Lettre* 973.)

Il épousa, le 8 février 1684, Jeanne-Marguerite de Bréhant de Mauron, fille d'un conseiller au parlement de Rennes, riche de plus de 60,000 liv. de rente (*Lettre* 694); ce fut par ce mariage que l'abbé de Coulanges consomma tout ce qu'il avoit fait pour son neveu, qui lui en conservoit une éternelle reconnoissance. (*Lettre* 714.)

On accordoit à la jeune Marquise un grand fonds de vertu : elle étoit de mœurs douces, d'un esprit cultivé ; mais sa santé délicate contrastoit avec la gaieté de sa belle-mère, qui la peint assez défavorablement : « Ma belle-fille n'a que des momens de « gaieté, car elle est tout accablée de va- « peurs ; elle change cent fois le jour de « visage sans en trouver un bon ; elle est « d'une extrême délicatesse, elle ne se pro- « mène quasi pas ; elle a toujours froid ; à « neuf heures du soir elle est tout éteinte ; « les jours sont trop longs pour elle, et le be- « soin qu'elle a d'être paresseuse, fait qu'elle « me laisse toute ma liberté, afin que je lui « laisse la sienne. » (*Lettre* 705.)

Malgré cela, ces époux vécurent dans un bonheur dont ils se félicitoient; ils n'eurent pas d'enfans, et le nom de *Sévigné* s'éteignit à la mort de Charles, Marquis de Sévigné, arrivée le 27 mars 1713.

Françoise-Marguerite de Sévigné, fille de Henri et de Marie de Rabutin, née en 1648, étoit d'une beauté remarquable, et rien n'étoit plus aimable que son esprit ; au naturel le plus heureux elle réunissoit une éducation brillante et variée, et chez elle les avantages de la naissance le cédoient aux vertus. Telle fut la réputation qui l'avoit devancée à la cour de Louis XIV, lorsque sa mère l'y présenta en 1663 : *La plus jolie fille de France* \* (c'est ainsi que sa mère aimoit à l'appeler) y fut chantée par les meilleurs poëtes du tems, admirée dans plusieurs ballets exécutés devant le Roi et par ses ordres, et ses talents lui firent autant de partisans que ses vertus lui méritèrent d'hommages. Mademoiselle de Sévigné jouissant à la cour des avantages de la vertu, de la beauté, des talens, de la naissance, de l'esprit et de la fortune, ne pouvoit manquer d'être recherchée en mariage. Parmi les différens partis qui se mirent sur les rangs, elle préféra, quoiqu'il fût déjà à ses troisièmes noces, François-Adhémar de Monteil, Comte de *Grignan*, chevalier des or-

---

\* « La plus jolie fille de France vous fait ses complimens. Ce nom me paroît agréable : je suis pourtant lasse d'en faire les honneurs. Elle est plus digne que jamais de votre amitié » (*Lett.* 32 ).

dres du Roi, et son lieutenant-général au gouvernement de Provence.

Madame de Sévigné annonçoit ainsi ce mariage au Comte de Bussi, dont il lui falloit le consentement, sans doute comme curateur de sa fille :

« Il faut enfin que je vous apprenne une
« nouvelle, qui sans doute vous donnera de
« la joie, c'est qu'enfin la plus jolie fille de
« France épouse, *non pas le plus joli gar-*
« *çon,* mais un des plus honnêtes hommes
« du royaume : c'est M. de Grignan, que
« vous connoissez il y a long-tems. Toutes
« ses femmes sont mortes pour faire place à
« votre cousine, et même son père et son
« fils, par une bonté extraordinaire; de
« sorte qu'étant plus riche qu'il n'a jamais
« été, et se trouvant d'ailleurs, par sa nais-
« sance, par ses établissemens et par ses
« bonnes qualités, tel que nous le pouvions
« souhaiter, nous ne le marchandons point
« comme on a accoutumé de faire; nous
« nous en fions bien aux deux familles qui
« ont passé devant nous. Il paroît fort con-
« tent de notre alliance; ce sera une affaire

« qui s'achevera avant la fin de l'année. »
(*Lett.* 35.)

« Je suis fort aise que vous approuviez le
« mariage de M. de Grignan, il est vrai que
« c'est un très-bon et très-honnête homme,
« qui a du bien, de la qualité, une charge,
« de l'estime et de la considération dans le
« monde. Que faut-il davantage? Je trouve
« que nous sommes fort bien sortis d'in-
« trigue. Puisque vous êtes de cette opinion,
« *signez la procuration* que je vous envoie,
« mon cher cousin; il n'y avoit que vous
« qui pussiez me résoudre à donner ma fille
« à un Provençal; et dans la vérité j'en prends
« à témoin *Caderousse* et *Merinville*, etc. »
(*Lett.* 123, 37.)

Ce mariage fut célébré le 27 janvier 1669.
La maison de Grignan étoit l'une des plus
anciennes de la Provence ; illustre dès le
10$^e$ siècle, la ville de Montélimar, *Monte-
Adhémar*, lui devoit son existence; dans
tous les tems elle fut féconde en hommes de
guerre et en grands capitaines.

Le Comte de Grignan emmena son épouse

dans son commandement, où il représentoit en vice-Roi, et pour la première fois Mademoiselle de Sévigné quitta sa mère. C'est à cette séparation que nous sommes redevables de ce recueil de lettres *, le modèle des épistolaires, et qui ont fait à la mère et à la fille une si haute réputation.

Madame de Sevigné peignoit ainsi sa fille :

« Mon dieu, ma fille, que vos lettres sont
« admirables! on jureroit qu'elles ne vous
« sont pas dictées par les dames du pays où
« vous êtes (*Lett.* 87 ). — Je ne sais pour-
« quoi vous dites que vous ne contez pas
« bien; je ne connois personne qui attache
« plus que vous : ce ne seroit pas une sorte
« de chose à souhaiter uniquement; mais
« quand cela tient à l'esprit et à la nécessité

---

* Le président Bouhier vit à Aix, en juillet 1733, les originaux des lettres de Madame de Sévigné entre les mains de Madame de Simiane, sa petite-fille; il y vit aussi celles de Madame de Grignan, qu'il trouva boursouflées; on ne voulut pas lui permettre d'en faire tirer une copie (*Anecdotes du président Bouhier, Annal. encycl.*, août 1818).

« de ne rien dire qui ne soit agréable, je
« pense qu'on doit être bien aise de s'en ac-
« quitter comme vous faites. (*Lett.* 82.)
« — Ne quittez jamais le naturel, votre tour
« s'y est formé, et cela compose un style par-
« fait (*Lett.* 65.), — Vos lettres sont aimables,
« il y a des endroits dignes de l'impression :
« un de ces jours vous trouverez qu'un de
« vos amis vous aura trahie. » (*Lett.* 86.)

« Est-ce qu'en vérité je ne vous ai pas
« donné la plus jolie femme du monde ?
« Peut-on être plus honnête, plus régulière ?
« Peut-on vous aimer plus tendrement ?
« Peut-on avoir des sentimens plus chré-
« tiens, et peut-on avoir plus d'attachement
« à tous ses devoirs ? Cela est assez ridicule
« que je dise tant de bien de ma fille ; mais
« c'est que j'admire sa conduite comme les
« autres, et d'autant plus que je la vois de
« plus près, et qu'à vous dire vrai, quelque
« bonne opinion que j'eusse d'elle sur les
« choses principales, je ne croyois point du
« tout qu'elle dût être exacte sur toutes les
« autres au point qu'elle l'est. Je vous assure
« aussi que le monde lui rend bien justice,

Paris, 19 novembre 1670, à M. le Comte de *Grignan*, lett. 48, tom. 1ᵉʳ, pag. 110.

« D'abord Hélène me dit : Madame, c'est un petit garçon; et puis quand nous le regardâmes de plus près, nous trouvâmes que c'étoit une petite-fille. Nous en sommes un peu honteuses, quand nous songeons que tout l'été nous avons fait des béguins au Saint-Père, et qu'après de si belles espérances *la signora mit au monde une fille;* je vous assure que cela rabaisse un peu le caquet. Rien ne console que la parfaite santé de ma fille. Sa fille a été baptisée et nommée *Marie-Blanche*. Les médisans disent que Blanche-d'Adhémar ne sera pas d'une beauté surprenante; ils ajoutent qu'elle vous ressemble. »

Cela n'étoit pas favorable à une demoiselle, car Madame de Sévigné dit ailleurs que M. de Grignan *n'étoit pas le plus joli garçon du royaume;* sa ressemblance avec son père fut cause de la vie monastique que Blanche d'Adhémar embrassa ; elle mourut religieuse aux dames de la Visitation d'Aix, monastère que sa trisaïeule avoit fondé.

( lxxxj )

Louis-Provence Adhémar de Monteil, Marquis de Grignan, naquit en ce lieu le 17 novembre 1671, et fut nommé par les Etats de Provence, alors assemblés à Lambesc. *La jolie chose que d'accoucher d'un garçon et de l'avoir fait nommer par la Provence !* s'écrioit Madame de Sévigné; *voilà qui est à souhait.*

Le jeune Grignan commença sa carrière militaire en qualité de volontaire dans le régiment de Champagne, par le siége de Philisbourg, et s'y distingua; mais laissons, sur le compte de ce jeune officier, s'égayer sa grand-mère; il seroit difficile de le peindre mieux :

« Il voit et entend les coups de canon
« autour de lui sans émotion ; il a monté à
« la tranchée; il rend compte du siége à son
« oncle comme un vieil officier. M. de Bau-
« villiers en fait son enfant (*Lett.* 793). —
« Il est, avant dix-sept ans, un vieux mous-
« quetaire, un volontaire qui a vu un fort
« beau siége, un capitaine de chevau-légers
« (*Lett.* 805). — Il faut ajouter à tout ce
« qui compose le commencement de sa vie

« une fort bonne petite contusion à la cuisse
« gauche, qui lui fait, je vous assure, bien
« de l'honneur, par la manière froide et
« toute reposée dont il l'a reçue. Il est ac-
« cablé de complimens à Versailles, et moi
« ici. » (*Lett.* 810).

« Ce marmot! entrer l'épée à la main et
« forcer ce château, et tuer ou enlever douze
« cents hommes! Représentez-vous un peu
« cet enfant devenu un homme, un homme
« de guerre, un brûleur de maison! Ma fille,
« ces pensées ne se soutiendroient pas, si
« l'on ne pensoit en même-tems que Dieu
« le conservera, et que ce qu'il garde est
« bien gardé (*Lett.* 926). — Le voilà donc
« colonel du beau et bon régiment de son
« oncle; rien ne sauroit être plus avanta-
« geux à dix-huit ans. »

Ce colonel épousa, en 1695, Anne-Marguerite de Saint-Amand, de laquelle il n'eut pas d'enfans, et en lui s'éteignit le nom des *Grignan*. Il avoit été fait brigadier des armées du roi, nommé ambassadeur en Lorraine, et mourut de la petite-vérole en octobre 1704. Sa mère succomba à la douleur de lui survivre.

Françoise-Julie de Grignan, sa sœur, épousa, le 6 mai 1689, Henri-Emmanuel Hurault, Marquis de Vibraie.

Sa troisième sœur fut cette Pauline, immortalisée dans les lettres de son aïeule : elle naquit en 1674, avec un ensemble de grâces piquantes, une imagination enjouée et féconde, qui faisoient les délices de sa famille.

« Aimez, aimez Pauline (écrivoit Madame
« de Sévigné à sa fille, le 21 juillet 1677),
« je vois d'ici cette petite; elle vous ressem-
« blera, malgré la marque de l'ouvrier. Il
« est vrai que ce nez est une étrange affaire;
« mais il se rajustera, et je vous réponds que
« Pauline sera belle (*Lett.* 498). — Dites-
« moi si vous ne mettez point la petite d'Aix
« avec sa tante, et si vous ôterez Pauline
« d'avec vous ! C'est un prodige que cette
« petite; son esprit est sa dot. Voulez-vous
« la rendre une personne toute commune?
« Je la menerois toujours avec moi, j'en
« ferois mon plaisir; je me garderois bien

( lxxxiv )

« de la mettre à Aix avec sa sœur \*. Enfin, comme elle est extraordinaire en tout, je la traiterois extraordinairement. » (*Lett.* 636.)

« J'aime tout-à-fait les louanges natu-
« relles de Coulanges pour Pauline; elles
« lui conviennent fort, et m'ont fait com-
« prendre sa sorte d'agrément, bridé pour-
« tant par des gens qui ont un peu mis leur
« nez mal à propos : si ce Comte avoit voulu
« ne donner que ses yeux et sa belle taille,
« et vous laisser le soin de tout le reste,
« Pauline auroit brûlé le monde. Cet excès
« eût été embarrassant; ce joli mélange est
« mille fois mieux, et fait assurément une
« aimable créature. Sa vivacité ressemble à
« la vôtre; votre esprit déroboit tout, comme

---

\* On voit que, quoique petite-fille d'une sainte religieuse, Madame de Sévigné n'aimoit point l'éducation des couvens, ni la vie monastique. Elle écrivoit à sa fille, le 8 avril 1671 : « Vous avez trouvé nos pauvres
« sœurs (de Sainte-Marie), vous y avez une cellule;
« mais ne vous y creusez point trop l'esprit; les rêveries
« sont quelquefois si noires qu'elles font mourir : vous
« savez qu'il faut un peu glisser sur les pensées. »
(*Lett.* 86.)

« vous dites du sien (*Lett*. 937). — Ah!
« que toute sa personne est assaisonnée!
« que sa physionomie est spirituelle! que
« sa vivacité lui sied bien! que ses yeux
« sont jolis, bleus avec des paupières noi-
« res! une taille libre, adroite! pour moi
« je la crois touchante ou piquante, je ne
« sais pas bien lequel, je vous prie de me le
« dire. (*Lett*. 956.) — Je ne voudrois point
« du tout qu'elle mît son *petit nez* dans
« Montaigne ni dans Charron; elle est trop
« jeune (*Lett*. 967.) Savez-vous le mérite
« de Pauline? (*écrivoit encore Madame de*
« *Sévigné, lett. inéd.* XV, *pag.* 39.) Pau-
« line est une personne admirable, elle n'est
« pas si belle que la *Beauté*, mais elle a des
« manières, c'est une petite fille à manger.»

Telle étoit cette *Pauline*, qu'on appeloit Madame de Mazargues, lorsqu'en 1695 elle épousa Louis de Simiane, Marquis de Truchenu et d'Esparon, gentilhomme du Duc d'Orléans, lieutenant au gouvernement de Provence et des gendarmes Ecossais, fils de Charles-Louis, Marquis de Simiane, et de Madeleine Hay du Châtelet.

La maison de Simiane étoit aussi très-connue dans la Provence; elle descendoit des anciens souverains de la ville d'Apt; elle comptoit parmi ses membres le fameux marquis de Pianesse (Ch.-J.-B. de Simiane), mort en 1677, le plus ferme appui de la cour de Turin.

Madame de Simiane habitoit la petite ville de Vauréas, lorsque son service, en qualité de dame d'accompagnement de la Duchesse d'Orléans, ne l'appeloit pas à la cour : c'étoit, disoit Madame de Coulanges, une jolie femme; on ne peut avoir plus d'esprit, ni d'esprit plus aimable que le sien; une charmante humeur \*; il n'est pas possible de se dépêtrer d'elle. Mais c'est bien à moi d'aimer une personne de son âge! cependant je tomberois dans cet inconvénient, si je la voyois souvent.

Pauline rappeloit la physionomie char-

---

\* Massillon en fut, dit-on, épris; ce fut pour lui plaire qu'il mit tant de soin à composer ses synodes, réputés un de ses meilleurs ouvrages. Ce prélat logeoit à Paris, à l'Oratoire, et devoit être rentré à neuf heures du soir; Madame de Simiane soupoit à sept heures par complaisance pour lui. (*Max. de Champfort*, 11-269).

mante de Madame de Sévigné; elle lui ressembloit fort par son genre d'esprit et même par son talent épistolaire; mais sa carrière ne fut ni si brillante, ni si heureuse. Elle perdit son mari le 2 février 1718, âgé de quarante-sept ans. En elle finit l'une des branches de la maison des Simiane, ainsi que s'étoient éteintes celles des Grignan, des Sévigné, des Rabutin. Ces quatre femmes sembloient destinées à terminer la descendance de leurs époux.

Madame de Simiane resta veuve avec trois filles : Anne, qui fut religieuse au couvent du Calvaire, à Paris, en mars 1720.

Sophie, mariée, en juin 1723, à Villeneuve, marquis de Vence;

Et Julie-Françoise.

Comme son aïeule et sa mère, la Marquise de Simiane avoit reçu pour dot la baronie de Bourbilly. Son mari en reprit de fief, en 1706, entre les mains de M. le Comte Pechpeirou de Guitaut, Marquis d'Epoisses, dont parle souvent Madame de Sévigné. La terre des Rabutin fut vendue, 100,000 liv. le 16 juillet 1719, aux Chartraires, dans la maison desquels elle demeura jusqu'à la révolution. *

Madame de Simiane mourut le 2 juillet 1737; en elle s'éteignit ce talent épistolaire que nous avons remarqué dans les Dames de *Chantal*, ** de *Sévigné*, de Gri-

---

\* Cette terre fut vendue le 14 fructidor an III (31 août 1795), par Madame Chartraire de Bourbonne, à Madame de Bessey, épouse de M. Frédéric-Auguste Pomme, moyennant quatre millions assignats, valant 88,000 fr. Le vieux château de Madame de Sévigné a été respecté. Les vieux châteaux, *dit Saint-Foix*, IV, 125, ont un air de noblesse; ceux que l'on bâtit aujourd'hui, n'ont que l'air de maisons de campagne.

\*\* Nous citerons en preuve du talent épistolaire de Madame de Chantal, la 89ᵉ lettre, tom. Iᵉʳ, pag. 206, du Recueil de ses lettres, Paris, 1753, in-12, 3 vol. Elle étoit adressée à sa fille, en lui présentant M. le Comte de Toulongeon comme futur époux.

« Tenez, ma chère fille, voilà M. de Toulongeon qui
« se voyant huit à dix jours de libre, s'en va vous
« trouver en poste, pour savoir de vous, dit-il, si vous
« ne le trouverez point trop noir; car pour son humeur,
« il espère qu'elle ne vous déplaira pas. Pour moi, je
« vous le dis en vérité, je ne trouve non-seulement rien
« à redire à ce parti, mais je n'y trouve rien à désirer,
« et Notre Seigneur me donne une telle satisfaction en
« cette rencontre, que je ne me souviens pas d'en avoir

gnan, de *Simiane*; chose étonnante, peut-être unique, de voir le même talent se soutenir jusqu'à la quatrième génération, et se propager par les femmes ; ce qui ne doit pas

---

« eu de ma vie une pareille pour les choses de la terre.
« La naissance, le bien que nous trouvons en sa per-
« sonne n'est pas ce qui me touche le plus ; mais son
« esprit, son humeur, sa franchise, sa sagesse, sa pro-
« bité, sa réputation ; enfin, ma chère Françon, bénis-
« sons Dieu d'une telle rencontre. Mais, mon enfant,
« disposez-vous, par reconnoissance, à aimer et servir
« Dieu. . . . . ; ne vous amusez point à ces petites vanités
« de bagues et d'habits, vous allez être dans l'abon-
« dance ; mais, ma chère fille, souvenez-vous toujours
« qu'il faut user des biens que Dieu nous donne sans s'y
« affectionner, et c'est comme cela qu'il faut regarder
« tout ce que le monde estime. Que dorénavant votre
« ambition soit d'être parée d'honneur et de modestie,
« d'une sage conduite dans la condition où vous allez
« entrer. Certes, je suis bien contente que ce soit vos
« parens et moi qui ayons fait ce mariage sans vous ;
« c'est ainsi que se gouvernent les enfans sages, et que
« je veux, ma chère fille, être toujours votre conseil.
« Au reste, votre frère, qui a bon jugement, est ravi de
« cette alliance. M. de Toulon_eon, il est vrai, a quel-
« ques quinze ans plus que vous ; mais, mon cher
« enfant, vous serez bien plus heureuse avec lui, que
« d'avoir un j une fou, étourdi, débauché, comme le
« sont les jeunes gens d'aujourd'hui : vous épouserez un

*h.*

moins répandre d'intérêt sur les ascendans de Madame de Sévigné que sur sa descendance.

Terminons ces détails par une pensée inédite du Comte Roger de Bussi-Rabutin :

« Qui voudroit ramasser toutes les choses « que Marie de Rabutin a dites en sa vie, « d'un tour fin et agréable, naturellement et « sans affecter de les dire, il n'auroit pas sitôt « fait. Elle avoit l'enjouement et la vivacité « de son père, mais beaucoup plus de politesse. On ne s'ennuyoit jamais avec elle. « Enfin elle étoit de ces gens qui ne devroient « jamais mourir, comme il en est d'autres qui « ne devroient jamais naître [1]. »

---

« homme qui n'est rien de tout cela, qui n'est point « joueur, qui a passé sa vie avec honneur à la cour et à « la guerre, qui a de grands appointemens du Roi. Vous « n'auriez pas le bon jugement que je vous crois, si « vous ne le receviez avec cordialité et franchise. Je « vous prie, ma fille, faites-le de bonne grâce, et soyez « assurée, etc. etc. etc. »

[1] Généalogie manuscrite à la Bibliothèque publique de Dijon.

# LETTRES

## A M. LE COMTE DE GUITAUT.

### LETTRE PREMIÈRE. 266.

Cette lettre, dans l'ordre chronologique du grand Recueil, doit être placée avant celle n° 266.

Nous nous bornerons donc désormais à indiquer, à côté de chaque Lettre, le numéro de celle qui la suit dans le grand ordre.

L'appel de ces numéros s'accorde parfaitement bien avec les éditions en 11 vol. *in-*12 et 8 vol. *in-*8° que nous publiâmes en 1806, des Lettres de Madame de Sévigné, avec les notes de M. de Grouvelle. Ce travail est également commun aux divers tirages stéréotypes qui ont été faits en 12 vol. *in-*18.

Paris, 20 novembre 1673.

Je ne vous parlerai point des Impériaux, ni d'un pont sur le Mein; Dieu merci, je ne sais plus de nouvelles : c'est le seul plaisir que j'aie à Paris, car j'ai toujours cette Grignan dans la tête, et cela trouble mon repos. Les cartes sont tellement brouillées, que nous doutons si l'on ose demander un congé : il y a même une espèce de guerre à Gênes qu'il faut voir finir. Mais de tout ce qu'il y a de plus ridicule, le siége d'Orange tient le premier rang. M. de Grignan a ordre de le prendre. Les courtisans croient qu'il ne faut que des pommes cuites pour en venir à bout. Guilleragues dit que c'est un duel que M. de Grignan fait avec le Gouverneur d'Orange; il demande sa charge; il veut qu'on lui coupe le cou, comme dans un combat seul à seul. Tout cela est bien plaisant : j'en ris tout autant que je puis; mais, dans la vérité, j'en suis inquiète. Le gouverneur se veut défendre : c'est un homme romanesque; il a deux cents hommes avec lui; il a quatorze pièces de canon; il a de la poudre et du blé; il sait qu'il ne peut pas être pendu; il a une manière de petit donjon entouré de fossés, on n'y peut arriver que d'un côté : moins il y a de terrein à défendre, et plus il lui sera aisé de le faire. Le pauvre Grignan n'a pour tout potage que le régiment des galères, qui a le pied marin, très-ignorant d'un siége. Il a beaucoup de noblesse avec de beaux justau corps, qui ne fera que l'incommoder. Il faudra qu'il soit partout; il pourra fort bien être assommé à cette belle expédition, et on se moquera de lui. Ce n'est pas moi seule qui parle ainsi, ce sont les Provençaux qui sont ici; et on dit que Grignan ne doit pas l'entreprendre sans avoir plus de troupes. Cependant cela est fait. Pendant que le mari fait cette marionnette de guerre au-dehors, la femme est aux prises avec M. de Marseille. Ils se tiraillent les Consuls, à qui en aura le plus; et ce qui vous paroîtra bien juste, c'est que l'Evêque se tient offensé, que sur ce chemin tout commun des sollicitations on ose mettre son crédit en balance; de sorte que si M. de Grignan emporte ce syndicat pour son cousin le Marquis de Buons, l'Evêque est en furie, et s'opposera à tout ce qui regarde M. de Grignan dans l'assemblée. Il faut donc, pour le contenter, qu'il ait partout de l'avantage, que partout M. de Grignan soit mortifié : voilà à quelles conditions on peut avoir la paix avec lui. Que dites-vous de cette justice? Ma fille la comprend peu, c'est pourquoi elle se défend vigoureusement; et toute cette belle fierté qu'on a louée jusqu'ici, succomberoit présentement devant celui qui l'assureroit du suffrage d'un Consul.

Voilà ce que fait la province; il y a cinq ans, il eût fallu autre chose pour la tenter : *altri tempi, altre cure.* Je vois tous les jours des gens qui n'ont point l'air d'être vos ennemis; j'en vois un, quelquefois, que vous m'avez tellement noirci, malgré sa blonde perruque, que je ne puis plus le regarder. Il y en a un gros, qui me paroît le patron des lieux où il règne.

Je garde dans mon cœur toutes nos conversations avec une reconnoissance pour vous, qui n'est pas imaginable, et qui m'attache à tous vos intérêts; mais ne trouvant nulle occasion de dire ce que je pense et ce que je sais de votre conduite, je garde tout précieusement dans mon souvenir, et je suis persuadée que rien n'est si bon que de laisser tout mourir et s'éteindre quand on voit que tout meurt et s'éteint.

J'ai des obligations infinies à notre cher d'Hacqueville; il me donne tout le tems qu'il peut : c'est cette marchandise qui est chère chez lui, car il n'en a pas à demi! Cependant il faut lui faire cet honneur, c'est qu'il en trouve dès qu'on a besoin de lui. Aimons-le donc toujours; et vous, Monsieur et Madame, ne craignez point de me mettre au nombre de ceux que vous aimez et qui vous aiment, toute ma vie vous persuadera que je mérite d'y être.

## LETTRE II. (1) 290.

Paris, avril 1674.

C'est une plaisante chose que de recevoir une de vos lettres datée d'Aix, et que ma pauvre fille se trouve fâchée de n'y être pas pour vous y recevoir! Vous aurez bientôt M. de Grignan; mais pour elle, je vous la garde. Revenez la voir tout aussitôt que le service du Roi, votre maître, vous donnera la liberté de quitter vos îles. Je ne sais si elles sont inaccessibles; je crois que vous devriez le souhaiter, car le bruit ne court pas que vous ayez beaucoup d'autre défense, au cas que les ennemis fussent assez insolens pour vous faire une visite.

Je laisse à notre cher d'Hacqueville à vous parler de la Franche-Comté et de toutes les armées que nous avons sur pied aux quatre coins du monde. Je veux vous dire ce que les gazettes ne disent point. M. le Premier, prenant congé du Roi, lui dit: Sire, je souhaite à Votre Majesté une bonne santé, un

---

(1) Cette Lettre est adressée à M. de Guitaut, aux îles Sainte-Marguerite, dont il étoit Gouverneur.

bon voyage et un bon conseil. Le Roi appela M. le Maréchal de Villeroi et M. Colbert, et leur dit : Ecoutez ce que M. le Premier me souhaite. Le Maréchal répondit de son fausset : En effet, Sire, tous les trois sont bien nécessaires. Je supprime la glose.

Je veux parler aussi de Madame la Duchesse de la Vallière; la pauvre personne a tiré jusqu'à la lie de tout, elle n'a pas voulu perdre un adieu ni une larme : elle est aux Carmelites, où, huit jours durant, elle a vu ses enfans et toute la Cour, c'est-à-dire ce qui en reste. Elle a fait couper ses beaux cheveux, mais elle a gardé deux belles boucles sur le front; elle caquète et dit merveilles. Elle assure qu'elle est ravie d'être dans une solitude; elle croit être dans un désert, pendue à cette grille. Elle nous fait souvenir de ce que nous disoit, il y a bien longtems, Madame de la Fayette, après avoir été deux jours à Ruel, que, pour elle, elle s'accommoderoit parfaitement bien de la campagne.

Mandez-nous comme vous vous trouvez de la vôtre. Si j'avois l'hippogriffe (1) à mon

---

(1) Cheval ailé, souvent en usage dans le *Roland furieux* de l'Arioste.

commandement, je m'en irois causer avec vous de toutes les farces qui se sont faites ici entre les Grignans et les Fourbins ( ); les ruses de ceux-ci, les droitures des autres, et le reste : mais il faudroit être à Epoisses pour parler cinq heures de suite. Je n'oublierai jamais cette aimable maison, ni les douces et charmantes conversations, ni les confiances de mon Seigneur. Je les tiens précieuses, et je prétends, par le bon usage que j'en fais, avoir une part dans son amitié, dont je lui demande la continuation préférablement à toutes ses autres sujettes et servantes.

Mon oncle l'Abbé vous fait mille complimens. Il a reçu les ordres de Madame votre femme, qu'il exécutera avec grand plaisir.

## LETTRE III. 290.

Paris, juin 1674.

Vous m'avez écrit de Lyon la plus obligeante petite lettre du monde; pour récompense, je vous assure que j'ai pris un grand

---

(1) *Fourbin*, parodie du nom de *Forbin*, avec qui M. de Guitaut étoit en procès.

intérêt à votre voyage, et que j'ai bien pensé à Madame de Guitaut, et sur la terre et sur le Rhône, et à ses frayeurs, et à son état, et plus encore à la tendresse qui lui a fait entreprendre ce voyage, et au courage qu'elle a eu de l'exécuter. Tout de bon, cela est héroïque, on ne peut trop l'admirer : je crois même qu'on doit s'en tenir là, et lui laisser l'honneur de n'être point imitée. Je souhaite que la suite soit heureuse, et je l'espère; car enfin, on accouche partout, et la Providence ne se dérange point.

Vous avez eu Madame de Toscane. Je vous conjure, par votre amitié et par ma servitude (1) d'Epoisses, de m'écrire quelquefois un mot dans les grands évènemens, par exemple trois lignes quand votre chère épouse sera accouchée. Je mérite cette petite distinction par l'intérêt que j'y prends.

Je n'ai pas vécu depuis six semaines. L'adieu de ma fille m'a désolée, et celui du Cardinal de Retz m'a achevée. Il y a des circonstances dans ces deux séparations, qui m'ont assommée.

---

(1) Bourbilly, la terre de Madame de Sévigné, relevoit de celle d'Epoisses.

Je laisse à M. d'Hacqueville à vous mander les ponts sur le Mein; pour moi, je vous assure en gros que le Roi sera toujours triomphant partout : son bonheur fait retirer M. de Lorraine et le Prince d'Orange; il donne des coudées franches à M. de Turenne, qui étoit un peu oppressé; enfin, son étoile suffit à tout.

Adieu Monsieur, adieu Madame; je vous honore tous deux très-parfaitement.

## LETTRE IV. 290.

Paris, juillet 1674.

Je ne puis assez vous remercier de m'avoir mandé l'heureux accouchement de Madame votre chère épouse. J'y avois pensé plus de mille fois, et j'y prenois un intérêt bien plus grand que celui qu'on prend d'ordinaire à ceux dont nous dépendons : cela fait voir la douceur de votre domination.

Que je suis aise que vous soyez content de M. Joubert! ne vous l'avois-je pas bien dit, que c'étoit un bon et habile homme? Mais aussi, que Madame de Guitaut est une raisonnable femme d'être accouchée comme on a accoutumé, et de n'aller point chercher midi à quatorze heures, comme Madame de Grignan, pour faire un accouchement hors de toutes les règles! Voilà les îles en honneur pour les femmes grosses de neuf mois; si ma fille l'est, je lui conseille d'y aller (1). Je ne sais point de ses nouvelles sur ce sujet; mais, comme vous dites, ce n'est pas à dire que cela ne soit pas vrai : je vous assure que j'en serai très-affligée. Cette peine me viendra quand je n'ai plus celle de Madame de Guitaut, car c'étoit une de mes inquiétudes, et Dieu ne permettra pas que j'aie le plaisir d'en avoir une de moins. Embrassez donc *l'accouchade* pour l'amour de moi, et m'aimez tous deux, car votre amitié est pour moi une chose admirable. Je vous renvoie vos mêmes paroles, je les ai trouvées très-propres pour ce que je pense.

Il me semble que nous causerons bien présentement : l'histoire de cette province tiendroit un assez grand espace, et vous divertiroit. Et notre bon Cardinal, et M. de Turenne, et M. le Prince, et le Maréchal de

---

(1) Madame de Guitaut accoucha aux îles Sainte-Marguerite.

Créqui, ne croyez-vous point que tous ces chapitres ne puissent nous conduire assez loin? nous dirons bien un petit mot aussi de la Provence et de la Fourbinerie (1) : enfin il ne seroit question que d'être à portée de nous pouvoir entendre. Mais on ne commence guère de conversation d'un bout de la terre à l'autre; nous sommes quasi aux deux extrémités. Dieu nous rassemble, mon pauvre Monsieur! mais hélas, notre petite Comtesse nous manquera cet hiver. Voilà un endroit de mon cœur qui vous feroit pitié. Le Baron est encore une autre belle chose. Je meurs de peur que M. de Luxembourg ne fasse parler de lui : en vérité, la vie est triste, quand on est aussi tendre aux mouches que je la suis (2). Je ne suis point encore consolée de la capucine; j'ai vu notre malheur dans cette affaire. Monsieur et Madame, je vous assure que je suis très-véritablement à vous.

---

(1) Seconde allusion au procès entre M. de Forbin et M. de Guitaut.

(2) On sait que Madame de Sévigné ne pouvoit consentir à écrire *je le suis*. Je me croirois, disoit-elle, de la barbe au menton.

## LETTRE V. 262.

Paris, 6 novembre 1673.

Je serois fort indigne de l'honneur que j'ai reçu de mon Seigneur et de Madame, si je ne leur disois un mot de ma reconnoissance, puisque j'en trouve l'occasion. Outre tout ce que j'ai à dire de la manière dont vous m'avez reçue, j'ai à vous remercier de tout ce que je ne dirai point. Vous m'avez donné un sensible plaisir par votre confiance et par vos détails; mais surtout je n'oublierai jamais la conclusion du roman et le mérite exquis du héros et de l'héroïne. Ces pensées qui m'ont occupée, ont éloigné et délayé celles que j'avois apportées de Provence, et dont j'étois dévorée. Je vous remercie donc, Monsieur, de cette diversion. Je supplie Madame la Comtesse de trouver bon que je baise tendrement ses belles joues, et que je la questionne quelquefois à Paris : je vous demande quelque part en l'honneur de votre amitié, puisque vous en avez tant dans la mienne. Je supplie Madame de Guitaut de me faire la même grâce. Vous m'avez acquite pour jamais. Notre abbé vous assure de son très-humble service; votre bon vin lui a soutenu le cœur contre les détestables chemins. Je vous écrirai quelquefois de Paris. Si vous voulez écrire à ma fille, adressez votre lettre à M. Aubarède, marchand, à Lyon.

## LETTRE VI. 157.
### Aux Rochers, décembre 1671.

JE juge de la joie que vous donne l'accouchement de Provence, par la tristesse que m'a donnée la longueur de votre mal; cette mesure est assez juste : j'en ai parlé plusieurs fois à M. d'Hacqueville, et je vois bien qu'il ne vous en a pas fait un secret. Je ne sais quand vous délogez; mais je serai avant Noël à Paris; et, en quelque lieu que vous soyez, je trouverai bien le moyen de passer quelque soirée avec vous. Nous avons mille choses à dire, et pourvu que nous n'ayons que Madame de Guitaut pour témoin de nos confiances, je suis assurée que nous ne nous en repentirons point. J'ai besoin de vos raisonnemens pour me consoler de la mort de M. d'Opède; je la vois par un côté qui me la fait paroître fort mauvaise pour nos amis.

J'attendrai vos lumières; celles de Bretagne ne sont pas fort claires : pour M. de Lausun, on me mande que personne n'en sait encore plus que moi. Mais le sujet de moraliser est grand, quand on se souvient de l'année passée justement dans ce temps-ci. Peut-on oublier cet endroit quand on vivroit mille ans? Et le voilà avec M. Fouquet. Adieu, Monsieur, je remets le reste au coin de votre feu; mais je veux qu'en attendant vous soyez persuadé que je vous honore et vous estime de tout mon cœur.

Et vous aussi, Madame, je reçois avec beaucoup de joie la proposition que vous me faites pour mon petit-fils. J'avois dessein de vous prévenir de bonne heure; ce n'étoit point pour rien que j'avois tant de soin de vous pendant ce feu; j'avois mes desseins, soit que vous eussiez un fils ou une fille. Mais que je vous loue de vouloir faire une héritière! Si Messieurs vos maris vous aimoient tant, Mesdames, voudroient-ils vous faire souffrir, tous les ans, un plus grand supplice que ne sont ceux des roués? Voilà comme je regarde vos rechutes, et c'est la vraie manière dont on les doit regarder; je me tue d'en écrire en Provence, et je menace que, si ma fille est encore grosse et toujours grosse, je n'irai point les voir; je verrai s'ils me souhaitent. Cependant, Madame, j'aurai bientôt l'honneur de vous voir, et ma destinée est tellement d'être votre voisine, que je vais loger, à Pâques, tout auprès de la maison que vous avez louée. Vous pourriez, Madame, avoir une plus agréable compagnie, mais non pas une qui vous soit plus acquise, ni qui soit plus sincèrement votre très-humble et très-obéissante servante.

## LETTRE VII. 542.

Paris, 28 avril 1678.

J'AI épuisé tout mon esprit à écrire à mes hommes d'affaires, vous n'aurez que le reste. M. le Cardinal de Retz est arrivé tout tel qu'il est parti : il loge à l'hôtel Lesdiguières. Il est allé ce matin à Saint-Germain; il a un procès à faire juger, qui achève de payer ses dettes, cela vaut bien la peine qu'il le sollicite lui-même. Je crois qu'il sera à Saint-Denis pendant le voyage du Roi, qui s'en va le dixième de mai. Tout le monde meurt d'envie de trouver à reprendre quelque chose vous rien dire du séjour de ma fille ici; ce sont des lettres si closes que celles de Provence, que je n'y pénètre point du tout. Si elle passoit l'été dans l'air de Livry, elle seroit rétablie; mais je ne suis pas assez heureuse. *Le bon Abbé* (1) vous honore. On ne parle que de guerre; j'en suis affligée.

## LETTRE VIII. 527.

A Vichy, en partant, 24 septembre 1677.

Quand je songe que Madame de Guitaut n'est pas encore accouchée, et que M. d'Hacqueville est allé à Rouen et revenu, et qu'à son retour il ne m'en dit pas un mot, je comprends que cet enfant n'a pas dessein d'avoir le procédé des autres, et qu'il sera aussi extraordinaire pendant sa vie, et pour en sortir, qu'il l'est en y entrant. Songez que *la très-bonne,* dès que j'étois à Epoisses, avoit déjà dit toutes ses oraisons à Sainte-Marguerite : jamais il n'y eut un tel mécompte. Il y a des gens à qui ces désordres n'arrivent jamais.

---

(1) M. l'Abbé de Coulanges, oncle de Madame de Sévigné.

Je partis de Saulieu, comme vous vîtes, car je reprends dès-là le fil de mon histoire; mais si vous vîtes mon départ, vous ne vîtes point toute l'amitié, la satisfaction, la reconnoissance que j'emportois dans mon cœur, de tout votre procédé pour moi; je vous conjure de croire que cela passe tout ce que vous en pouvez penser. Je passai deux jours avec parens en Bourgogne, j'y reçus votre billet : vous pensiez que M. de Tavannes ne fût pas chez lui, vous étiez mal informé; il y étoit, et Bussy y alla le jour que je le quittai : sa fille me promet de conter à M. de Tavannes tous les pas que vous avez faits pour le voir.

J'arrivai ici le 4 de ce mois, j'y trouvai MM. de Champlatreux, de Termes, de Flamarens, Justel, M. et Madame d'Albon, Madame de Sourdis, et bien d'autres qui rempliroient ma lettre. J'ai pris des eaux, et le bon Abbé aussi, pour vider un peu son sac, qu'il avoit trop rempli à Epoisse. Nous nous portons fort bien : nous partons aujourd'hui; mais comme nous allons nous reposant chez nos amis, nous n'arriverons que le 6 ou 7 d'octobre à Paris, où vous pourrez m'adresser une réponse, ou par Madame votre femme, ou par M. d'Hacqueville. J'espère qu'il nous louera l'hôtel de Carnavalet, à moins que son profond jugement, qui veut que tout soit parfait, lui fasse perdre cette occasion, qui nous mettroit entièrement sur le pavé. Vous verrez par cette lettre, que je vous envoie quasi toute entière, que nous avons besoin d'une maison, puisque la bonne Grignan est forcée de venir à Paris, par M. l'Archevêque, qui a prononcé, *ex cathedrâ*, que ce voyage étoit nécessaire; mais, je vous prie, que ceci soit au nombre de nos confiances, car ma fille m'a priée, par une autre lettre, qu'on ne dise point qu'elle vient, jusqu'à ce qu'elle soit arrivée; ainsi ne lui en dites rien. Elle a fort ri de notre lettre de Saulieu; elle dit qu'il y avoit du vin répandu : je ne sais si elle vous aura écrit; mais enfin nos folies n'ont point été perdues. Ce qui fait que je vous envoie sa lettre, c'est pour vous faire voir ce qu'elle dit et ce qu'elle pense de ce Curé du Saint-Esprit, qui est exilé à Semur *, et qui est le même que M. de Trichateau a recueilli si charitablement et si généreusement; il nous

---

* En Auxois, ville de Bourgogne.

en parla. Je n'ai pas le don ni l'esprit de deviner l'importance ni le mérite de cet homme; ma fille m'en instruit, comme vous voyez, et je fais passer cette instruction jusqu'à vous, afin que vous confirmiez M. de Trichateau dans tous les bons sentimens qu'il a pour lui, et que vous lui disiez que le mérite de cet homme passe encore ce qui en paroît. Confiez-lui, si vous le jugez à propos, la belle raison de son exil, et l'injustice de la persécution qu'on lui fait; entrez, je vous conjure, dans cette affaire avec charité, et mêlez-y l'amitié que vous avez pour Madame de Grignan et pour moi, avec l'aversion naturelle que l'on a pour les oppressions injustes : j'en suis toujours offensée directement, et j'ai pensé que, pendant que je tâcherai de le servir à Paris, vous pourriez fort aisément adoucir le malheur de ce bon et saint Curé, par la connoissance que vous auriez de sa vertu, et que vous en pourriez donner à M. de Trichateau. On se lasse quelquefois de protéger un malheureux inconnu; mais quand on sait la beauté de cette action et le mérite de celui qu'on protége, on s'en fait un plaisir et un honneur qui durent autant que la persécution. J'ai le cœur content de vous avoir dit tout ceci; vous y répondrez, et cependant je vous embrasse de tout mon cœur, suivant ma bonne coutume. Le bon Abbé vous assure de ses respects. Je baise la main de *la beauté*\*, qui peut-être me la refuse dédaigneusement, et je prie *la très-bonne* de ne me point oublier. Adieu mon Seigneur.

## LETTRE IX. 696.

Paris, 23 décembre 1683.

JE ne pense pas qu'on puisse jamais avoir un meilleur correspondant que vous. Ah! plût à Dieu que vous l'eussiez été dès le commencement de mes réparations de Bourbilly! Combien d'argent, combien de lattes épargnés! Sérieusement, j'admire vos soins, et je suis attachée à vous, Monsieur et Madame, par tant de sortes de raisons, que je ne pourrois pas secouer votre joug sans beaucoup de félonie. A propos, n'avez-vous pas vu la généalogie de M. de Noailles et les traits qu'il donne indirectement à la maison de Bouillon, deux petites choses, hérésie et

---

\* Surnom d'une des filles de M. de Guitaut.

rébellion? Il y a bien des gens qui doivent prendre intérêt à soutenir que ce sont plutôt des malheurs que des crimes, commençant par le grand-père du Roi * et finissant par tous vous autres (1). Cela fait dire aussi de plaisantes choses à M. le Prince (2). Le commencement de cette généalogie se présente par une *gimel* (3). Madame Cornuel dit : Hélas! je le savois bien que M. de Noailles descendoit en droite ligne d'une lamentation de Jérémie! Cela nous a réjouis. Vous savez comme elle dit les choses. MM. de Bouillon ont répondu par un écrit, que je crois qu'on nous a envoyé aussi, où ils prouvent la domesticité (4) par des quittances qu'ils font venir. Ce sera un bon paquet. Les autres s'inscriront en faux. Cette affaire pourra bien durer jusqu'à la vallée de

---

* Henri-IV.

(1) M. de Guitaut avoit suivi le Prince de Condé au service du Roi d'Espagne, alors en guerre avec la France

(2) Le grand Condé.

(3) Lettre hébraïque qui sert à désigner les versets dans les *Lamentations de Jérémie*, auxquels la plaisanterie suivante se rapporte.

(4) Un Noailles avoit été maître-d'hôtel chez un des ancêtres du Duc de Bouillon, et qui, à ce titre, lui avoit accordé une pension dont les quittances existoient.

Josaphat; elle est des plus fâcheuses. Une personne disoit, l'autre jour, qu'elle eût été accommodée dès le commencement, si les dévots pardonnoient *.

Vous avez su toutes les morts promptes et subites. M. de Sainte-Bonne a laissé beaucoup de pauvres âmes errantes et vagabondes, sans conducteur et sans gouvernail dans les orages de cette vie.

Après avoir causé avec vous du tiers et du quart, je finis par la santé de la Comtesse de Provence (1), qui me donne tous les jours mille et mille chagrins. Sa maigreur augmente, et ce joli visage que nous avons vu, n'est quasi plus reconnoissable. Vous pouvez penser si j'en suis touchée. J'espère que *la beauté* conservera mieux ses avantages, et que vous me conserverez toujours l'honneur de votre amitié. Madame, je parle à vous aussi, et je vous embrasse de tout mon cœur, quelque respect que je vous doive.

Le bon Abbé vous fait toutes sortes de protestations.

---

* M. de Noailles affectoit la dévotion.
(1) Madame de Grignan.

## LETTRE X. 556.

Paris, mai 1679.

Ma fille commence à ne plus parler que d'aller à Epoisses en allant à Grignan, mais comme sa santé n'est point encore en état d'envisager un si grand voyage, j'espère que M. de Grignan n'ayant rien à faire en Provence, la Cour étant ici, aimant fort tendrement Madame sa femme, ne se pressera point de partir, et lui laissera achever paisiblement des eaux de votre bonne Sainte-Reine, qu'elle prend, et qui lui font beaucoup de bien, ensuite du lait, et enfin donnera tout le loisir nécessaire pour la tirer de cette étrange maigreur où elle est tombée. Cependant sa poitrine se porte mieux depuis les grandes sueurs qu'elle a eues dans sa fièvre-tierce, qui l'ont persuadée que ce qui piquoit sa poitrine étoit des sérosités que les sueurs ont fait sortir. Il y a quelqu'apparence; mais aussi elle devroit être plus forte et moins maigre qu'elle n'est, si elle étoit guérie de ce côté-là; de sorte que nous attendons avec impatience l'effet des remèdes qu'elle prend et qu'elle prendra. Il me semble que votre curiosité et votre amitié ne peuvent pas souhaiter un plus beau détail que celui que je vous mande. Si vous m'aviez un peu plus parlé de vous et de votre famille dans votre lettre, vous m'auriez fait plus de plaisir; car, à mon sens, autant qu'on s'ennuie des circonstances sur les choses indifférentes, autant on les aime sur celles qui tiennent au cœur. Adieu Monsieur et Madame.

Pour avoir trop à discourir sur les nouvelles, je n'en dirai rien du tout. Plusieurs guerriers s'en vont en Allemagne pour ne point faire la guerre, mais pour faire peur à M. de Brandebourg.

Adieu *la beauté;* adieu *la très-bonne.* — Notre Abbé vous salue.

---

## LETTRE XI.' 295.

Paris, avril 1675.

Vous me dites donc, Monsieur et Madame, que votre M. Manin est une espèce de d'Hacqueville, pour l'assemblage de toutes sortes de vertus. En vérité, il ne faudroit point d'autre recommandation, et c'est profaner le pouvoir que vous avez sur moi, l'un et l'autre, que de vous mettre en jeu, quand il est question de protéger une telle probité. Je vous déclare donc que je ne vous fais que l'honneur de croire ce que vous me dites de lui; et puis, c'est lui-même et l'ombre de notre pauvre ami, qui fait le reste. J'en disois autant à M. de Berbisy, et je vous conjure de garder pour d'autres occasions, à éprouver l'estime et l'amitié très-distinguée que j'ai pour vous deux. Vous ne savez pas ce que vous valez, et combien l'on s'attache à vous quand on vous connoît.

Pour moi, j'ai fait un chemin considérable depuis que je suis dans votre commerce. Mais parlons de M. d'Amboise : c'est un homme que je ne gouverne pas, je connois et j'aime fort son père, et c'est par-là que je ferai ma sollicitation. Comme l'affaire est juste et que le rapporteur l'est aussi, je crois que cela se rencontrera fort heureusement. Enfin, n'en soyez pas en peine, je ferai très-bien mon devoir. Je vous écrivis, l'autre jour, une grande lettre de Livry (1), nous

---

(1) Cette lettre se trouve perdue, comme beaucoup d'autres,

en sommes revenus, et les airs de séparation commencent fort à me serrer le cœur. Nous avons questionné Madelon sur votre procédé pour elle, que nous trouvons si bon, que ma fille l'a mis sur son compte. J'ai prié plusieurs fois Madame de Coulanges d'écrire à son frère à Lyon, pour l'affaire dont vous m'avez envoyé le mémoire; elle m'a dit vingt fois : Oui, oui, oui, je le ferai, je n'y manquerai pas; et toujours elle l'oublie; cela fait que je ne daigne plus lui en parler. Elle est tellement obsédée, elle est si bien à la Cour, c'est tellement à la mode de l'aimer, que je ne m'étonne point qu'elle nous perde de vue. Adieu Madame, adieu Monsieur, vous devez m'aimer, si c'est une bonne raison que de vous aimer.

*P. S.* (1) Je n'ai rien à dire après de si grandes déclarations, sinon que c'est à moi que M. Manin rendit votre lettre, et m'assura que je la pouvois ouvrir en l'absence de ma mère, qui ne revint hier au soir qu'à dix heures. Après le plaisir que j'eus, Monsieur, à voir le tour que vous donniez à votre recommandation, je voulus prendre

---

(1) Ce *post-scriptum* est de la main de M. de Sévigné.

connoissance du fond de l'affaire, qu'il fut ravi de me communiquer; et de vrai, il n'y a pas eu, de ce siècle peut-être.... (*La fin manque*).

## LETTRE XII. 560.

Paris, 25 août 1679.

Hélas! mon pauvre Monsieur, quelle nouvelle vous allez apprendre, et quelle douleur j'ai à supporter! M. le Cardinal de Retz mourut hier, après sept jours de fièvre continue. Dieu n'a pas voulu qu'on lui donnât du remède de l'Anglais, quoiqu'il le demandât, et que l'expérience de notre bon Abbé de Coulanges fût tout chaud, et que ce fût même cette Eminence qui nous décidât pour nous tirer de la cruelle faculté, en protestant que s'il avoit un seul accès de fièvre, il enverroit querir ce médecin anglais. Sur cela il tombe malade, il demande ce remède; il a la fièvre, il est accablé d'humeurs qui lui causent des foiblesses, il a un hoquet qui marque la bile dans l'estomac. Tout cela est précisément ce qui est propre pour être guéri et consommé par le remède chaud et vineux de cet Anglais. Madame de la Fayette, ma fille et moi, nous crions miséricorde, et nous présentons notre Abbé ressuscité, et Dieu ne veut pas que personne décide; et chacun, en disant je ne veux me charger de rien, se charge de tout; et enfin, M. Petit, soutenu de M. Belay, l'a premièrement fait saigner quatre fois en trois jours, et puis deux petits verres de casse, qui l'ont fait mourir dans l'opération, car la casse n'est pas un remède indifférent quand la fièvre est maligne. Quand ce pauvre Cardinal fut à l'agonie, ils consentirent qu'on envoyât querir l'Anglais : il vint, et dit qu'il ne savoit pas ressusciter les morts. Ainsi est péri devant nos yeux cet homme si aimable et si illustre, que l'on ne pouvoit connoître sans l'aimer.

Je vous mande tout ceci dans la douleur de mon cœur, par cette confiance qui me fait vous dire plus qu'aux autres, car il ne faut point, s'il vous plaît, que cela retourne. Le funeste succès n'a que trop justifié nos discours, et l'on ne peut retourner sur cette conduite, sans faire beaucoup de bruit; voilà ce qui me tient uniquement à l'esprit : ma fille est touchée comme elle le doit; je n'ose parler de son départ, il me semble pourtant que tout me quitte, et que le pis qui me puisse arriver, qui est son absence, va bientôt m'achever d'accabler. Monsieur et Madame, ne vous fais-je pas un peu de pitié? Ces différentes tristesses m'ont empêchée de sentir assez la convalescence de notre bon Abbé, qui est revenu de la mort.

Je dirai à ma fille toutes vos offres. Peut-on douter de vos bontés extrêmes! Vous êtes tous deux si dignes d'être aimés, qu'il ne faudroit pas s'en vanter, si l'on avoit un sentiment contraire. J'en suis bien éloignée, et l'on ne peut être à vous plus sincèrement que j'y suis. J'aurois cent choses à vous dire; mais le moyen, quand on a le cœur pressé!

## LETTRE XIII. 561.

Paris, 13 septembre 1679.

Mon pauvre Monsieur, je suis dans une douleur qui me fait un mal étrange. Ma fille s'en va sans remise : ils prennent l'eau jusqu'à Auxerre, où ils arriveront samedi, et font leur compte qu'ils seront lundi à dîner à Rouvray, et que c'est là où vous devez les venir voir, et leur pardonner de ne point aller à Epoisse, dans l'embarras où ils sont. Il viendra quelqu'autre année où ils seront plus légers. La santé de ma fille me fait toujours trembler; et cette inquiétude, jointe à l'absence d'une créature que j'aime si parfaitement, me met dans l'état que vous pouvez vous imaginer. Vous avez offert tant de choses pour leur commodité, que je suis persuadée que vous voudrez bien mener votre litière à Rouvray, et l'obliger à la prendre pour la mener jusqu'à Châlons. Ce sera une commodité pour elle, qui lui conservera la vie, et je réponds pour vous que vous en serez fort aise. Trouvez-vous donc à Rouvray, lundi matin 18 de ce mois; ayez cette litière si secourable, et donnez-leur la joie et la consolation de vous voir. Le tems sera un peu court pour causer, mais vous irez achever cette visite à Grignan. Moins on est accoutumé dans la province, et moins on s'y plaît. La pensée d'aller passer l'hiver à Aix, donne plus de peine que le séjour de Grignan; d'un autre côté, l'air de Grignan est terrible pour elle : tout cela fait trembler; et tout autant que l'on peut faire des projets, M. de Grignan ne doit pas la mettre souvent en chemin, quand une fois ils seront revenus dans cette bonne ville. Mais il est question d'aller : voyez comme mon imagination me flatte, par la pensée d'un retour sans lequel je ne puis être heureuse. Adieu Monsieur, mandez-moi bien comme vous l'aurez trouvée, ne m'épargnez point les détails, je vous en écrivis tant l'autre jour !

*P. S.* Mademoiselle de Mery a la fièvre depuis hier, avec une manière de dyssenterie. Je ne crois pas que tout étant arrêté, on arrête pour cela ; cependant.... — Enfin, je vous conseille toujours d'aller à Rouvray avec cette litière ; mais je vous dis les choses comme elles sont.

## LETTRE XIV. 570.

Paris, octobre 1679.

MADAME de Grignan se porte à merveille : voilà un très-beau commencement de lettre, avec tous les détails de votre entrevue, contés d'une manière qui me plaît fort ; car j'aime premièrement votre style, et puis j'aime les détails de ce qui touche les gens que j'aime. Je suis donc bien contente jusque-là ; mais cette colique, mon pauvre

Monsieur, me donne bien de l'inquiétude : cela vient d'une âcreté de sang qui cause tous ses maux; et quand je pense combien elle se soucie peu de l'apaiser, de le rafraîchir, et qu'elle va trouver l'air de Grignan, je vous assure qu'il s'en faut bien que je sois en repos. Vous me remettez un peu par le compliment du père du Précepteur, qui fut reçu dans une position si convenable à sa vocation. N'admirez-vous pas son opiniâtreté à ne vouloir pas se servir de votre litière? Quelle raison pouvoit-elle avoir? Avoit-elle peur de ne pas sentir tous les cruels cahots de cette route? Puisqu'elle a tant de soin du petit minet, que ne le mettoit-elle auprès d'elle? Quelle façon, quelle fantaisie musquée! Tout ce que je dis est inutile, mais je ne puis m'empêcher d'être en colère. Dites le vrai, mon cher Monsieur, vous l'avez trouvée bien changée : sa délicatesse me fait trembler. Je suis toujours persuadée que si elle vouloit avoir de l'application à sa santé, elle rafraîchiroit ce sang et le poumon qui fait toutes nos frayeurs. Vous me demandez ce que je fais : hélas! je suis courue (1) dans cette forêt cacher mon

---

(1) Locution du tems, qui se retrouve dans Racine.

ennui. Vous devriez bien m'y venir voir; nous causerions ensemble deux ou trois jours, et puis vous remonteriez sur l'hippogriffe (car je suppose que vous auriez pris cette voiture plutôt que la litière), et vous retourneriez aux sermons du père Honoré. Ma fille m'écrit de Chagny, et m'en parle en passant légèrement sur cette colique, et me parlant presque autant de vous que vous me parlez d'elle. Elle fait mention de Madame de Leuville, de M. de Sencès, et s'arrête fort sur l'endroit du cuisinier, qu'elle ne peut digérer : il faut songer à la consoler sur ce point. Que faites-vous cet hiver? Serez-vous encore dans votre château? On dit que vous êtes grosse, Madame; quand on accouche aux îles, on accouche bien à Epoisse. J'aime toujours à savoir les desseins de ceux que j'aime. Les miens sont de garder le bon Abbé au coin de son feu tout l'hiver. Vous avez su comme il s'est tiré de la fièvre, il a présentement un gros rhume qui m'inquiète. Adieu Monsieur, je vous remercie de votre grande lettre, elle marque l'amitié que vous ayez, et pour celle de qui vous parlez, et pour celle à qui vous parlez. — Ecrivez-moi quand vous aurez vu M. de

Caumartin. Né parlerez-vous de rien avec ma fille? Le bon Abbé vous fait mille et mille complimens tous pleins d'amitié.

## LETTRE XV. 570.

Paris, octobre 1679.

QUAND elle n'a point le sang en furie et brûlé à l'excès, elle n'a point cette colique : ainsi quelque naturelle qu'elle soit, quand elle a des douleurs, il faut tout craindre, puisque c'est de ce sang que viennent tous ses maux. Elle est arrivée à Grignan après des fatigues, encore ils eurent le vent contraire sur le Rhône, vous n'en doutez pas; ils couchèrent dans un poulailler où il fallut encore se remettre sur la paille; mais elle a pris Pauline (1) à Valence en passant. Savez-vous le mérite de Pauline? Pauline est une personne admirable, elle n'est pas si belle que *la beauté,* mais elle a des manières, c'est une petite fille à manger. Elle me mande qu'elle craint de s'y attacher, et

---

(1) La fille de Madame de Grignan, qui fut depuis Madame de Simiane.

qu'elle me la souhaiteroit, sans qu'elle est (1) assurée qu'elle lui couperoit l'herbe sous le pied. Je suis fort aise qu'elle ait cet amusement. Elle me dit qu'elle se porte bien, mais je n'en crois rien du tout, et personne ne m'écrit qu'elle. Montgobert a eu le courage de s'embarquer sur le Rhône avec la fièvre continue. J'estime bien le courage et l'affection de cette fille. Voilà bien parler, Dieu merci, de ce qui me tient au cœur; cela n'est guère honnête, mon cher Monsieur. Je crains que Madame de Guitaut ne se moque de moi, elle auroit raison. Je lui fais mille excuses de cette impolitesse, et je l'embrasse de tout mon cœur avec sa permission. Vous ferez très-bien et très-sagement et très-politiquement de ne rien révéler de tout ce que vous savez à M. de Caumartin, je ne m'en soucie point du tout.

J'ai voulu vous parler à cœur ouvert, je l'ai fait, je suis contente; il me semble que vous aimez assez ma naïveté. Nous avons la bride sur le cou présentement; car, du tems de notre impénétrable ami, nous n'eussions

---

(1) *Sans qu'elle est*, pour *si elle n'étoit*, ou *si ce n'est qu'elle est*. Ce tour a vieilli.

jamais osé. Venez, venez dans la chambre de ma fille, nous en dirons bien d'autres. Notre bon Abbé vous assure de ses services. Il se porte parfaitement bien; cet Anglais lui a encore guéri un gros rhume qui lui étoit resté, aussi bien que sa fièvre. Son heure n'étoit pas marquée, et les autres l'étoient, voilà tout ce qu'on peut dire.

## LETTRE XVI. 586.

Paris, décembre 1679.

Il est vrai que je trouve toujours vos lettres admirables, tout m'en plaît, et l'on peut dire qu'elles sont faites *col cenno e con la mano* (1), car les plus belles choses du monde, cachées sous des pieds de mouche, ne me sont de rien, elles se refusent à moi et je me refuse à elles; je ne puis déchiffrer ce qui n'est pas déchiffrable. Vous voyez donc bien que votre commerce a pour moi tout ce que je puis souhaiter; cependant, avec toutes ces perfections, je vous promets de ne point montrer cette dernière : j'en connois les beaux endroits, et cela me suffit.

---

(1) Le Tasse, *Jérusalem délivrée*, ch. I.

Vous avez bien fait d'adresser votre dernier compliment pour M. de Pomponne * à M. de Caumartin, le canal est tout naturel; et, comme vous dites, vous ne perdez rien de tout ce que je dirai au-delà de la lettre. Je n'oublierai aucun de vos sentimens; ceux que vous avez pour Madame de Vins, sur la parole de M. d'Hacqueville et de Madame de Grignan, sont fort raisonnables; vous avez dû vous en fier à leurs goûts et à leurs leurs lumières. Je l'aurois fait comme vous, mais ayant été en lieu de juger par moi-même, j'ai été de leur avis, avec connoissance de cause. C'est une des plus aimables personnes que vous connoissiez, l'esprit droit et bien fait, fort orné et fort aisé, un cœur très-sensible, et dont tous les sentimens sont bons et nobles au-delà de ce que vous pouvez imaginer. Elle m'aime un peu pour ma *vade* (1), et par-dessus cela, je suis la résidente de ma fille auprès d'elle; cela fait un assez grand commerce entr'elle et moi. Le malheur ne me chassera pas de cette maison : il y a trente ans (c'est une

---

* Ce ministre avoit été disgracié le 18 novembre.
(1) Pour ce que je vaux.

belle date) que je suis amie de M. de Pomponne, je lui jure fidélité jusqu'à la fin de ma vie, plus dans la mauvaise que dans la bonne fortune. C'est un homme d'un si parfait mérite, quand on le connoît, qu'il n'est pas possible de l'aimer médiocrement. Autrefois nous disions, chez Madame du Plessis, à Fresne, qu'il étoit parfait, nous ne trouvions pas qu'il lui manquât rien, et nous ne savions que lui ôter ni que lui souhaiter. Il s'en va reprendre le fil de toutes ces vertus morales et chrétiennes que ses occupations nous avoient fait perdre de vue. Il ne sera plus Ministre, il ne sera plus que le plus honnête homme du monde. Vous souvient-il de Voiture à M. le Prince:

> Il n'avoit pas un si haut rang,
> Il n'étoit que Prince du sang.

Il faudra donc se contenter de ce premier état de perfection. M. de Caumartin et moi, étions à Pomponne dans le temps que la Providence rompoit ses liens. Nous le vîmes partir de cette maison, Ministre et Secrétaire d'Etat : il revint le même jour à Paris, dénué de tout, et simple particulier. Croyez-vous que toutes ces conduites soient jetées au hasard? Non, non, gardez-vous-en bien, c'est Dieu qui conduit tout, et dont les desseins sont toujours adorables, quoiqu'ils nous soient amers et inconnus. Ah! que M. de Pomponne regarde bien sa disgrâce par ce côté-là; et le moyen de perdre de vue cette divine Providence? sans cela il faudroit se pendre cinq ou six fois par jour. Je n'en suis pas moins sensible, mais j'en suis bien plus résignée. Notre pauvre ami est donc à Pomponne; cet abord a été dur, il a trouvé cinq garçons tout d'une vue, qui, à mon sens, font tout son embarras. La solitude est meilleure pour les commencemens de ces malheurs. Je l'ai senti pour celui de la séparation de ma fille. Si je n'avois trouvé notre petit livre tout à propos, j'aurois été malade : j'avalai là tout doucement mon absynthe. M. de Pomponne et sa famille, et Madame de Vins, font tout de même; quand ils reviendront ici, il n'y paroîtra plus. Si les accablemens de bonheur de MM. de la Rochefoucauld ne vous consolent point de la chute de M. de Pomponne, croyez aussi que ce dérangement dans le ministère ne console point un autre ministre, de la paix.

Ah! que nous aurions grand besoin de

faire un petit voyage en litière, seulement jusqu'à Bourbilly! En attendant, nous vous apprendrons les magnificences du mariage de Monseigneur le Dauphin, et l'habile conduite de celui de Mademoiselle Vauvineux, qui fut, comme vous savez très-bien, mariée de samedi à dimanche, à Saint-Paul, avec M. le Prince de Guémenée. Le secret a été gardé en perfection, le Roi étoit de cette confidence. Les raisons qu'il avoit de l'improuver ayant cessé, il a changé aussi et signé le contrat. Enfin, rien n'a manqué à ce mariage, que de battre le tambour, d'être en parade sur le lit, et d'avoir des habits rebrochés d'or et d'azur; car pour Princesse de Guémenée, on ne peut pas l'être davantage, ni toute la maison de Luynes plus ébaubie et plus fâchée. Je leur pardonne, ils voient leur jolie fille oubliée au bout de trois mois; mais l'autre dit : *Primo amor del cor mio*, voilà sa raison : il ne l'avoit jamais oubliée; et sans savoir pourquoi, il étoit ravi qu'elle ne fût point mariée. Il faut avoir une espèce de mérite pour conserver un goût comme celui-là. Quoi qu'il en soit, j'entre dans la joie de la mère, et je vois avec plaisir tout ce que la Providence a fait et défait pour en revenir là. On me mande de Provence que notre pauvre Comtesse est assez bien. Son fils a pensé mourir de la rougeole; elle l'a gardé, elle a été plus heureuse que sage : envoyez-lui de l'eau de Sainte-Reine quand elle vous en demandera. Adieu Monsieur et Madame; je vous dis toujours : Aimez-moi, aimez-moi sur ma parole. Je sais bien ce que je vous dis, et je sens bien comme je vous aime.

Notre bon Abbé vous honore et vous assure de ses services : il a été fort enrhumé; il est mieux, Dieu merci.

---

## LETTRE XVII. 597.

Paris, janvier 1680.

JAMAIS deux louis d'or ne sont arrivés plus sûrement ni plus heureusement que les deux du gendarme qui est à Ypres. Donnez-moi des affaires plus difficiles, afin de vous faire voir mon zèle et ma capacité; il me semble que vous doutez beaucoup de cette dernière chose. Voilà ce que vaut le bon Abbé, il me soulage si parfaitement de toutes sortes d'affaires, qu'il semble que je sois une innocente. Il faut souffrir cette humiliation et souhaiter que l'on me fasse encore long-tems cette injustice. Mais à propos de justice et d'injustice, ne vous paroît-il pas de loin que nous ne respirons tous ici que du poison, que nous sommes dans les sacriléges et les avortemens? En vérité, cela fait horreur à toute l'Europe; et ceux qui nous liront dans cent ans, plaindront ceux qui auront été témoins de ces accusations. Vous savez comme ce pauvre Luxembourg s'est remis de son bon gré à la Bastille : il a été l'officier qui s'y est mené, il a lui-même montré l'ordre à Baisemeau. Il vint de Saint-Germain, il rencontra Madame de Montespan en chemin ; ils descendirent tous deux de leurs carrosses pour parler plus en liberté; il pleura fort : il vint aux Jésuites, il demanda plusieurs pères, il pria Dieu dans l'église, et toujours des larmes. Il paroissoit un peu qu'il ne savoit à quel saint se vouer; il rencontra Mademoiselle de Vauvineux, il lui dit qu'il s'en alloit à la Bastille, qu'il en sortiroit innocent; mais qu'après un tel malheur il ne reverroit jamais le monde. Il fut d'abord mis dans une chambre assez belle; deux heures après il est venu un ordre de le renfermer.

Il est donc dans une chambre d'en haut très-désagréable; il ne voit personne : il a été interrogé quatre heures par M. de Beson et M. de la Reinie. Pour Madame la Comtesse de Soissons, c'est une autre manière de peindre, elle a porté son innocence au grand air; elle partit la nuit, et dit qu'elle ne pouvoit envisager la prison, ni la honte d'être confrontée à des gueuses et à des coquines. Le Marquis d'Alluye est avec elle : ils prennent le chemin de Namur; on n'a pas dessein de les suivre. Il y a quelque chose d'assez naturel et d'assez noble à ce procédé; pour moi, je l'approuve. On dit cependant que les choses dont elle est accusée, ne sont que de pures sottises qu'elle a redites mille fois, comme on fait toujours quand on revient de chez ces sorcières ou soi-disantes. Il y a beaucoup à raisonner sur toutes ces choses : on ne fait autre chose; mais je crois que l'on n'écrit point ce que l'on pense. La suite nous fera voir de quelle couleur sont les crimes; jusqu'ici ils paroissent gris-brun seulement. Vous savez les noms de toutes les personnes ajournées pour répondre. Le Maréchal de Villeroi dit : Ces Messieurs et ces Dames, ils croient au diable et ne croient pas en Dieu.

Notre pauvre Grignan s'est trouvée si incommodée d'écrire, qu'elle n'écrit plus qu'une page, pour dire, me voilà, et Montgobert écrit le reste. Elle a mal à la poitrine, et puis cela passe comme ici. Cette délicate santé fait toute ma peine et mon inquiétude. Adieu Monsieur et Madame, soyez bien persuadés, l'un et l'autre, que je vous aime et vous honore sincèrement. Le bon Abbé est tout à vous.

On interrogea hier Mesdames de Bouillon et de Tingris; elles étoient accompagnées de leurs nobles familles : vraiment, c'est pour des choses bien légères qu'on leur a fait cet affront : jusqu'ici voilà ce qui paroît.

## LETTRE XVIII. 608.

Paris, mars 1680.

Non, assurément, mon très-cher Monsieur, je n'ai point su cette dernière maladie de Madame votre femme. M. de Caumartin ne me voit point et ne m'a pas crue digne de me donner part d'une nouvelle où je prends tant d'intérêt. Bon Dieu! quelle douleur pour vous, et que je l'aurois bien partagée! comme je fais le soupir que je crois vous entendre faire! Après qu'on a eu le cœur bien serré, quand il commence à se dilater et à se trouver à son aise, cet état est bien doux après celui où vous avez été. En vérité, j'entre bien tendrement dans ces différens sentimens. Mais voilà la seconde maladie mortelle depuis très-peu de mois. Le bon Dieu veut éprouver votre soumission en vous donnant toute l'horreur d'une telle perte, et puis il retient son bras. Je vous conjure de croire bien fortement que je vous aurois écrit, que j'aurois fait bien des pas pour m'instruire à point nommé des nouvelles qu'on recevoit de vous. On m'a laissée dans une belle ignorance. J'étois tout étonnée de n'avoir point de vos nouvelles et que vous ne m'eussiez rien dit sur ces Grignans que voilà bien placés. Je voudrois bien que l'aîné eût un peu son tour. Ma fille est à Aix, elle se porte mieux; elle a trouvé un médecin à qui elle se fie et qui la gouverne; elle souffre toute la rigueur du carnaval. Vous savez comme elle est sur ces divertissemens, qu'il faut prendre par commandement; elle y fait une horrible dépense : elle se repose assez souvent pour son argent, pendant que l'on danse, que l'on joue et que l'on veille. Pour moi, je suis venue ici passer solitairement les jours gras avec deux ou trois personnes. Je me suis parfaitement bien trouvée de cette fantaisie. Le Roi nous amenera bientôt une Dauphine dont on dit mille biens. Adieu Monsieur ; hélas ! vous aviez bien mauvaise opinion de mon amitié, de me taire quand j'avois tant à dire ! Je suis affligée qu'on m'ait laissée si négligemment dans cette léthargie. Madame, je me réjouis du fond de mon cœur de votre résurrection. Mais qu'avez-vous à mourir si souvent, et donner de si terribles craintes à ce pauvre homme et à tous vos amis ? Je n'aurois pas été des moins effrayées si j'avois connu votre terrible état : n'y retombez plus, je vous prie, pour notre repos.

## LETTRE XIX. 693.

Paris, mai 1683.

JE ne sais pas ce que vous me donnerez ; mais je ne quitte pas d'un pas M. Trouvé, il n'a qu'à monter en chaire pour me voir tout à l'heure au premier rang de ses dévotes. M. de Caumartin n'y manque point non plus, et nous faisons toujours une petite commémoration de vous et de Madame de Guitaut. Nous aimons fort la manière de prêcher de notre ami : il n'est pas encore bien achalandé, mais nous faisons bien ce que nous pouvons pour lui donner de la réputation. Il a prêché aujourd'hui aux nouveaux convertis; il nous a voulu persuader que les croix et les tribulations de cette vie étoient non-seulement nécessaires, mais cent fois plus agréables que les plaisirs; sa petite poitrine a fait de grands efforts, et je crains que ce n'ait été inutilement : il prêche d'une manière touchante et qui plaît fort; cependant le pauvre petit homme ne sait encore où donner de la tête; j'admire qu'on ne l'enlève pas, car il est bon à tout. Connoissiez-vous Madame de Jalez? elle n'est plus à l'hôtel de Lesdiguières, et la Duchesse ne reprendra point d'autre aumônier : cela me fait croire qu'elle n'a besoin d'aucune société et qu'elle ne s'amuse que de la règle et de l'économie de sa maison. Je vous ai dit vrai en vous contant les picoteries de la

Dame de l'autre jour; mais soyons-nous fidèles, et confions-nous toutes ces étourderies, car il faut que jeunesse se passe. Ma fille et les Grignans ont une affaire au conseil, comme vous savez. Si le Coadjuteur vient, ils s'en iront dans trois semaines, et j'entends bien compter sur votre litière; s'il ne vient pas, ils demeureront : comme rien n'est décidé, je ne vous informerai pas davantage aujourd'hui. Adieu Monsieur, je vous aime cordialement malgré les envieux, et je ne veux jamais mourir sans vous le dire, ni vivre sans l'honneur de votre amitié. Notre bon Abbé se porte fort bien. Votre vin est arrivé et dans la cave de M. d'Harrouys; on en conçoit de grandes espérances.

## LETTRE XX. 615.

Paris, avril 1680.

Voilà deux étranges maladies, en attendant la troisième, qui est d'accoucher. Mon Dieu! que je vous plains, mon pauvre Monsieur, et que je suis bien plus propre qu'un autre à sentir vos peines! Hélas! je passe ma vie à trembler pour la santé de ma fille; elle avoit eu un assez long intervalle, elle avoit fait quelques remèdes d'un médecin d'Aix, qu'elle estime fort; elle les a négligés, elle est retombée dans ces incommodités qui me paroissent très-considérables, parce qu'elles sont intérieures : c'est une chaleur, une douleur, un poids dans le côte gauche, qui seroit très-dangereux s'il étoit continuel; mais, Dieu merci, elle a des tems qu'elle ne s'en sent pas, et cela persuade qu'avec un peu de persévérance à faire ce qu'on lui ordonne, elle apaiseroit ce sang qu'on accuse de tous ses maux. Elle vous a écrit; ah! puisque vous l'aimez, priez-la de ne plus vous écrire de sa main : c'est l'écriture qui la tue; mais visiblement. Qu'elle vous fasse écrire par Montgobert; j'ai obtenu d'elle qu'elle n'écrivît plus qu'une seule page, et le reste d'une autre main. Je reviens donc à vous assurer que je comprends vos peines mieux que tout le reste du monde. M. de la Rochefoucault est mort *, comme vous savez; cette perte est fort regrettée; j'ai une amie (1) qui ne peut jamais s'en consoler; vous l'aviez aimé, vous pouvez imaginer quelle

---

* A Paris, le 17 mars 1680.
(1) Madame de la Fayette.

douceur et quel agrément pour un commerce rempli de toute l'amitié et de toute la confiance possible entre deux personnes dont le mérite n'est pas commun ; ajoutez-y la circonstance de leur mauvaise santé, qui les rendoit comme nécessaires l'un à l'autre, et qui leur donnoit un loisir de goûter leurs bonnes qualités, qui ne se rencontre point dans les autres liaisons. Il me paroît qu'à la Cour on n'a pas le loisir de s'aimer : ce tourbillon, qui est si violent pour tous, étoit paisible pour eux, et donnoit un grand espace au plaisir d'un commerce si délicieux. Je crois que nulle passion ne peut surpasser la force d'une telle liaison ; il étoit impossible d'avoir été si souvent avec lui sans l'aimer beaucoup, de sorte que je l'ai regretté et par rapport à moi, et par rapport à cette pauvre Madame de la Fayette, qui seroit décriée sur l'amitié et sur la reconnoissance si elle étoit moins affligée qu'elle ne l'est. Il est vrai qu'il n'a pas joui long-tems de la fortune et des biens répandus depuis peu dans sa maison ; il le prévoyoit bien et m'en a parlé plusieurs fois : rien n'échappoit à la sagesse de ses réflexions. Il est mort avec une grande fermeté. Nous causerons long-tems sur tout cela. Et le pauvre M. Fouquet, que dites-vous de sa mort*? Je croyois que tant de miracles pour sa conservation promettoient une fin plus heureuse; mais les Essais de Morale ** condamnent ce discours profane, et nous apprennent que ce que nous appelons des biens n'en sont pas, et que, si Dieu lui a fait miséricorde, comme il y a bien de l'apparence, c'est là le véritable bonheur et la fin la plus digne et la plus heureuse qu'on puisse espérer, qui devroit être le but de tous nos désirs, si nous étions dignes de pénétrer ces vérités: ainsi nous corrigerions notre langage aussi bien que nos idées. Voilà encore un chapitre sur lequel nous ne finirions pas sitôt. Cette lettre devient une table des chapitres, et seroit un volume si je disois tout ce que je pense. Si la famille de ce pauvre homme me croyoit, elle ne le feroit point sortir de prison à demi : puisque son âme est allée de Pignerol dans le ciel, j'y laisserois son corps après dix-neuf ans; il iroit de là tout aussi aisément à la vallée de Josaphat que d'une

---

* Arrivée dans sa prison à Pignerol, le 23 mars 1680.
** Par Nicole.

sépulture au milieu de ses pères; et comme la Providence l'a conduit d'une manière extraordinaire, son tombeau le seroit aussi. Je trouverois un ragoût dans cette pensée; mais Madame Fouquet ne pensera point comme moi. Les deux frères * sont allés bien près l'un de l'autre; leur haine a été le faux endroit de tous les deux, mais bien plus de l'Abbé, qui avoit passé jusqu'à la rage; autre chapitre.

Disons un mot de Madame la Dauphine **. J'ai eu l'honneur de la voir; il est vrai qu'elle n'a nulle beauté, mais il est vrai que son esprit lui sied si parfaitement bien, qu'on ne voit que cela, et l'on n'est occupé que de la bonne grâce et de l'air naturel avec lequel elle se démêle de tous ses devoirs. Il n'y a nulle princesse née dans le Louvre qui pût s'en mieux acquitter. C'est beaucoup que d'avoir de l'esprit au-dessus des autres dans cette place, où pour l'ordinaire on se contente de ce que la politique nous donne; on est heureux quand on trouve du mérite. Elle est fort obligeante, mais avec

---

\* L'autre frère étoit l'Abbé Fouquet.
\*\* Marie-Anne-Christine de Bavière.

dignité et sans fadeur; elle a ses sentimens tout formés de Munich, elle ne prend point ceux des autres. On lui propose de jouer. — Je n'aime point le jeu. — On l'a priée d'aller à la chasse. — Je n'ai jamais aimé la chasse. — Qu'aimez-vous donc? — J'aime la conversation; j'aime à être paisiblement dans ma chambre; j'aime à travailler; et voilà qui est réglé et ne se contraint point. Ce qu'elle aime parfaitement, c'est de plaire au Roi. Cette envie est digne de son bon esprit, et elle réussit tellement bien dans cette entreprise, que le Roi lui donne une grande partie de son tems aux dépens de ses anciennes amies, qui souffrent cette privation avec impatience. Songez, je vous prie, que voilà quasi toute la fronde * morte : il en mourra bien d'autres; pour moi, je ne trouve point d'autre consolation, s'il y en a dans les pertes sensibles, que de penser qu'à tous momens on les suit, et que le tems même qu'on emploie à les pleurer ne vous arrête pas un moment; vous avancez toujours dans le chemin : que ne diroit-on point là-dessus?

---

\* Cabale puissante qui avoit troublé la minorité de Louis XIV.

Adieu mon cher Monsieur, aimons-nous toujours beaucoup; et vous aussi, Madame, ne voulez-vous pas bien en être? Mandez-moi promptement quand vous aurez augmenté le clapier, ce sera peut-être d'un petit homme. Enfin, croyez que je prends un grand intérêt à la poule et aux poussins. Le bon Abbé est tout à vous.

## LETTRE XXI. 637.

Aux Rochers, juin 1680.

JE me suis contentée de savoir que Madame votre femme étoit accouchée heureusement, et de m'en réjouir en moi-même; car, pour vous faire un compliment sur la naissance d'une centième fille, je pense que vous ne l'avez pas prétendu. De quoi guérira-t-elle celle-ci? car la septième a quelque vertu particulière, ce me semble: tout au moins elle doit guérir de toutes les craintes que l'on a pour quelque chose d'unique. Mon exemple, et la pitié que je vous fais, vous font trouver délicieux d'être tiré de ces sortes de peines, par la résignation et la tranquillité que vous devez avoir pour la conservation de cette jeune personne : ce n'est pas de même chez nous, mon pauvre cœur est quasi toujours en presse, surtout depuis cette augmentation d'éloignement, il semble qu'il y ait de la fureur à n'avoir pas été contente de cent cinquante lieues, et que par malice j'aie voulu en ajouter encore cent ; les voilà donc, et vous, Monsieur, qui savez si bien vous sacrifier pour vos affaires, et satisfaire à certains devoirs d'honneur et de conscience, vous comprendrez mieux qu'un autre les raisons de ce voyage. Je veux faire payer ceux qui me doivent, afin de payer ceux à qui je dois, cette pensée me console de tous mes ennuis. Je reçois deux jours plus tard les lettres de ma fille ; elle me mande qu'elle est mieux, qu'elle n'a point de mal à la poitrine ; ce qui me persuade, c'est que Montgobert me mande les mêmes choses, elle est sincère et je m'y fie. Ma fille a trop d'envie de me donner du repos, pour espérer d'elle une vérité si exacte; elle a quelques rougeurs au visage, c'est cet air terrible de Grignan ; je ne vois rien de clair sur son retour, cependant je fais ajuster son appartement dans notre Carnavalet, et nous verrons ce que la Providence a ordonné, car j'ai toujours, toujours, cette Providence dans la tête : c'est ce qui fixe mes pensées, et qui me donne du repos, autant que la sensibilité de mon cœur le peut permettre, car on ne dispose pas toujours à son gré de cette partie; mais au moins je n'ai pas à gouverner en même tems et mes sentimens et mes pensées; cette dernière chose est soumise à cette volonté souveraine; c'est là ma dévotion, c'est là mon scapulaire, c'est là mon rosaire, c'est là mon esclavage de la vierge; et si j'étois digne de croire que j'ai une voie toute marquée, je dirois que c'est là la mienne; mais que fait-on d'un esprit éclairé et d'un cœur de glace? voilà le malheur, et à quoi je ne sais d'autre remède, que de demander à Dieu le degré de chaleur si nécessaire; mais c'est lui-même qui nous fait demander comme il faut. Je ne veux pas pousser plus loin ce chapitre dont j'aime à parler, nous en discourrons peut-être quelque jour. J'ai vu M. Roulier, il est extrêmement content de vous, de Madame votre femme, de votre château, et de votre bonne chère : il me loua fort aussi d'une lettre que vous lui avez montrée et qu'il m'a assurée être fort bien écrite;

j'en suis toujours étonnée, j'écris si vite que je ne le sens pas ; il me parla beaucoup de Provence. C'est un bon et honnête homme, et d'une grande probité ; je voudrois qu'il y retournât, j'en doute fort. Quand je l'entends parler à l'infini, et répondre souvent à sa pensée, je ne puis oublier ce qu'on a dit de lui, que c'étoit une clé dans une serrure, qui tourne, qui fait du bruit, et qui ne sauroit ouvrir ni à droite ni à gauche : cette vision est plaisante ; franchement la serrure est brouillée fort souvent, mais cela n'est point essentiel, et il vaut mieux qu'un autre. J'ai ici le bon Abbé, qui vous honore toujours tendrement et Madame de Guitaut, car nous sommes touchés de son mérite, et c'est une marque du nôtre (1). Nous sommes venus sur la belle terre avec des commodités infinies : j'avois soin de lui faire porter une petite cave pleine du meilleur vin vieux de notre Bourgogne, il prenoit cette boisson avec beaucoup de patience, et quand il avoit

---

(1) Madame de Sévigné imite dans cette phrase (probablement sans le savoir), une pensée de Quintilien que Boileau a si bien rendue par ce vers de l'Art poétique :

« C'est avoir profité que de savoir s'y plaire. »

bu, nous disions : ce pauvre homme! J'avois aussi trouvé l'invention de lui faire manger du potage et du bouilli chaud, dans le bateau. Il mérite bien que j'aie toute cette application pour un voyage où il vient, à son âge, avec tant de bonté; je l'ai remis entre les mains du vin de Grave, dont il s'accommode fort bien.

Je reçois présentement de mes lettres de Paris; on me mande que l'Intendant de M. de Luxembourg est condamné aux galères; qu'il s'est dédit de tout ce qu'il avoit dit contre son maître : voilà un bon ou un mauvais valet; pour lui, il est sorti de la Bastille plus blanc qu'un cigne, il est allé pour quelque temps à la campagne. Avez-vous jamais vu des fins et des commencemens d'histoires comme celles-là? il faudroit faire un petit tour en litière sur tous ces événemens. Ma fille m'écrit du 8 de ce mois, elle me mande qu'elle se porte fort bien, que sa poitrine ne lui fait aucun mal. Celui de la belle Duchesse de Fontanges est quasi guéri par le moyen du Prieur de Cabrières. Voyez un peu quelle destinée! cet homme que je compare au médecin forcé, qui faisoit paisiblement des fagots, comme dans la comédie, se trouve jeté à la Cour par un tourbillon qui lui fait traiter et guérir la beauté la plus considérable qui soit à la Cour. Voilà comme les choses de ce monde arrivent!

Adieu Monsieur, adieu mon très-cher Monsieur, aimez-moi toujours; et vous, Madame, souffrez que je vous embrasse au milieu de toutes vos filles; vous ne me dites rien de *la beauté* ni de *la très-bonne* : pensez-vous que j'oublie jamais tout cela?

## LETTRE XXII. 647.

Aux Rochers, 15 juillet 1680.

Pour vous voir un moment j'ai passé per Essonne (1).

IL me paroît que c'est ce que vous aviez fait, en courant vers Fontainebleau et revenant sur vos pas, pour voir, trois jours, toutes ces deux grandes familles. Je crois que vous n'y avez point eu de regret; ce sont de bonnes et honnêtes personnes. Le mariage de M. de Boissy est assorti en perfection, c'est justement le contraire : de sottes gens, sotte besogne; le bon esprit y

---

(1) Vers trop simple d'une tragédie du tems.

paroît en tout et partout. Je ne crois pas que nous fassions encore, cette année, ce voyage de Grignan que nous devons faire ensemble : il nous suffit d'apprendre qu'effectivement ma fille se porte mieux, et que, par un effet tout contraire à celui que nous craignions, l'air de Provence lui a plutôt fait du bien que du mal. Je n'ose espérer de la revoir cet hiver; elle ne sait point encore de ses nouvelles; cela tient à tant de circonstances, qu'il ne faut point compter sûrement sur son retour. Il y a bien des choses à dire sur tout ce qui se passe dans le monde : j'ai vu une lettre du Pape, un peu sèche, à son fils aîné \*; c'est un style si nouveau à nous autres Français, que nous croyons que c'est à un autre qu'il parle. Tous les Evêques lui ont écrit après l'assemblée, et disent en général que le Roi est protecteur de l'Eglise, bien loin d'anticiper sur ses droits : ce discours général à un homme qui parle précisément de la régale, pourroit ne pas plaire.

Vous parlez de respect, quand je parle d'amour (1).

---

\* Le Roi.
(1) Vers de Quinault.

Cela me fait souvenir de l'Opéra, Dieu me pardonne. Et cette belle Fontanges qui est tristement à Chelles, perdant tout son sang! Avez-vous jamais vu une créature si heureuse et si malheureuse (1)? Elle ne veut

---

(1) Madame de Fontanges, maîtresse de Louis XIV, eut de lui un fils qui mourut avant elle; cette couche lui occasionna une perte de sang, dont elle décéda le 28 juin 1681, à l'âge de vingt ans. Quoique cette mort fût naturelle, on l'attribua à Madame de Montespan, que ses ennemis accusèrent d'avoir empoisonné Madame de Fontanges, parce qu'elle l'avoit supplantée dans le cœur du Roi. Elle étoit d'une rare beauté et de l'ancienne maison d'Escorailles-Fontanges, en Auvergne. Elle inventa une coiffure de rubans auxquels on donna le nom de *Fontanges*, et poussoit la vanité au point de n'aller qu'en carrosse à huit chevaux. C'est elle qu'on fit parler dans les vers suivans :

> Beautés qui ne songez qu'à donner de l'amour,
> Qui savez triompher du cœur le plus rebelle,
> Approchez et voyez, dans ce miroir fidelle,
> L'inévitable état où vous serez un jour.
> Jalouses ci-devant du bonheur de ma vie,
> Ayez pitié d'un sort dont vous eûtes envie.
> Si l'amour m'éleva dans un illustre rang,
> Je fus de cet amour aussitôt la victime;
> Et si l'ambition m'entraîna dans le crime,
>     Il m'en a coûté tout mon sang.
> Tout à coup à la Cour on me vit sans égale;
> Maîtresse de mon Roi, je défis ma rivale.

plus de quarante mille écus de rente et d'un tabouret qu'elle a, et voudroit le cœur du Roi et de la santé, qu'elle n'a plus. Voilà ce qui entretient mes réflexions dans ces bois, où je rêve souvent; ce seroit bien une litière si nous y étions; j'ai des allées d'où je défie à aucun secret de sortir, entre chien et loup principalement. Jugez ce que ce seroit pour nous qui avons déjà de si belles dispositions à la confiance! Je pense souvent à notre pauvre d'Hacqueville, qui avoit ôté de sa vie (d'ailleurs si pleine de vertu) toute la douceur de la communication. — Et combien avons-nous perdu d'amis depuis peu de tems! et nous allons après eux. Sans de certains attachemens qui me sont encore trop sensibles, je mettrois bien volontiers sur ma cheminée :

> Loin de gémir et de me plaindre
> Des dieux, des hommes et du sort,
> C'est ici que j'attends la mort,
> Sans la désirer ni la craindre (1).

Jamais un tems si court ne fit un sort si beau;
Jamais fortune aussi ne fut sitôt détruite.
    Ah! que la distance est petite
Du faîte des grandeurs aux horreurs du tombeau!

(1) Ce quatrain est de Maynard. Le premier vers, dans

Je ne sais si le premier vers est bien, tant y a (1) que c'est le sens; mais je tiens encore trop à une créature qui m'est plus chère qu'elle n'a jamais été. Vous comprenez ce goût sans peine, c'est pourquoi je vous fais cette confidence. Adieu, Monsieur, aimons-nous toujours bien, et entretenons quelque espèce de commerce pour n'être pas entièrement dans l'ignorance de ce qui nous touche : ne le voulez-vous pas bien, Madame, et que je vous embrasse de tout mon cœur?

Notre bon Abbé vous honore tous deux parfaitement, il se porte fort bien : il s'amuse à bâtir *un petit* (2), car nous n'avons point d'argent; mais enfin, il a une truelle à la main et autour de lui toute sorte d'ouvriers, et moi je fais encore de fort belles allées tout au travers des choux, c'est-à-dire dans un bois que vous aimeriez.

---

toutes les éditions, se lit ainsi : *Las d'espérer et de me plaindre.* Dans quelques-unes on trouve pour second vers, *Des grands, des belles et du sort.*

(1) Locution familière usitée dans la conversation, et admise plus rarement dans le style épistolaire.

(2) Pour *un peu*. La Fontaine l'emploie avec beaucoup de grâce.

## LETTRE XXIII. 689.

Paris, 26 mai 1681.

Enfin, Monsieur, vous avez un garçon, gardez-le bien, car vous n'en faites pas quand vous voulez; je crois que j'attendois cela pour vous écrire, et je pense en effet qu'on ne peut vous faire de compliment dans une occasion plus agréable que celle-ci : il me semble que j'en suis plus aise que les autres, parce qu'en vérité, malgré mon sot silence, je prends un grand intérêt à tout ce qui se passe dans votre château : ce petit garçon y fait bien ; mais que disent toutes les petites poulettes d'avoir ce petit coq à leur tête ? il me semble que je les vois toutes babiller autour de lui, et *la beauté* \* en être encore plus aise d'être la beauté, puisque ce nom devient le fonds le plus solide de son mariage. Que dit Madame de Guitaut de l'esprit qu'elle a eu cette fois-ci, au prix de tant d'autres où elle est accouchée comme

---

\* Surnom d'une des filles de M. de Guitaut. (*Voy.* la lettre de Madame de Sévigné à celui-ci, du 24 septembre 1677).

une simple femme? elle va jouir avec plaisir de son habileté : je suis assurée qu'elle a reçu des visites de Semur dès le premier jour, et ne s'est non plus ménagée sur le bruit que si elle étoit Reine ou Dauphine, c'est tout dire, car ces sortes de personnes sont entièrement livrées au bruit que donne la joie de leur accouchement. Il est question de celui que doit faire dans sept mois notre Dauphine ; sa grossesse commence avec la fièvre tierce et trouble toute la fête par cet accident. Ma fille vous écrit, et vous parlera sans doute de l'inquiétude qu'elle a de son fils ; il est extrêmement enrhumé ; et comme elle pousse toujours ses pensées au-delà de la vérité, elle croit que ce mal est bien plus considérable qu'il ne l'est, et son pauvre petit visage, qui est moins mal que vous ne l'avez vu, retombe dans son abattement, quoiqu'elle se porte mieux qu'elle ne faisoit ; voilà de quoi nous sommes occupées présentement. Je crois que notre bon Abbé vous a fait ses complimens; il vous aime si fort, que je n'ose plus me mêler d'en faire les honneurs. Adieu Monsieur, adieu Madame, parlez-moi de votre joie, et si elle vous a coûté bien des craintes, on ne les a guère toutes pures. Je laisse à la Comtesse à vous parler de l'affliction de Madame de Lesdiguières : cette mort de son mari ne vous a-t-elle pas surpris? elle m'a renouvelé celle de ce pauvre Cardinal. Mon Dieu, que l'on doit peu compter sur tout ceci!

## LETTRE XXIV. 693.

Paris, mars 1683.

Tout ce que vous me dites me persuade; ce seroit une belle chose si nous avions chacun vingt-cinq ou trente ans de moins. —Je suis précisément comme Chimène, pour cette place des chevau-légers,

J'en demande la charge et crains de l'obtenir (1).

Et j'y ajoute encore :

Mon unique souhait est de ne rien pouvoir (2).

Mon fils s'est embarrassé là-dedans de période en période, et s'échauffant lui-même dans son harnois contre ceux qui lui faisoient croire que de paroître vouloir rentrer dans le service, faciliteroit l'agrément de ses

---

(1) (2) Vers du *Cid*.

gens d'armes pour Verderonne. Voilà de quoi il a été la dupe, chose qu'il est assez souvent. Il s'est donc embarqué mal à propos, car Verderonne a été trouvé fort bon, et après cela l'on soutient la gageure, on reparle au Roi; il dit encore : Je verrai. Cependant notre argent nous brûle, et ne travaille point, et l'on dit en tremblant les vers de Chimène, en approuvant que trop le sentiment du Maréchal de Villeroi et le vôtre.

Pour notre paroisse, je crois que je pourrai mettre de l'eau dans mon vin, et dire comme Tartuffe, *c'est un excès de zèle*, mais pour votre intérêt. Le bon Abbé, qui se connoît en droits honorifiques comme en bon vin, ne comprend pas que vous ne dussiez autant aimer de m'avoir, et moi, et ma paroisse, et mon château, relevant de vous, que d'avoir cette paroisse de moins, et me voir pêle-mêle avec vos paysans à votre *Vic de Chassenay*. Savez-vous bien d'où vient que nous avons été ainsi traités familièrement? c'est qu'un Seigneur de Montagu, Seigneur d'Epoisses et autres lieux, dernier Prince de la première race des Ducs de Bourgogne, maria sa fille unique, légitimée à la vérité, à un Rabutin, en 1460, et lui donna Bourbilly, Forleans, Fou, Changy et Plumeron, et enfin pour vingt mille livres de rente, chose considérable alors, et tout cela relevant, comme de raison, du père, qui avoit toutes sortes de droits sur sa fille. En ce tems, on étoit ravi d'être à plate terre dans la paroisse de Montagu; par la suite des tems on se trouve bien durement sur ses genoux; et s'il étoit vrai que cela vous fût égal d'avoir une paroisse de plus, vous m'avoueriez que cette pensée est toute naturelle quand elle est jointe à une espèce de scrupule, qui fait que l'on croit faire quelque chose de bon de contribuer à l'instruction des peuples. Voilà mes pensées, mon cher Monsieur, que le bon Abbé a crues raisonnables, et que nous vous avons dites tout naïvement, avec protestation que dès qu'il faudroit tirer l'épée contre vous, nous renoncerions plutôt aux exercices de notre religion en Bourgogne, que de vous donner un moment de chagrin. Si vos chanoines étoient aussi soumis, le bon petit M. Trouvé n'éprouveroit pas l'ennui où il se trouve dans la tranquillité de l'hôtel de Lesdiguières, que je compare à un lac, et qui n'est nullement digne de l'activité et de la charité chrétienne dont il est animé.

Adieu, Monsieur. Monsieur et Madame de Grignan sont logés d'une étrange façon. Le Chevalier, rhumatismé depuis deux mois, a fait une presse sur les logemens, qui l'a réduite dans son cabinet, et son mari dans sa chambre : je ne sais comme tout cela s'accommode. On dit : qui a bon voisin a bon matin ; j'en doute dans cette occasion, et ce voisinage en pourroit causer de bien mauvais ; qu'y faire ? Il faut souffrir toutes ces sortes d'inquiétudes. Je vous prie de me bien recommander à Monsieur Gauthier, je m'en vais le mettre en œuvre pour finir avec Boucard l'affaire de ma terre. Nous nous aimons tous de tout notre cœur, et si nous l'osons dire, nous en usons de même avec Madame de Guitaut. Avez-vous encore mes petites amies ? que je vous plains de vous en défaire ! Bon jour, ma très-bonne ; votre fièvre m'a fait peur, Dieu vous redonne votre belle santé !

(1) « L'on me prie de fermer cette lettre,
« mais je ne le puis sans vous assurer de
« mes très-humbles obéissances, et que je

---

(1) Paragraphe de la main du Marquis de Sévigné.

« suis à vous de tout mon cœur et très-sin-
« cèrement. Je suis fort de votre avis sur les
« inconvéniens de l'érection d'une paroisse,
« c'est l'affaire de M. d'Autun de pourvoir à
« l'instruction de ses diocésains; et la mère
« de Chantal qui a habité ce château, avec
« et sous la conduite de (1) saint François
« de Sales, n'a point été inspirée de ce zèle
« que le sieur Poussy a voulu faire naître
« dans le cœur de la Marquise. Ainsi vos
« droits, qui n'y étoient pas intéressés, à
« mon avis sont *à couvert.* »

## LETTRE XXV. 483.

Paris, mai 1677.

Votre souhait pour cette année est reçu tendrement, et cette Grignan vouloit hier au soir vous en remercier, mais son mari arriva, et je ne sais plus ce qu'elle est devenue. Je vous dirai donc seulement, en traitant pour elle et pour moi par indivis,

---

(1) *Avec et sous la conduite de*, ne peuvent avoir ensemble un même régime. Cette faute est échappée à la plume, d'ailleurs facile et spirituelle, du jeune Marquis de Sévigné.

que nous étions d'accord de recevoir vos amitiés et de vous en renvoyer d'autres encore plus fortes, vous suppliant pourtant de ne nous point mettre à l'épreuve comme l'année passée, car vous nous fîtes souffrir; et si vos douleurs avoient été soulagées en les partageant, vous auriez été considérablement soulagé de notre part. Nous fûmes aussi fort touchées de cette envie que vous eûtes, si tendre et si naturelle, de ne vouloir pas mourir sans nous le dire. Nous avouons notre naïveté, nous ne sommes pas assez dévotes pour y avoir entendu tant de finesse que les autres. Ces esprits si détachés des choses de la terre sont aisés à scandaliser; il nous paroissoit, au contraire, que de ne vouloir pas mourir sans nous voir, étoit une véritable marque de pouvoir nous voir sans mourir (1). Enfin, mon cher Monsieur, pour éviter de tels inconvéniens, portez-vous bien, et vos billets ne seront plus équivoques. Vos eaux de Sainte-Reine nous font beaucoup de bien; celle qui les

---

(1) Cette distinction paroîtra quintessenciée; elle sort en effet de la manière franche et vive qui caractérise Madame de Sévigné.

Lettres inéd.

prend vous en a remercié elle-même; mais comme j'y prends pour le moins autant d'intérêt qu'elle, je veux encore vous dire que j'admire vos soins et ceux de Madame votre femme. Ma fille en prend peu et peu de jours de suite, elle se repose et puis elle reprend. Cette conduite est bonne, et fait que nous n'abusons pas si souvent de vous. Au reste, ne soyez point jaloux, ce mariage de Mademoiselle de Grignan n'est point encore assez fait pour le mander, le retour de son père le mettra au point de vous en parler d'une façon ou d'autre. Le bon Abbé se loue de son vin et en use plus continuellement que nous ne faisons des eaux, il ne met point d'intervalle à cette cordiale boisson, et vous lui avez appris à n'y point faire de mélange. Adieu Monsieur, je veux vous dire que mon fils a traité de sa charge avec M. de Verderonne; cette place lui étoit devenue insupportable, par la continuelle frayeur que M. de la Trousse se défaisant de la sienne, et n'étant pas en état d'y monter, il n'eût le dégoût d'y voir un autre, et d'être réduit, par la nécessité de vendre, à donner sa charge à vil prix. Cette pensée l'a déterminé, il y perd quarante mille francs, car il ne la vend que quatre-vingts; mais les charges sont fort rabaissées. Il a fait voir qu'il souhaitoit de ne pas quitter le service, demandant au Roi d'entrer dans la charge de sous-lieutenant de ses Chevau-légers : il ne sait point encore s'il sera choisi ; s'il l'est, nous serons mieux que nous n'étions; s'il ne l'est pas, nous nous consolerons en payant nos dettes. Il faut vous faire souvenir que de cette sous-lieutenance des Chevau-légers, qui étoit autrefois unique et valoit cent mille écus, le Roi en a fait deux. La Mothe-Houdancourt en a acheté une cinquante mille écus; la seconde a été deux ans et demi sans que personne en approchât, de sorte que Sa Majesté a mis soixante et dix mille francs au trésor royal, afin que celui qui lui seroit agréable n'eût plus que quatre-vingt mille francs à donner. Or, nous avons cette somme et dix ou douze ans de service ; si nous sommes un peu heureux, on nous prendra. Nous attendons cette décision avec patience, et voilà où nous en sommes. Je pense que vous ne vous plaindrez à mon égard que de ma trop grande confiance, car cette histoire est longue et je ne vous ai épargné aucun détail.

Je vous supplie de présider un peu au conseil que M. Gauthier va tenir, pour raffermer ma petite terre. Je veux aussi vous dire que la barbarie et l'ignorance de mes pauvres sujets nous ont fait penser à faire une paroisse de ces deux villages, afin d'être instruits et d'entendre quelquefois prêcher de Jésus-Christ ; M. d'Autun le souhaite fort. Il faut ménager et dédommager M. le Curé de Vic de Chassenay ; et pour vous, qui êtes le Seigneur, je suis persuadée que vous le voudrez bien, par la raison que je n'en relève pas moins de vous, et que c'est une augmentation au nombre de vos paroisses. Plus ma terre est belle, et plus le Seigneur est grand Seigneur. Vous ne me verrez pas souvent à votre paroisse : ainsi je crois que vous aimerez mieux que moi, que ma paroisse et ma terre vous rendent hommage, que de charger votre conscience de l'ignorance de nos paysans, qui nous parurent comme des Indous. M. Poussy vous instruira de cette intention, sur laquelle je vous demande fort sérieusement votre approbation. Adieu donc, pour cette fois j'espère que je ne vous conterai plus de nouvelles histoires. Je dis tout ceci à Madame de Guitaut comme à vous, et vous embrasse l'un et l'autre avec toute la cordialité dont vous êtes dignes; et mes bonnes petites amies sont-elles parties? c'est bien contre mon gré. Je prie la *très-bonne* de ne me pas oublier. Je vois souvent M. Trouvé. Voilà encore un chapitre qui me conduiroit bien loin; mais je vous fais grâce pour aujourd'hui.

---

## LETTRE XXVI. 693.

Paris, avril 1683.

Vous êtes chagrin, mon pauvre Monsieur, vraiment je ne m'en étonne pas; vous êtes tombé des nues : vous vous ôtez d'abord quatre petites personnes tout-à-la-fois; voilà votre clapier ruiné. Et puis cette Madame de Guitaut qui est à Dijon comme la Comtesse de Pimbèche! En vérité, vous me faites pitié. Je ne m'étonne pas si vous êtes chagrin. Je vous souhaite au moins une bonne santé, afin que vous ne soyez pas accablé de toutes sortes de maux; pour moi, j'ai celui de ne savoir que faire de ma pauvre terre. Je ne suis point contente de l'humeur et de la conduite de M. Lemaison, je crains de me rembarquer avec lui, il ne s'en trouve point d'autres. Boucard me propose un receveur : il me semble que de cette manière on fait de cent sous quatre livres, et de quatre livres rien : ne connoissez-vous point cette manière de parler ? Enfin, Monsieur, je leur ai dit de vous consulter ; je ne vous trouve pas assez occupé pour nous refuser deux heures de votre tems ; sérieusement je vous en supplie. Je crois que votre pauvre M. Trouvé ne fera pas vieux os à l'hôtel de Lesdiguières : cela s'est tourné tout autrement que je ne le croyois ; il me sembloit qu'elle devoit être ravie d'avoir un si aimable et si sage Aumônier. Nous sommes trompés, et pour moi je fais ce que je puis pour lui faire avoir une bonne cure en ce pays-ci. Mandez-moi pourtant si vous le voulez, car il vous aime si tendrement, que, s'il pouvoit retourner auprès de vous, je suis assurée qu'il préféreroit ce bonheur à tout autre : parlez-moi un peu là-dessus ; il vous parlera de son état, c'est pourquoi je ne m'y embarque pas. Ma fille est souvent fort incommodée de son côté ; son visage pourtant lui fait honneur : il me semble que j'entends parler de la Provence. Je m'en vais vous dire une plaisante chose, c'est que la seule pensée qui me fait prendre patience, est que je m'en irai dans ma Bretagne. J'aime mieux être dans mes bois et m'ennuyer, que d'être ici à traîner misérablement ma vie, sans elle, de maison en maison. Comprenez-vous cette fantaisie? Il y a un peu du Don-Quichotte dans la *Sierra Morena*. Adieu Monsieur, nous soupirons après Gauthier. Notre bon Abbé achève de boire son vin vieux, et moi j'avale du vin de Chablis.

## LETTRE XXVII. 693.

Paris, février 1683.

Nous sommes tous si généreux et si bons amis, qu'il ne me paroît pas au pouvoir de l'inconstante fortune de nous faire changer d'avis. Je vous déclare donc, Monsieur, que le plus violent bouillon de mon zèle seroit refroidi par la seule crainte de vous fâcher et de contester avec vous. Mais si, d'ailleurs, je n'avois point des raisons de laisser un peu reposer cette pensée, je vous ferois convenir, soutenue du bon Abbé, que vos droits honorifiques n'en sont nullement offensés :

vous auriez une paroisse de plus, dont vous seriez le Seigneur supérieur avec toutes les marques ; c'est en Bretagne ce qu'on appelle embellir sa terre, et la rendre considérable, que d'avoir plusieurs paroisses. Mais nous n'en sommes pas à vous persuader, les avocats le feroient en un moment. Je ne ferai jamais de séjour à cette terre ; et comme j'ai mon habitation dans Epoisses, la civilité dont vous faites profession me donnera toujours une des bonnes places dans votre paroisse. Je n'ai donc pas besoin de me tant tourmenter ; je vous assure aussi, que ce n'étoit que par une espèce de conscience qui me faisoit voir comme une obligation l'instruction de mes pauvres villages, qui assurément n'ont jamais entendu parler de Jésus-Christ ; mais je m'en remets à M. d'Autun, et reprendrai le fil de mon discours. Je ne sais point encore si je serai assez heureuse ou assez malheureuse pour obtenir la charge que mon fils demande. J'attends cette décision comme une explication de ce qui s'est fait là-dessus de toute éternité, car je ne pourrois pas vivre en repos, si je quittois de vue un seul moment ma chère Providence. Nous en parlons quelquefois. M. Trouvé et moi, nous sommes bien d'accord ensemble, et ne le sommes guère avec la plupart de ceux que nous trouvons en notre chemin. Il me conte ses tribulations, et je crois qu'à la fin Dieu lui donnera quelque place plus digne de lui et plus conforme à son humeur agissante. Ma fille vous fait mille amitiés, elle est dans un tems de mauvaise santé, à quoi elle est accoutumée. J'espère qu'il n'y aura point d'autre malheur de ce voisinage, que le bruit de cette rose fleurie (1), c'est assez. J'ai vu Madame de Châtelux, nous avons parlé de vous tous ; elle n'est pas trop contente du couvent d'Avalon, ni du plaisir que vous vous ôtez en vous séparant de mes petites amies ; c'est signe que vous vous portez bien, car il faut de la santé pour soutenir le mal que vous allez vous faire. Je laisse à Madame la Comtesse le soin de vous mander toutes les diverses scènes qui se passent ici. On fait, pêle-mêle, les complimens de joie et d'affliction. Vous savez que le Marquis de Créqui a épousé Mademoiselle d'Aumont, parente de Madame de Coulanges; et Tavanne, Mademoiselle d'Aguesseau, pa-

---

(1) On ne sait à quoi ceci fait allusion.

rente de M. de Coulanges: le voici qui parle, sur l'air de Joconde :

> Voir tous les jours entrer les siens
> Dans un haut parentage,
> Ce sont les plus solides biens
> De mon triste ménage.
> Nous nous tirons bien, Dieu merci,
> De ces gens à soutane;
> Quand ma femme me dit Créqui,
> Je lui répond Tavanne.

Je salue, j'embrasse, et je révère de tout mon cœur Madame votre chère épouse, et mes petites chères, et la *très-bonne.*

---

## LETTRE XXVIII. 693.

Paris, mars 1683.

IL y a deux jours que cette lettre (1) devroit être envoyée; le *bien-bon* (2) l'a oubliée sur sa table : j'en suis ravie, car je vais répondre à votre dernière lettre, elle est charmante, et m'a fait rire de tout mon cœur. Eh bien ! ne vous l'avois-je pas bien dit, que vous aviez tort ? Vous avez, Dieu merci, perdu votre procès dans votre pro-

---

(1) De l'Abbé de Coulanges.
(2) L'Abbé de Coulanges.

pre tripot (1), et vous voilà, de Seigneur, devenu plaît-il maître, comme vous dites fort bien; mais Gauthier dit encore mieux. Je le vois dire ce que vous me mandez, et pour vous dire vrai, mon zèle se refroidit; et soit une bonne ou une sotte chose, je ne veux pas surpasser la mère de Chantal, ce qui seroit proprement vouloir aller par-delà paradis. Ainsi, nous voilà en repos, ne voulant, pour les dépens, que le plaisir d'être plus habile que vous, et de vous donner des leçons sur les droits honorifiques.

Je reviens de Versailles, j'ai vu ces beaux appartemens, j'en suis charmée; si j'avois lu cela dans quelque roman, je me ferois un château en Espagne d'en voir la vérité. Je l'ai vue et maniée; c'est un enchantement, c'est une véritable liberté, ce n'est point une illusion comme je le pensois. Tout est grand, tout est magnifique, et la musique et la danse sont dans leur perfection. Ce fut à ces deux choses que je m'attachai, et elles me firent fort bien faire ma cour, comme étant un peu de la vocation de l'une et de l'autre. Mais ce qui plaît souverainement,

---

(1) Sur l'érection d'une cure à Bourbilly.

c'est de vivre quatre heures entières avec le Souverain, être dans ses plaisirs et lui dans les nôtres : c'est assez pour contenter tout un royaume qui aime passionnément à voir son maître. Je ne sais à qui cette pensée est venue; mais Dieu la bénisse cette personne! En vérité, je vous y souhaitai; j'étois nouvelle venue, on se fit un plaisir de me montrer toutes les raretés, et de me mener partout. Je ne me suis point repentie de ce petit voyage. Il est arrivé que le même jour j'ai pu être assurée, comme Chimène, de ne rien obtenir. M. de la Tour, Torcy, Vitry, si vous voulez, avec quatre-vingt mille francs comme nous, l'a emporté.

La faveur l'a pu faire autant que le mérite :
Le choisissant peut-être, on eût pu mieux choisir;
Mais le Roi l'a trouvé plus propre à son désir.
*Le Cid.*

Pour moi, je suis contente; mon fils auroit quelque envie d'être chagrin, par la raison qu'il faut toujours être mal content. Adieu Monsieur, le plus aimable ami du monde. Le voisinage va assez bien. La belle s'en va faire sa cour, c'est signe qu'elle ne se porte pas mal. Le bon Abbé vous aime jusqu'au point de m'en faire jalouse.

## LETTRE XXIX. 693.

Paris, mars 1683.

Vos lettres sont aimables; mon fils a lu la dernière, il en a été charmé; ma fille les connoît, et nous les lisons ensemble avec plaisir. Elle se montre un peu plus souvent à Versailles; mais elle vous aime encore trop pour oser jeter quelques fondemens sur sa fortune. Pour moi, je ne pense plus à tous ces beaux appartemens, cela est passé. Je suis entêtée du père Bourdaloue, j'ai commencé dès le jour des Cendres à l'entendre à Saint-Paul; il a déjà fait trois sermons admirables. M. de Lauzun n'en perd aucun, il apprendra sa religion, et je suis assurée que c'est une histoire toute nouvelle pour lui. C'étoit sur l'Evangile du Centenier qui dit à Notre Seigneur: *Domine, non sum dignus*. Sur cela il prit occasion de parler des dispositions où il falloit être pour communier; que ceux qui conduisoient les âmes ne devroient jamais faire la menace de la profanation du corps de Jésus-Christ, sans avertir que si nous n'y participions pas, nous n'aurions jamais la vie éternelle; que ces deux choses ne devoient jamais se séparer; que si nous étions bien disposés, il falloit en approcher toujours, et si nous étions dans le péché il ne falloit jamais s'en approcher, dit saint Augustin; mais qu'il falloit s'efforcer de se mettre dans l'état où il nous est permis de nous en approcher, plutôt que de demeurer tranquille dans la séparation de ce divin mystère, qui étoit une fausse paix, et la seule et fausse marque de religion de la plupart des libertins. Tout cela fut traité avec une justesse, une droiture, une vérité, que les plus grands critiques n'auroient pas eu le mot à dire. M. Arnaud lui-même n'auroit pas parlé d'une autre manière; tout le monde étoit enlevé et disoit que c'étoit marcher sur des charbons ardens, sur des rasoirs, que de traiter cette matière si adroitement et avec tant d'esprit, qu'il n'y eût pas un mot à reprendre d'un côté ni d'autre. Madame de Caumartin étoit là qui recevoit les complimens; pour moi, j'étois tout ébaubie d'entendre le Père Desmares avec une robe de Jésuite. Si M. Poussy étoit auditeur, il aura pu puiser à la source : je ne suis point assez mauvaise voisine pour l'avoir donné ni aux grises, ni au bleues de ce quartier. Je l'ai vu et je lui ai laissé la liberté de courir les sermons. Pour M. Trouvé, je l'aime toujours; ah! que nous avons ensemble de bonnes conversations bien salées! Seriez-vous fâché quil eût une bonne cure, car il me fait pitié où il est, et je ne vois pas qu'il puisse espérer de reprendre son aumusse auprès de vous? Je lui ai montré ce que vous dites sur son sujet; mais vous ne sauriez me décrier auprès de lui, ma sincérité est établie. Vous savez comme le Roi a donné deux mille livres de pension à Mademoiselle de Scudéry : c'est par un billet de Madame de Maintenon qu'elle apprit cette bonne nouvelle. Elle fut remercier Sa Majesté un jour d'appartement, elle fut reçue en toute perfection; c'étoit une affaire que de recevoir cette merveilleuse muse. Le Roi lui parla et l'embrassa pour l'empêcher d'embrasser ses genoux. Toute cette petite conversation fut d'une justesse admirable : Madame de Maintenon étoit l'interprète. Tout le Parnasse est en émotion pour remercier et le héros et l'héroïne. — Pour notre mariage, je ne sais vraiment comme il va : nous tâchons de découvrir ce qui est écrit là haut; mais jusqu'ici cela est tellement griffonné, que nous n'avons pu le lire. On attend des procurations de Languedoc : je vous manderai le dénoûment. Je sais vraiment que vous ne vous portez pas tant mal, Madame : l'eussions-nous jamais cru, quand nous avions toujours les larmes aux yeux de voir ce pauvre homme en pièces et en morceaux? Il faut avouer que les Chirurgiens de Paris sont d'habiles gens. Je vous rends mille grâces de m'avoir parlé à fond du logement de mes bonnes petites amies (1), je vois bien que je puis me fier en vous de leur éducation : ce n'est pas aussi pour elles que je me tourmente, c'est pour vous et pour M. de Guitaut; je connois le mérite de ces petites personnes, et je trouve qu'elles font un rôle principal à Epoisses. Ma fille vous dit mille choses, Madame; mais je les gâterois en les écrivant. Elle chante victoire d'un ton audacieux que je crains qui n'attire quelque punition; car de quoi peut-on répondre dans ce monde, sinon de vous aimer et de vous estimer toujours d'une manière toute particulière?

---

(1) Mesdemoiselles de Guitaut.

Je vous conjure tous deux de décider sur ce que M. Gauthier et Boucard vous diront de mes pauvres affaires de Bourbilly.

Ayez cette bonté pour votre très-humble sujette.

Notre bon Abbé se porte fort bien, il a un commerce tout séparé avec vous, qui roule sur les truites de votre pays.

## LETTRE XXX.693.

Paris, juin 1683.

Vous me décidez entièrement, par vos solides raisonnemens, en faveur de Boucard, je vois que la politique m'engage à suivre dans cette occasion les conseils de celui que j'ai mis à la tête de mes affaires ; de plus, la pensée de ce mariage de neuf ans avec un fermier, en comparaison de l'attachement passager d'un Receveur, m'a frappée au dernier point, et quand je devrois faire de cent sous quatre livres, et de quatre livres rien, comme je le craignois, je veux du moins en essayer, et me voilà déterminée ; mais je vous dis en secret que c'est vous qui en êtes cause. Ménagez cela suivant votre politique dont vous me donnez des leçons. Je vous remercie fort sérieusement d'avoir voulu donner de votre tems à tous les raisonnemens qu'il a fallu faire sur ce sujet.

Ne vous mettez point en peine de M. de Berbisy; il est fort bien instruit de l'amitié cordiale qui est entre nous.

J'en ai beaucoup de cette amitié cordiale pour M. Trouvé, et il me paroît que le coup est double et qu'il en a beaucoup pour moi. Je suis sa confidente, et il ne me paroît pas qu'il ait l'ombre d'un tort à l'égard de la dame et du domestique de la maison dont il est sorti. C'étoit des marguerites devant des pourceaux, on n'étoit pas digne de lui. Il ne sait présentement où Dieu le jettera.

Je n'espère plus de lui faire avoir une cure, parce que ce n'est plus M. de Pélisson qui dispose de celles de Saint-Denis, cela m'est échappé des mains par ce changement. — Je gronde toujours notre M. Trouvé de vouloir corriger le monde; vous dites des merveilles : il veut travailler, il a raison; il veut que son travail profite, il a tort. Ne sait-il point encore que ce n'est pas le prédicateur qui frappe l'oreille, qui convertit, mais celui qui touche le cœur et qui se fait entendre intérieurement. Il a beau planter et arroser, c'est le Seigneur qui donne l'accroissement. Il sort à tout moment de ses principes. Je voudrois que vous fussiez en état de le remettre dans votre église ; quelle consolation et pour vous et pour lui ! C'est un aimable homme, il a beaucoup d'esprit et de lumières, avec la douceur et la simplicité d'un enfant. Je voudrois que vous nous entendissiez quelquefois mêler notre critique aux admirations publiques du père Bourdaloue. — Ma fille veut toujours vous écrire ; elle ne songe point encore à son chemin ; elle attend des nouvelles du Coadjuteur, qui peut accommoder l'affaire de M. d'Aiguebonne. Ils seront si sots, qu'ils prendront La Rochelle ; car si cela est, n'ayant plus d'affaires au conseil, ils prendront la route de votre château, et s'il faut plaider, ils s'établiront au conseil, ma fille devenant, comme Madame de Guitaut, Comtesse de Pimbêche. Ainsi nous attendons le dénoûment de nos destinées et de nos séparations, sur quoi je vous ai mandé mes sentimens. — Il y a douze jours que je suis enrhumée d'une manière à faire peur, car j'avois une poitrine bridée et

**douloureuse**, et une petite fièvre avec cela compose tout aussitôt une maladie mortelle. Je voulus, pour obvier, passer un peu par les mains de notre beau Passerat ; il me fit une saignée admirable, après avoir examiné près d'une heure avec quel soin la Providence cache mes veines aux yeux des plus habiles chirurgiens. Il fut ravi quand il eut répandu mon sang, et me demanda de mes nouvelles avec une affection pleine, ce me sembloit, de beaucoup de reconnoissance. Ce coup de lancette m'a guérie. Adieu Monsieur, vous êtes un aimable ami : j'aurois bien à causer ; mais je ne saurois plus écrire, quand je vois ma fin. Toujours : « Comment se porte notre M. de Guitaut ? » Il est impossible de vous oublier. Comment vous trouvez-vous de l'absence de mes petites amies, *la très-bonne?* vous l'avez soufferte !

## LETTRE XXXI. 699.

Paris, juin 1684.

C'est bien à vous, Madame (1), à me gronder de n'avoir pas le pouvoir d'empêcher ma

---

(1) On ne s'étonnera point de trouver classées parmi

fille d'aller en Provence avec son mari, vous qui avez donné le plus cruel et le plus dangereux exemple du monde, de l'attachement que l'on a pour ces Messieurs-là. Vous souvient-il de la dureté et de l'opiniâtreté que vous aviez contre les larmes et les raisons de tous vos parens et amis, et comme vous allâtes enfin accoucher agréablement dans la mer Méditerranée? C'est vous qui nous aviez mis le bouton si haut; c'est vous qui nous avez coupé la gorge; c'est vous que l'on cite pour faire voir qu'il n'y a qu'à être téméraire, et que Dieu a soin des cervelles démontées, car la vôtre l'étoit, Madame, aussi bien que celle de ma fille; je vous déclare donc que je suis très-mal contente de vous, et que je ne suis point du tout, Madame (puisque vous le prenez par-là, et que vous donnez toujours de méchans exemples), votre très-humble servante.

Il me semble, Monsieur, que c'est là le vrai ton qu'il faut prendre avec elle; je m'en vais en prendre un autre pour vous, et pour commencer à vous plaire, je vous dirai que

---

les lettres à M. de Guitaut, celles dont une partie seulement est adressée à Madame. (*Remarque générale.*)

notre pauvre femme ne se porte pas si mal qu'elle faisoit avant sa fièvre tierce ; les sueurs qu'elle a eues lui ont ôté des sérosités qui picotoient sa poitrine, elle n'y sent aucun mal présentement : elle l'a toujours délicate, les douleurs peuvent revenir, mais nous sommes toujours assurés qu'il n'y a ni ulcère, ni fluxion formée; ce qui nous étonne, c'est qu'elle est toujours aussi maigre et aussi foible que lorsque nous craignions toutes ces choses : elle se gouverne un peu à sa fantaisie, et sous ombre de la philosophie de M. Descartes, qui lui apprend l'anatomie, elle se moque un peu des régimes et des remèdes communs. Enfin on ne mène pas une Cartésienne comme une autre personne : elle m'assure qu'elle me soulagera bientôt de vous écrire, et qu'elle vous remerciera elle-même de tous vos soins tendres et vifs, quoique toujours dignes d'aller en litière avec elle; ils vouloient partir dans quinze jours, mais je viens de les arrêter, en leur disant que nous partirons tous le 1$^{er}$ d'août *, eux pour Provence, moi pour Bretagne, et qu'il seroit malhonnête de me

---

* Madame de Sévigné ne partit qu'en septembre.

quitter pour si peu de temps; ainsi, nous passerons l'été ensemble, *Ch'a* (1) *tempo a vita*, l'étoile n'est point pour les voyages cette année. Toute la Cour est ici arrêtée par une puissance occulte; je voudrois que, malgré cette disposition du ciel, vous vinssiez faire quelque tour ici, comme vous faites quelquefois, nous vous recevrions encore à Livry. Je vous conjure, en attendant, de prier de ma part M. Gauthier de vouloir bien régler avec Boucard toutes les prétentions de dommages et intérêts qu'a Lamaison, et qui lui servent d'un prétexte admirable pour ne me point donner d'argent : ordonnez un peu, comme Seigneur de toute la contrée, que ce différend se juge, et que M. Gauthier prenne cette peine. J'envoie ma procuration à Boucard. Adieu Monsieur, quand notre commerce finiroit par le recommencement de celui de ma fille, je vous supplie que notre amitié ne finisse pas, elle durera de mon côté tout autant que moi; je pense que vous n'en désirez pas davantage. Je n'oublierai jamais Epoisses, ni *les beauté*

---

(1) Cette abréviation se trouve dans le manuscrit. On peut d'ailleurs l'admettre.

et *bonté*, dont j'étois aussi contente qu'elles l'étoient de mon humeur.

## LETTRE XXXII. 693.

Paris, avril 1683.

Si nous n'avons pas bien fait nos Pâques, ce n'est vraiment pas la faute du père Bourdaloue, jamais il n'a si bien prêché que cette année, jamais son zèle n'a éclaté d'une manière plus triomphante ; j'en suis charmée, j'en suis enlevée, et cependant je sens que mon cœur n'en est pas plus échauffé, et que toutes ces lumières dont il a éclairé mon esprit, ne sont point capables d'opérer mon salut. Tant pis pour moi ; cet état me fait souvent beaucoup de frayeur. Mais savez-vous ce que j'ai fait ? j'ai entendu deux bons petits sermons de notre bon M. Trouvé, le jeudi et le samedi saint, à Saint-Jacques-du-Haut-Pas. J'aime tout-à-fait sa manière de prêcher, elle vise à la simplicité apostolique de M. le Tourneur ; il a du zèle, et trop, car sa pauvre petite poitrine en est dévorée : ce sont de véritables homélies comme celles des Saints Pères ; j'en fus tout-à-fait contente. Il passera cette quinzaine ave M. de Saint-Jacques, qui est un homme aimable; et puis, si Dieu ne lui présente rien en ce pays-ci, il me semble qu'il compte retourner au vôtre; mais tout est-il paisible? Je n'ai pu encore savoir de Madame Lesdiguières ce qui les a séparés. Je parlai l'autre jour de lui à notre Comtesse de Fiesque, la croyant pour lui sur le même ton que vous; mais je me trouve repoussée dans toutes mes approbations. Il avoit eu tous les torts à Epoisse, il avoit fait fouetter une fille, jeté tout le désordre partout, à force de sévérité et de zèle indiscret; son livre sur la confession et communion étoit condamné, improuvé, désavoué par Madame de Longueville; enfin, je fus aussi surprise et aussi trompée qu'il est possible. Ne faites nul mauvais usage de tout ceci; mais, dites-moi, d'où peut venir cette aigreur si contraire à vos sentimens? On reparla encore de ce pauvre billet que vous m'écrivîtes quand vous mourûtes (1) : je le soutins conforme à notre amitié; on me la disputa, je la maintins, on se moqua de

---

(1) M. de Guitaut quitta le monde en 1680, et se retira dans ses terres.

Lettres inéd.

moi et de ma naïveté, et il sembloit que l'on n'en voulût reconnoître aucune que celles dont l'ancienneté vouloit exclure toutes autres. J'ai voulu vous conter tout cela; mais *ne me brouillez point avec la république* (1). Vous aurez su la triste aventure de ce pauvre petit Chevalier de Guerchy. On ne parle que de voyages; et nous-mêmes, à l'imitation des puissances, nous prenons des mesures pour Provence et Bretagne. Cette séparation me trouble et m'afflige plus que je ne puis vous le dire. Mandez-moi, mon cher Monsieur, de vos nouvelles; si vous avez votre agréable moitié, et comme vous vous trouvez de ce beau coup d'épée que vous avez fait, en vous ôtant tout votre plaisir et votre amusement, en séparant de vous mes petites amies. Votre santé est-elle parfaite? Songez-vous à venir à Paris? Dites-moi aussi un petit mot de mes affaires. Etes-vous toujours dans le même raisonnement politique, qui vous fit préférer le receveur au fermier? J'attends des lettres de Boucard, et de l'argent de Lamaison. Notre bon Abbé vous embrasse, et moi, en vérité, de tout mon cœur.

---

(1) Vers de Nicomède.

(1) « Mais notre vin de M. d'Harrouys,
« qui devoit arriver dans la semaine sainte,
« est-il coulé à fond? ce seroit grand dom-
« mage. Je m'en repose pourtant sur vous,
« mon cher Seigneur, et le ferai sur toutes
« choses; car il n'y a personne plus appliqué
« que vous. La Marquise de Coetquen par-
« tira bientôt pour aller voir sa mère à
« Lorge : vous savez ce que je veux dire. Je
« préférerois bien l'air de Bretagne à celui
« de Bourgogne, qui me conviendroit mieux,
« ce me semble, pour bien des raisons, dont,
« en vérité, vous seriez la principale. Je
« vous honore et honorerai toujours. »

## LETTRE XXXIII. 693.

Paris, mardi 4 mai 1683.

Vous m'effrayez, en me parlant encore de votre sang répandu : où avez-vous pris cette abondance, mon pauvre Monsieur, après avoir passé par les mains de Passerat? Votre médecin a grand raison de vous défendre toute application, il faut être *spensierato*, comme disent les Italiens. Deux et deux font

---

(1) Du Marquis de Sévigné.

quatre, voilà tout au plus ce que vous devez conclure; nous allons un peu plus loin, M. Trouvé et moi, car j'aime tout-à-fait à raisonner avec lui; mais je ne sais plus où le prendre, il a quitté Saint-Jacques par discrétion, ne voulant pas abuser de la bonté extrême du plus pauvre curé de Paris : un autre l'a pris, je l'attends pour m'expliquer ce que la Providence veut encore faire de lui; elle a déterminé Madame de Lesdiguières à prendre une livrée magnifique et modeste; c'est un fond isabelle, car elle a envoyé promener le rouge; et sur ce fond qui représente un peu Madame de Longueville, elle a mis un large velours noir de quatre doigts en onde, avec tous les boutons d'orfévrerie, cela compose une singularité fort éloignée de l'économie qu'elle pratique en d'autres endroits, car premièrement elle ne veut plus d'aumônier, et pour une Madame de Jalez, vous n'en verrez de votre vie : l'éloignement de cette favorite a surpris tout le monde, on laisse entendre qu'elle étoit jalouse, difficile, curieuse, épilogueuse, faisant des plaintes amoureuses, et des reproches, dont les cœurs secs sont embarrassés; enfin si cette femme s'est amusée à aimer tendrement cette Duchesse, et à vouloir en être aimée de même, je ne m'étonne point de leur mauvais ménage; il y a des gens qu'il faut aimer à leur mode, et superficiellement; quand on veut compter plus juste avec eux, on tombe dans l'aversion, dans l'embarras, et enfin dans la disgrâce. Je vous prie que tout ceci ne passe point vous et Madame de Guitaut. Madame de Caumartin aime fort notre M. Trouvé, c'est un bonheur qu'il tient de vous avec plusieurs autres. Mandez-moi si vous n'entrevoyez point le tems où il pourroit retourner dans votre chapitre, au lieu d'être ici méconnu et profané par le peu de justice qu'on a rendu jusqu'ici à son mérite. Je reviens à cette Duchesse : un grand et beau carrosse de velours noir avec la housse étoffée des mieux, une calèche de velours aurore et noir, et point de carreau à l'église, cela paroît tellement désassorti, que nous en demandons justice à Port-Royal, car un carreau modeste eût paru moins affecté, avec tant de magnificence, que cette singularité qu'il faut expliquer à tout le monde; pour nous, mon cher Monsieur, nous sommes arrêtés par M. d'Aiguebonne, qui a été renvoyé du Parlement de Grenoble, et veut un réglement de juges au conseil; c'est le mois qui vient que l'on leur donnera un autre Parlement. Cette affaire nous arrête tout court, et recule une séparation qui commençoit déjà à se faire sentir; je vous manderai la suite de notre destinée. J'ai fort causé avec M. Gauthier, que je trouve toujours d'un très-bon esprit; nous avons parlé à fond d'un fermier ou d'un receveur, il vous portera nos décisions, et cette grande affaire se signera dans votre château d'Epoisse. Le voyage du Roi n'est point différé, quoiqu'il pleuve sans cesse; il semble que le mariage de Mademoiselle de Laval se ménage avec M. de Roquelaure, et que celui de Mademoiselle de Pienne et du Duc de Choiseul soit prêt à s'achever; celui de Mademoiselle d'Alerac n'est point encore réglé; je n'ai jamais vu une fille si difficile à marier. Adieu Monsieur, aimez-moi toujours; je vous conjure de la même chose, Madame, car, en vérité, on ne peut vous aimer plus cordialement que je fais, ni vous honorer davantage; en un mot, je suis toute à vous, j'embrasse *la très-parfaitement bonne.*

## LETTRE XXXIV. 693.
Juin 1683.

Si j'avois écrit comme on le désiroit, j'aurois bien dit d'autres merveilles; mais j'aurois eu peur que ma main n'eût séchée, et jai réduit mon approbation au courage qu'il faut avoir pour soutenir tout l'éclat d'une telle affaire. Je ne m'en dédis point, il en faut avoir au-dessus des autres; car, pour moi, pauvre petite femme, si j'avois fait une sottise, je n'y saurois pas d'autre invention que de la boire, comme on faisoit du tems de nos pères. Il faut que je vous dise les raisons de cette pauvre Coligny, pour n'en pas user de même; elle convient d'une folie, d'une passion que rien ne peut excuser que l'amour même; elle a écrit sur ce ton là toutes les Portugaises du monde, vous les avez vues. Mais qu'apprendra-t-on par-là, sinon qu'elle a aimé un homme, avec cette différence des autres, c'est qu'elle en avoit fait ou en vouloit faire son mari. Si tous les maris avoient bien visité les cassettes de leurs femmes, ils trouveroient sans doute qu'elles auroient fait de pareilles faveurs sans tant de cérémonies; mais cette pauvre

Rabutine étoit scrupuleuse et simple, car elle avoit cru que M. de La Rivière étoit un gentilhomme : il avoit l'approbation de son père, il a de l'esprit; elle s'est engagée sur ce pied là : tout d'un coup elle trouve qu'il l'a trompée, qu'il est d'une naissance très-basse. Que fait-elle? Elle se repent, elle est touchée des plaintes et des reproches de son père, elle ouvre les yeux; ce n'est plus la même personne, voilà le rideau tiré. Elle apprend en même tems qu'il y a des nullités dans son prétendu mariage, elle ne peut demeurer comme elle est, il faut qu'elle se remarie; elle prend le parti de se démarier, plutôt que de passer le reste de sa vie avec un homme qu'elle hait autant qu'elle l'avoit aimé. Elle sait que nous avons consulté des docteurs, qui croient le mariage absolument nul. Lui, que fait-il de son côté? il entre en fureur de sa légèreté, il oublie que c'est lui qui l'a trompée le premier, il dit des choses atroces contre elle, il tâche de l'intimider, il la menace qu'on dira à l'audience qu'elle.... ( *cinq mots effacés* ), qu'elle.... ( *six mots effacés* ), qu'elle.... ( *quatre mots effacés* ); voilà les petites peccadilles dont il l'accuse. Elle entre en fureur de son côté,

elle oublie toute pudeur, elle veut se séparer
pour jamais d'un si insolent calomniateur ;
voilà où ils en sont. Les avocats éclateront
de tous les deux partis, nous baisserons nos
coiffes, et nous tâcherons de nous délivrer
d'une si odieuse chaîne. Eh bien, nous avons
aimé un homme ! cela est bien mal, et nous
avons été si sotte que de l'épouser ! selon le
monde, c'est ce qui est encore plus mal.
Nous écrivons des lettres brûlantes, c'est
que nous avons le cœur brûlant aussi. Que
peuvent-elles dire de plus que ce que nous
avouons, qui est, de l'avoir épousé? c'est
tout dire, c'est la grande et admirable sottise
dont nous voulons nous tirer, puisque, par
bonheur, en voulant faire le mariage du
monde le plus sûr, nous avons fait le mariage du monde le plus insoutenable; c'est
ainsi que la Providence nous a laissé tomber, et nous présente ensuite les moyens de
nous relever. Or, que veut donc faire ce
La Rivière? Voudroit-il d'une furie, d'une
bacchante, quand même il la pourroit ra-
voir? Ne vaudroit-il pas mieux assoupir et
accommoder cette affaire? Je ne veux point
le voir; mais s'il vient ici, nous avons des
amis qui pourroient parler à lui, et c'est

ainsi que l'on rapproche quelquefois les choses du monde qui paroissent les plus éloignées. Adieu mon cher Monsieur, voilà tout ce que mon imagination me fait jeter sur ce papier, sans art, sans arrangement, à course de plume; vous en ferez l'usage qu'il vous plaira. Ma fille ne se porte point bien. Je vous aime et vous honore parfaitement et votre chère femme.

## LETTRE XXXV. 570.

Livry, octobre 1679.

Vous n'avez donc pas vu M. de Caumartin? Quelle raison vous a-t-il donnée pour ne point faire un voyage si naturel et si bien placé? Il me semble que l'amitié qui est entre vous les devoit conduire tout droit à Epoisses. Pour moi, Monsieur, je suis dans cette forêt solitaire et triste comme vous savez. J'ai quelqu'envie de tourner mon intention du côté d'une retraite, pour me préparer à la bonne fête de la Toussaint. Jusqu'ici j'en ai fait une caverne de larrons, c'est-à-dire, un lieu où j'ai passé plusieurs jours dans un horrible chagrin. Je voudrois bien faire de tout cela un sacrifice à Dieu, et l'offrir comme une pénitence : avec de telles vues on rendroit bon ce qui est mauvais. Cette Comtesse me revient toujours au cœur et à l'esprit, elle a de cruels maux de jambes : c'est l'humeur de cette cruelle poitrine qui se jette là. Elle est toujours d'une maigreur qui me fait trembler; elle me cache la moitié de ses maux, et l'éloignement fait qu'on n'a jamais de repos. Elle vous demande de l'eau de Sainte-Reine, je crois que vous l'avez déjà envoyée; il faut croire qu'elle en a besoin. Ils sont présentement, selon mes supputations, à leur petite assemblée. M. de Vendôme n'y va pas encore cette année. Ils enterreront la synagogue; après cela je leur conseille bien de régler leurs affaires de si bonne manière, qu'ils puissent être à Paris comme les autres, et que ma fille ne soit occupée que du soin de rétablir sa santé, s'il est possible. N'êtes-vous pas de cet avis? J'ai été quelques jours à Paris. Je serai ici jusqu'après la Toussaint On ne parle que de Monsieur et Madame de Ventadour. Vous avez de trop bons correspondans ou correspondantes, pour se mêler de vous dire des nouvelles : ou vous viendrez en apprendre vous-même, ou l'on vous en contera cet hiver. Que je vous admire, et que vous êtes sage d'être chez vous, pour les raisons qui vous y font demeurer! mais quand elles cessent, on a quelque plaisir à revoir ses amis. En vérité, vous êtes un des hommes du monde qui me convient le plus. Madame, voulez-vous bien que je le dise, et que j'avoue, comme il le disoit l'autre jour, que c'est un grand bonheur, ou un grand malheur, que nous ne nous soyons pas rencontrés plus tôt. Le bon Abbé vous assure tous deux de ses respects; il se porte très-bien, son heure n'étoit pas marquée. Il faut jouir de cet été de Saint-Martin, que la Providence lui donne encore. Aimez-moi, je vous en conjure, puisque vous m'avez embarquée à vous aimer très-sincèrement.

## LETTRE XXXVI. 292.

Novembre 1674.

Vous voilà donc dans votre château avec votre très-aimable femme? si vous voulez me voir dans ma béatitude, il faudra que vous preniez la peine de venir jusqu'ici. Il est vrai que je suis sensiblement touchée du plaisir d'avoir Madame de Grignan, je ne m'accoutume point à cette joie, je la sens à toute heure, et je vois couler le tems avec douleur, quand je pense au jour qui me l'emmenera ; mais je ne veux pas prévenir mon malheur. Parlons des merveilles que vous avez faites en Provence, vous n'avez pensé qu'aux véritables intérêts de M. et de Madame de Grignan. J'ai trouvé fort dure et fort opiniâtre la vision de M. de Toulon pour les cinq mille francs à l'assemblée. Je crois que la permission que le Roi donne d'opiner sur cette gratification, ôtera l'envie de s'y opposer. M. de Pomponne a fait régler aussi le Monseigneur qu'on doit dire à M. de Grignan en présence de l'Intendant, quand on vient lui rendre compte de l'assemblée ; et comme ce réglement donnera sans doute quelque chagrin à M. de Bouilli, je crois que M. de Pomponne ne l'enverra que sur la fin. C'est beaucoup que ce soit une chose décidée, ou pour mieux dire rétablie. Je suis fort aise que vous ayez trouvé Grignan d'un bon air ; vous l'auriez trouvé encore plus beau, si la Comtesse avoit aidé à son mari à vous en faire les honneurs ; mais non, il vaut encore mieux que vous la trouviez ici. Vos conversations seront infinies, quand vous joindrez la Provence avec les affaires passées et présentes de ce pays-ci; vous y trouverez le procès de M. de Rohan bien avancé : * Mon Dieu, la triste aventure! quelle scène et quel spectacle! Vous vous souvenez de nos conversations, je vous en remercie. Je vous suis bien plus obligée de tout ce que vous me disiez, que vous ne me l'êtes de mon attention; je n'oublierai jamais cet endroit de ma vie, il me semble qu'il nous a fait une liaison particulière. Je suis persuadée que vous n'en auriez pas tant dit à la Comtesse de Bussy, et que vous n'avez point de sujette que vous aimiez tant que moi. Adieu Monsieur, adieu Madame; je suis très-sincèrement à vous.

---

* Le chevalier de Rohan-Guémené eut la tête tranchée le 27 novembre 1674.

# LETTRES
## A M<sup>me</sup> LA COMTESSE DE GUITAUT.

### LETTRE PREMIÈRE. 1006.

Paris, novembre 1692.

J'avois compté sur mes doigts, et il me sembloit, Madame, que vous deviez être arrivée; je me préparois à l'envoyer demander chez vous, lorsqu'une très-honnête personne, m'abordant dans nos Filles-Bleues, m'a nommé votre nom, et comme inspirée, m'a dit précisément ce que je voulois savoir. Vous voilà donc dans votre beau château, avec vos jolis enfants, votre chapitre, vos chanoines, la *très-bonne*, M. Gauthier, et du blé dans vos greniers, avec lequel vous ne laisserez pas de crier famine; mais pourtant ce sera votre faute si vous n'en faites de l'argent, car il se vend cher partout; cependant, Madame, il n'y a jour que je ne vous regrette, surtout le matin à notre messe, où je me trouvois heureuse de vous voir un moment et d'être à deux pas de vous : ce goût que j'ai pour vous ne m'a point passé, vous êtes mon idée plus que jamais, et plus que jamais votre dupe si vous me trompez. L'abbé Testu a gagné ce mal, il dit qu'il avoit fermé la boutique pour l'amitié ; mais qu'il la rouvre pour vous, et qu'il n'oubliera jamais la dernière visite que vous lui avez faite la veille de votre départ. J'aime à parler de vous avec lui. Mandez-moi comment se porte votre âme, et de quelle sorte de tranquillité vous jouissez présentement qu'il ne peut plus arriver nul tremblement de terre dans vos affaires. Mandez-moi, je vous prie, Madame, un petit mot des miennes. La pauvre Madame de Béthune vient de perdre son mari en Suède ; cette pauvre créature a toujours été livrée aux plus vives passions : elle adoroit son mari, elle en étoit jalouse. Les furies l'avoient suivie jusqu'en Pologne. Ah ! quel état ! Jouissez, Madame, de la paix que Dieu vous fait sentir présentement ; vous avez eu vos peines, vous en avez fait un sacrifice bien sensible au cœur, voilà votre bienheureux état : je n'ai jamais vu une telle parole, mais elle est aussi de M. Pascal; Adieu Madame, comptez bien que je suis à vous.

## LETTRE II. 536.

Paris, novembre 1677.

Comment vous portez-vous, Monsieur et Madame, de votre voyage? Vous avez eu un assez beau tems; pour moi, j'ai eu une colique néphrétique et bilieuse (rien que cela) qui m'a duré depuis le mardi, lendemain de votre départ, jusqu'à vendredi. Ces jours sont longs à passer, et si je voulois vous dire que depuis que vous êtes partis, les jours m'ont duré des siècles, il y auroit un air assez poétique dans cette exagération, et ce seroit pourtant une vérité. Je fus saignée le mercredi à dix heures du soir, et parce que je suis très-difficile, on m'en tira quatre palettes, afin de n'y pas revenir une seconde fois; enfin, à force de remèdes, de ce qu'on appelle *remèdes*, dont on compteroit aussitôt le nombre que celui des sables de la mer, je me suis trouvée guérie le vendredi; le samedi on me purgea, afin de ne manquer à rien; le dimanche je vais à la messe avec une pâleur honnête, qui faisoit voir à mes amis que j'avois été digne de leurs soins; et aujourd'hui je garde ma chambre et fais l'entendue dans mon hôtel de Carnavalet, que vous ne reconnoîtriez pas depuis qu'il est rangé. J'y attends la belle Grignan dans cinq ou six jours : elle prend la rivière, ainsi vous ne la prendrez point. Je n'eusse pas été de cet avis si j'eusse été du conseil tenu à Lyon; car, outre que les chemins de Bourgogne sont encore fort beaux, la circonstance de trouver Epoisses sur mon chemin, avec le maître et la maîtresse et tout le petit peuple, et *la très-bonne*, m'auroit entièrement déterminée. Je vous manderai le second terme du voyage des Grignan, et cependant je vous supplie d'être mon correspondant avec M. Gauthier, et de vouloir bien faire comprendre à Lamaison que vous prenez un grand intérêt à votre petite servante : il fait encore des folies sur nos réparations; et à force de vouloir soutenir mon vieux château, il me fera tomber dans la misère de n'avoir pas de quoi souper cet hiver. Je laisse à d'Hacqueville le soin des nouvelles de l'Europe, et je prends celui de vous aimer, de vous honorer, et d'être toute ma vie dans tous vos intérêts. Bonjour *la beauté.* — Me regarderoit-elle, si je lui baisois une main.

Le bon Abbé vous est entièrement acquis, et vous prie de compter sur lui.

## LETTRE III. 558.

Paris, juillet 1679.

J'AI bien envie de me raccommoder avec vous, Madame : nos incivilités sont réciproques; vous avez commencé la première à m'assurer que vous n'êtes point ma très-humble servante; j'ai répondu sur ce ton, et il y a eu quelques paroles piquantes de de part et d'autre, je l'avoue; mais enfin on fait la paix générale, et cela donne un bon exemple pour les divisions particulières. Je prie M. de Guitaut de se mêler de ce traité, que je signerai immédiatement après celui de Lamaison. Vous en avez donc la tête bien rompue! j'admire votre bonté, et que vous souffriez un tel bruit dans votre château. Je veux vous expliquer ma pensée dans le beau marché que j'ai fait avec mon fermier, dont je vois fort bien que vous vous moquez; ce ne fut point l'Abbé, ce fut moi, et voici ma raison: tous les ans j'étois en furie de n'être point payée d'une demi-année, on me donnoit pour raison que les grains étoient dans mes greniers, mais qu'on attendoit qu'ils fussent chers, afin de n'y pas perdre; ils faisoient plus, car, comme ils vouloient y gagner, ils attendoient des quatre et cinq ans que la vente fût bonne; et cependant je n'avois point d'argent, et ne voulant pas ruiner mon fermier en le faisant payer par force, je sentois l'incommodité de leur économie ou de leur avarice, et je me trouvois entraînée dans l'attente d'une bonne année, et quelquefois d'une ruine, par les hasards et les petites bêtes qui gâtent souvent les blés. Cela me donne la belle pensée de vouloir être maîtresse de les vendre quand il me plairoit, et de manger mon blé en vert; de cette sorte, le fermier ne peut être ruiné, je ne le gronde point pour me payer, et je la suis quand je veux. Pourquoi trouvez-vous cela si ridicule, quand on sait qu'un fermier ne gagne quasi rien et qu'on ne veut pas le mettre à bas? Sérieusement je trouve cette pensée la plus belle du monde, je la fis approuver à l'Abbé, de sorte, Madame, qu'il ne faut pas qu'il partage avec moi ni la louange ni le blâme. Je vois bien que votre bon naturel vous portera plutôt à ce dernier;

il faut souffrir de sa souveraine. Adieu Madame, adieu Monsieur. Cette Comtesse de Grignan se porte un peu mieux, nous vivons au jour la journée, sans rien voir de net dans l'avenir; vous pouvez penser ce que je souhaiterois; mais vous pouvez penser aussi ce que les affaires ont accoutumé de déranger. Vous savez le mariage d'Espagne et la plaisante charge qu'on donne à Mademoiselle de Grancé, qui lui donnera pourtant un nom et un établissement. On ne dit rien encore du mariage de M. le Dauphin ni des chevaliers. Que dites-vous des Bellefons et Saint-Géran, qui seront chevaliers d'honneur et écuyers?

Et nous serons toujours de pauvres chiens. Il y a des gens qui n'ont point le don de prendre les bons chemins. Quand on ne peut aller par le maître, il faudroit que quelque ministre vous fût attaché, et c'est la loi et les prophètes; mais le nombre est petit de ceux qui leur sont agréables. Ma fille vous écrira, et vous honore parfaitement tous deux; contentez-vous pour aujourd'hui de cette mère qui est entièrement à vous.

Embrassez *la beauté* et ma *très-bonne*.

## LETTRE IV. 1008.

1693.

Je vous ai écrit un petit billet, ma chère Madame, pour vous demander des nouvelles de votre santé, et comme vous vous trouviez dans votre château. Vous ne m'avez point répondu, et je sais par la Demoiselle qui demeure chez vous, que vous avez eu de grands maux de tête. Cette excuse est trop bonne, et je souhaite que vous ne l'ayez plus, et qu'avec une bonté digne d'une Madame de Guitaut, qui règne dans notre pays, et de l'idée que j'ai de son mérite, vous vouliez bien, par charité, vous mêler d'écouter ce que vous dira Hébert, mon receveur, et M. Boucard, mon ancien juge, sur la manière dont ledit Hébert doit me payer 1200 liv., de plus, ce qu'il me doit de l'année 91 et toute l'année 92. Après cela j'ai un amodiateur, et ce sera une autre manière de gouvernement, dont vous ne serez plus importunée. Mais l'aigreur qui a toujours été entre Boucard et Hébert, et les différentes manières qu'ils imaginoient pour sortir de cette recette, me met dans un état de mourir de faim pendant leur contestation ; état assez ennuyeux dans la bonne ville où je suis. Commencez donc par décider sur un article de la lettre d'Hébert que je vous envoie, savoir si je vendrai mes grains à Noël prochain, au prix qu'ils se trouveront. Il ne m'est pas possible de parler, d'ici, sur cet article, qu'en vous assurant, en général, que le pain est fort renchéri. Vous consulterez M. Gauthier, si vous le trouvez à propos, et sans faire semblant d'avoir la lettre d'Hébert, qui est d'un style assez ridicule. Vous aurez la charité d'écouter ses raisons et celles de Boucard, et vous déciderez *souverainement*. Je les renvoie tous deux à vous, et je vous renvoie à M. le Curé de Saint-Jacques, pour savoir si vous n'êtes pas obligée, en cas que votre bonne tête se porte bien, de me tirer de l'embarras où je suis. J'envoie ce paquet par votre homme d'affaires, et je vais écrire par la poste à mes gens. Quand vous aurez jugé, je vous ferai mes remercîmens, et vous demanderai mille pardons.

Madame de Mornay s'est jetée, après avoir passé par la Trappe, avec Madame de Guise, dans l'abbaye des Clerets, qui est devenue toute sainte, depuis qu'une Madame de Valence, sortie de la Visitation de Moulins, et vagabonde depuis trois ans d'abbaye en abbaye, l'a réformée, et est devenue sainte elle-même. Vous savez comme moi, Madame, par qui ces miracles sont arrivés. Madame de la Marselière, la mère de Madame de Mornay, l'attendoit à Paris; elle vit revenir son équipage, elle courut en bas pour embrasser sa chère fille, elle trouva ses femmes tout éplorées, qui lui présentèrent un billet. Elle mande qu'elle est demeurée aux Clerets, pour faire une retraite qui durera autant que sa vie, si Dieu lui fait la grâce de lui conserver les sentimens qu'il lui donne présentement. Sa mère est partie, mais assurément elle ne fera que l'admirer sans la ramener. Voilà des coups de cette grâce si victorieuse, que j'aime et honore si parfaitement. Madame d'Ambre est morte. Voilà ce qui se trouve sous ma plume, ma chère Madame. Ne faites point trotter la vôtre si vous avez encore mal à la tête, rien n'est plus mauvais. Faites agir M. Gauthier sous vos ordres. Je voudrois bien, après vous avoir embrassée, embrasser encore tous vos enfans, *la très-bonne*, et quasi votre chapitre, dont vous faites un si bon usage

## LETTRE V. 1008.

1693.

Non, Madame, je n'ai point changé de sentimens sur votre sujet; ce que je pense de vous est trop bien établi, pour changer sur une légère apparence. Ce qui m'a fait votre dupe, me fascine encore tellement les yeux, qu'en y ajoutant vos nouvelles bontés, vous pouvez compter que jamais vous n'avez eu une dupe plus dévouée que moi. Mais, tout de bon, n'êtes vous pas la meilleure et la plus charitable personne du monde, car il y a de la charité à me tirer de l'embarras où je suis, et M. de Saint-Jacques approuveroit tout ce que vous faites. Continuez donc, ma chère Madame, ne vous rebutez point, ennuyez-vous, pour l'amour de Dieu, à écouter les différens styles de mes deux ministres, tous deux singuliers, et mêlés de bonnes et de mauvaises choses, et se haïssant tous deux cordialement depuis le premier jour qu'ils se sont vus; c'est une de mes raisons pour avoir été ravie d'avoir un amodiateur; il n'y aura plus au moins qu'une opinion bonne ou mauvaise, j'aurai du moins le plaisir d'être décidée; mais dans ce dénoûment-ci, je vous demande votre secours : je vous en ai déjà écrit par votre homme d'affaires, et vous ai envoyé une lettre d'Hébert, qui m'écrit d'un style assez ridicule; mais je n'y pense pas : il est vrai que je lui mandai tout ce que Boucard m'avoit écrit, comme le meilleur pour moi; mais si je me trompe, hélas! Madame, redressez mes pensées, qui ne sauroient être bien droites étant absente; et sur la vente des blés, ordonnez entièrement, faites comme pour vous, et ne croyez point que je puisse jamais improuver ce que vous aurez fait sur tous les chapitres. Si vous voulez que je me moque des rats, faites vendre mes blés, sinon ordonnez qu'on s'en défasse : tout sera bien, pourvu que vous ayez la bonté de vous faire obéir. Voilà une petite lettre que je reçois de Boucard, elle figurera avec celle d'Hébert, et vous verrez tout le procès par écrit; songez seulement à ne vous point redonner votre mal de tête, je serois affligée d'y contribuer; de quoi s'est avisée cette tête si bonne et si bien faite, de vous tourmenter?

celle de l'abbé Testu n'a plus aucune incommodité depuis qu'il est à Saint-Victor. Sérieusement il goûte cette retraite, et goûte votre mérite encore davantage. Je lui ai dit votre souvenir. Il vous écrit, et nous parlons souvent très-dignement de vous.

Adieu Madame, ma très-chère Dame. Vous voulez que ce soit sans préjudice de votre très-humble et très-obéissante servante, je le veux bien aussi, car il n'y a rien que je ne sois pour vous. Je m'en vais au sermon du père Bourdaloue : au lieu de vous, j'ai auprès de moi Madame Martel; vraiment, ce n'est point du tout la même chose.

## LETTRE VI. 1008.

Paris, janvier 1693.

VRAIMENT, Madame, il s'en faut bien que vous ne m'écriviez de votre bonne encre; je ne sais point pour qui vous la gardez, mais je comprends que je n'en suis pas digne. A peine votre lettre a-t-elle pu paroître à mes yeux, la mienne n'a pas eu moins de peine à se présenter devant vous : c'est une étrange pensée à M. votre homme d'affaires, ne lui en déplaise, que de mettre ce pauvre paquet avec des raquettes et des volans : voilà une exactitude dont l'ombre de M. de Louvois lui est fort obligée. Enfin tout cela s'est heureusement démêlé, et j'ai vu ou entrevu toutes les peines que vous prenez pour moi; et comme vous souffrez l'ennui des styles différens et des difficultés pour faire approcher et confronter mes ministres, les oppositions, les aversions, les contestations. N'êtes-vous pas trop bonne, ma chère Madame, de vous charger de tout ce tracas? Nous chantions l'autre jour vos louanges, le Comte de Choiseul et moi; il vous a mille obligations, il est bien fâché de de ne vous avoir pas celle d'avoir vendu ses bois. A propos de vendre, je n'ai nul dessein de vendre Bourbilly, par une petite raison, c'est que c'est à ma fille après ma mort, elle en fera le marché en ce tems-là. En attendant, je suis bien aise qu'on le souhaite et d'en jouir, c'est de quoi il est question, ma chère Madame. Vous ne sauriez finir avec ces gens-là; pour vous faire entendre leurs raisons, il vaut mieux vous envoyer leurs lettres. Je vous ai confié le style d'Hébert, et vous celui d'un de vos hommes. Voici encore une lettre de M. Boucard, je vous conjure de la lire et d'observer tout ce qu'il me dit sur la manière dont Hébert prétend me payer, quels retardemens il prétend apporter à des choses déjà échues, et donnez-vous la peine de tirer la vérité et de m'empêcher d'être trompée. Voilà, ma chère Madame, ce que j'attends de votre charité, et de ne me laisser pas bien long-tems dans le mois de janvier, sans me faire envoyer de l'argent. L'abbé Testu a reçu avec plaisir ce que je lui ai dit de votre part, il a de grandes dispositions à vous aimer plus que toutes les femmes qu'il connoît; il a raison, je suis de son avis. Nous avons depuis dix jours M. de Grignan; M. Catinat vint en même-tems, il a eu de grandes conférences avec le Roi; tout le monde est fort content de ses manières. L'abbé Pelletier est toujours très-mal; le boyau percé, c'est une pitié, on ne sait où faire cette opération. Madame de Caraman est toujours pitoyablement entre les mains des chirurgiens. Je vais finir cette lettre sans scrupule, ma chère Madame, en vous disant, sans aucune exagération, qu'il y a très-peu de personnes au monde que j'estime, qui me touchent autant que vous, et qu'il n'y en a point que je mette au-dessus de mon idée.

J'embrasse *la très-bonne*, et ce que vous avez d'enfans autour de vous. Je ne saurois aller jusqu'à Avalon.

## LETTRE VII. 1008.

1693.

Vous me parlez de vos maux, ma chère Madame, je m'arrête sur ce premier article, et le trouve le plus important. Sont-ce toujours ces maux de tête? Je vous plains, et j'ai un vrai scrupule de vous importuner de mes affaires, et de vous embarrasser des discours infinis de mes ministres : la diversité de leur style n'en doit point mettre à l'ennui qu'ils doivent vous donner. Faites-vous un peu soulager par M. Gauthier, et ne faites que prononcer quand les affaires seront digérées.

Vous me demandez si dans le compte d'Hébert il se charge des blés de 91, je ne puis le savoir; il a laissé ses comptes à son frère qui est à Rheims, avec son maître l'Archevêque de Rheims, je ne les pourrai voir que dans quinze jours; mais il n'y a pas d'apparence qu'il veuille mentir sur une chose qu'on verra en si peu de tems. Pour la manière d'envoyer ses comptes, je ne sais pas à qui je les pourrai confier. Quand le frère d'Hébert sera ici, je le consulterai pour lui ôter ces comptes qui lui sont inutiles, et les envoyer en Bourgogne où ils me sont nécessaires. Rochon ne sera pas oublié non plus; mais en attendant je voudrois qu'Hébert fît payer ceux qui doivent : quel bien peut-il arriver de leur laisser mon bien? Je lui écris pour lui le dire, et vous renvoie la lettre, afin que vous voyez toujours le fond des cœurs de ces Messieurs. Ne vous lassez point d'ordonner en peu de mots; et s'il y a une querelle pour la chasse, comme Hébert me le mande, soyez encore le Maréchal de France. Enfin, ma chère Madame, que vos bontés s'étendent partout, mais ne vous fatiguez point, je vous en conjure. Je suis en peine de votre tête, et de l'effet de votre saignée, et de votre médecine. Je dirai à l'abbé Testu vos trop bonnes raisons. Le père Bourdaloue a fait des merveilles cet Avent,

Ceux qui ont de la mémoire disent qu'ils connoissent ses sermons : pour moi, qui n'en ai point, ils me sont nouveaux. Rien ne vous doit consoler de les avoir perdus, que de n'en avoir point entendu du tout; mais vous auriez eu quelques Minimes. Je n'oserois vous demander de m'aimer autant que je vous aime, ce seroit trop, cela ne seroit pas juste : mais souffrez, au moins, avec plaisir, tout ce que je sens pour vous.

## LETTRE VIII. 1008.

Paris, janvier 1693.

Comment vous portez-vous cette année, ma très-chère Madame ? avez-vous toujours mal à cette tête que j'estime tant ? avez-vous toujours bien de la bonté, bien de la charité pour moi ? êtes-vous toujours bien importunée de mes ministres ? Le frère d'Hébert est revenu, et il ne faut qu'un mot de son frère pour lui faire envoyer ce compte, qui étoit tout arrêté et signé de moi, avant qu'il s'en retournât en Bourgogne. Je vous adresse le billet que je lui écris, parce que par Semur c'eût été une longueur infinie. Envoyez-le lui donc, ma chère Madame, et me renvoyez le sien, afin que ce gros livre se donne au messager de Semur, car je ne sais point d'autre voie : vous y verrez tout ce que vous voulez savoir ; il faudra que Boucard y prenne toutes les connoissances qui seront utiles pour le nouveau fermier. Je trouve assez fâcheux que Boucard me dise que je dois toucher 1,800 fr. présentement, et que le receveur en rabatte cent écus. Enfin, Madame, il faut finir, et il faut qu'il m'envoie tout, le plutôt qu'il pourra, le plus qu'il pourra, car j'ai un besoin extrême. J'ai donné ce que j'avois d'argent, à cause du décri : ainsi ma foi est grande. — Dieu vous comble de ses grâces de plus en plus, ma très-aimable Madame ! J'embrasse *la très-bonne*. Que vous êtes heureuse que vos garçons soient petits ! Toutes les mères sont désolées du siége de Rimfeld et de Furne : quelle saison !

## LETTRE IX. 1008.

1693.

JE veux vous recommander d'abord votre santé, ma chère Madame, et de profiter, par le repos et par le régime, des remèdes que vous avez faits.

Voilà l'extrait du compte d'Hébert, vous verrez qu'il s'est chargé des grains et qu'il les doit vendre. Voilà ce que vous vouliez savoir; j'y ajoute que tout le plutôt qu'on les pourra vendre présentement, c'est assurément le meilleur : c'est le conseil que mes amis de ce pays me donnent; ils ne seront jamais plus chers qu'ils le sont, et peuvent diminuer. L'avoine est à un prix excessif. Je vous conjure donc, Madame, de donner vos ordres sans balancer et sans retardement, et prenez pour vous le conseil que je vous donne. Ayez la bonté de dire à Hébert que j'ai reçu sa lettre de change de 1500 fr. Il ne faut point croire ces gardeurs de grains pour l'éternité : c'est ainsi qu'il me parle; et suivant ma bonne coutume, de vous faire toujours part du style et des sentimens de mes ministres, je vous envoie la dernière lettre d'Hébert, à qui vous aurez la bonté de donner vos ordres, puisque vous savez de quoi il doit rendre compte; il est chargé des grains, c'est assez. L'heure me presse, je suis à vous, et vous êtes toujours pour moi la femme qui ne se trouve point. M. de Chaudemer a quitté sa belle retraite de Sainte-Geneviève, pour aller dans un trou, près de

M. Nicole; si c'est dévotion, je l'honore; si c'est légèreté, je m'en moque; mais de quoi n'est point capable l'humanité!

## LETTRE X. 1008.

Paris, février 1693.

JE sais, Madame, que vous vous portez bien, et Dieu sait comme je vais abuser de votre tête. Je vous envoie une lettre de mon ministre Boucard; vous y verrez une telle résignation dans la perte qu'il a faite de sa fille, que cela vous disposera à écouter ses raisons. Il est toujours persuadé qu'Hébert ne me fait pas toucher tout l'argent qu'il pourroit me faire tenir présentement, il est persuadé qu'il devroit vendre tous nos grains, et qu'il devroit donner des connoissances à mon nouvel amodiateur, qui lui sont nécessaires pour commencer à prendre possession; il voudroit encore qu'il lui fît place pour le loger dans le château : cela me paroît juste; mais je voudrois qu'Hébert m'ait tout-à-fait payé; qu'il pût demeurer dans une autre chambre que celle que doit habiter l'amodiateur, et qu'ils fussent tous deux assez raisonnables pour être quelque tems ainsi logés ensemble. C'est à vous à ordonner, ma chère Madame, car je les renvoie tous à vos ordres. C'est, en vérité, une charité que de me tirer de ce pas embarrassé, et de me mettre dans la route ordinaire de l'amodiation. Hébert me doit toute l'année 92 : je n'ai pas encore reçu les 1500 liv. de 91, qu'il me fait payer ici. Toute cette conduite si lente est tout-à-fait propre à faire mourir de faim.

Faites-vous soulager par M. Gauthier, qui voudra bien prendre pour moi toutes les peines, afin que vous n'ayez qu'à commander. Vous êtes assez heureuse de n'aller point tous les matins au père Gaillard. La bonne femme Saint-Pol est morte. Ses enfans étoient ravis de lui voir perdre tous les secours qu'ils lui faisoient. Quatre jours après, l'abbé de Caumartin, son fils, est mort aussi; sa belle abbaye de Saint-Quentin a été donnée à l'abbé Bignon, neveu de M. de Ponchartrain : tous les méchans enfans doivent être punis de cette sorte. J'ai vu une de vos nièces fort belle et fort bien mariée. Je suis tout à vous, Madame, et vous demande toujours mille pardons, sans jamais cesser de vous accabler de mes misérables affaires.

Un souvenir à *la très-bonne*. J'embrasse tout ce qui est autour de vous de ce qui compose la petite couvée que vous avez mise au monde.

---

## LETTRE XI. 1008.

1693.

Nous n'eussions jamais cru, Madame, que votre maison eût été une maison à faire noces. Cependant Madame votre sœur et M. de Caumartin y ont fait celle de la troisième sœur. On dit des merveilles de ce mariage, on croit qu'il s'en prépare encore un autre, et puis encore un autre, jusqu'à ce qu'il y en ait cinq; car M. de Caumartin les marie avec une facilité qui devroit s'étendre jusqu'à Mesdemoiselles vos filles. Mais nous remarquons la diversité de leurs vocations ; les unes sont destinées à faire d'honnêtes femmes et à peupler la république; les autres à faire une communauté à force de voiles blancs et noirs, qui se suivent d'aussi près que les établissemens des autres. C'est ainsi, Madame, que la Providence en dispose. Cependant nous tâchons d'achever la carrière du père Guillard; il a beaucoup d'esprit, il nous fait tous les soirs des pièces d'éloquence, et nous persuade fortement, par les peintures qu'il fait, qu'il connoît parfaitement les vices de la Cour et les foiblesses de l'humanité. Comme c'est de nous qu'il nous parle, nous sommes quelquefois ennuyées de nous retrouver toujours comme dans un miroir. Pour entendre un peu parler de Dieu et des vertus qui nous sont nécessaires, nous avons été trois fois au père de Latour, à Notre-Dame; ce sont des beautés tout-à-fait différentes : mais ce qui nous est le plus commode, c'est M. Le Tourneur et M. Nicole, qui nous font tous les jours une instruction si solide et si belle, qu'elles ne se font point de tort l'une à l'autre; et quand on quitte l'un, on est ravi de retrouver l'autre. Pour vous, ma chère Madame, je vous vois collée à votre chapitre, ne perdant aucun des offices de l'église et prêchant d'exemple; si vous n'aviez point d'autre sermon, ce seroit assez; mais je suis persuadée que vous en formez et en façonnez qui suivront les traces de M. Trouvé.

Hébert me mande que vous voudriez bien qu'on vous donnât la permission de vendre nos grains. Cette défense vint bien mal-à-propos; je crois qu'à la première occasion vous donnerez vos ordres chez vous, comme chez moi. Le nouveau fermier et mon ancien receveur sont logés ensemble dans ce beau château, avec une douceur qui me donne bonne opinion de l'un et de l'autre. Les esprits faciles sont aimables. Je vous fais toujours la maîtresse absolue de tous mes intérêts, et je n'ai jamais mieux mérité le nom que vous me donnez de votre dupe, par celui de mon idée parfaite que je vous donne plus que jamais.

## LETTRE XII. 1008

Paris, juin 1693.

JE vous ai laissée dans votre silence, Madame, respectant et ménageant cette bonne tête, et sachant seulement de vos nouvelles : vous ne pouviez rompre ce silence, ma chère Madame, dans une occasion qui me fût plus sensible; vous saviez tout le mérite de Madame la Fayette, ou par vous, ou par moi, ou par vos amis; sur cela vous n'en pouviez trop croire : elle étoit digne d'être de vos amies; et je me trouvois trop heureuse d'être aimée d'elle depuis un tems très-considérable; jamais nous n'avions eu le moindre nuage dans notre amitié, la longue habitude ne m'avoit point accoutumée à son mérite, ce goût étoit toujours vif et nouveau; je lui rendois beaucoup de soins, par le mouvement de mon cœur, sans que la bienséance où l'amitié qui nous engage y eût aucune part; j'étois assurée aussi que je faisois sa plus tendre consolation, et depuis quarante ans c'étoit la même chose : cette date est récente; mais elle fonde bien aussi la vérité de notre liaison. Ses infirmités depuis deux ans étoient devenues extrêmes; je la défendois toujours, car on disoit qu'elle étoit folle, de ne vouloir point sortir; elle avoit une tristesse mortelle, quelle folie encore ! N'est-elle pas la plus heureuse femme du monde? elle en convenoit aussi : mais je disois à ces personnes, si précipitées dans leurs jugemens : Madame de la Fayette n'est pas folle, et je m'en tenois là. Hélas! Madame, la pauvre femme n'est présentement que trop justifiée, il a fallu qu'elle soit morte pour faire voir qu'elle avoit raison et de ne point sortir et d'être triste; elle avoit un rein tout consumé et une pierre dedans, et l'autre purulent (1); on ne sort guère en cet état. Elle avoit deux polypes (2) dans le cœur, et la pointe du cœur flétrie : n'étoit-ce pas assez pour avoir ces désolations dont elle se plaignoit? Elle avoit les boyaux durs et pleins de vent, comme un ballon, et une colique dont elle se plaignoit toujours. Voilà l'état de cette pauvre femme qui disoit : On trouvera un jour tout ce qu'on a trouvé (3). Ainsi, Madame, elle a eu raison pendant sa vie, elle a eu raison après sa mort, et jamais elle n'a été sans cette divine raison, qui étoit sa qualité principale. Sa mort a été causée par le plus gros de ces corps étrangers qu'elle avoit dans le cœur, et qui a interrompu la circulation et frappé en même-tems tous les nerfs (4), de sorte qu'elle n'a eu aucune con-

---

(1) (2) Madame de Sévigné écrit *pullulent* et *polibes*, au lieu de *polypes* et *purulent*, mots avec lesquels il lui est bien permis de n'être pas familière.

(3) Madame de la Fayette pouvoit dire *on trouvera*, mais non *ce qu'on a trouvé*, puisqu'on n'a trouvé qu'après sa mort. Madame de Sévigné paroît avoir écrit cette phrase, selon son expression, *à course de plume*.

(4) Ces détails, fort peu attrayans de leur nature, ne

noissance pendant les quatre jours qu'elle a été malade. Mademoiselle Serrier, qui est une personne admirable, ne l'a quittée ni jour ni nuit, avec une charité dont (1) je l'aimerai toute ma vie; elle vous pourra dire que tout cela s'est passé comme je vous le dis, et que, pour notre consolation, Dieu lui a fait une grâce toute particulière et qui marque une vraie prédestination, c'est qu'elle se confessa le jour de la petite Fête-Dieu, avec une exactitude et un sentiment qui ne pouvoient venir que de lui, et reçut Notre-Seigneur de la même manière. Ainsi, ma chère Madame, nous regardons cette communion, qu'elle avoit accoutumé de faire à la Pentecôte, comme une miséricorde de Dieu, qui nous vouloit consoler de ce qu'elle n'a pas été en état de recevoir le viatique. J'ai senti dans cette occasion un fonds de religion qui auroit redoublé ma

---

sont pas non plus d'une grande exactitude médicale; ils rappellent ce trait de comédie, *Nous avons réformé tout cela :* mais personne sans doute ne sera tenté de récriminer.

(1) *Dont*, au lieu de *pour laquelle*. Cette locution, qui n'est point admise, ou qui du moins a cessé de l'être, s'entend fort bien et n'est point sans grâce.

douleur si je n'avois point été soutenue de l'espérance que Dieu lui a fait miséricorde. Voilà, ma chère Madame, ce que je n'ai pu m'empêcher de vous dire, vous me le pardonnerez par les sentimens que vous savez bien que j'ai pour vous, qui m'ont poussée à vous ouvrir mon cœur sur un sujet qui le touche si fort. J'aurois encore bien plus abusé de vous si vous aviez été ici; après cela il faut démonter mon esprit pour faire réponse à votre lettre.

Je vous plains bien d'avoir trouvé vos affaires en l'état que vous me marquez, j'en suis surprise, je ne l'eusse jamais pensé, et je comprends votre rompement de tête dans l'application dont vous avez eu besoin pour débrouiller cette confusion; je voudrois que vous trouvassiez un moyen pour ne pas pousser plus loin un épuisement qui est plus important que vous ne pensez; ainsi, ma chère Madame, faites-vous soulager, et ne méprisez pas ce que je vous dis.

Il est vrai que l'antipathie naturelle de Boucard et d'Hébert est étonnante et m'a fort déplue, elle me fait trouver heureuse d'avoir amodié ma pauvre petite terre.

Pour notre chapelle, sans autre détour,

je vous conjure, Madame, d'en parler à M. Tribolet, qui est fort honnête homme; et s'il étoit en état avec M. Poussy, de lui pouvoir dire de ma part que je sais qu'il ne sert point la chapelle comme il le devroit, présentement que le revenu en est plus grand, et ce que je souhaiterois qu'il fît, je pourrois par lui, qui, comme Curé, a droit de se mêler dans cette affaire, parvenir ou à lui faire faire son devoir, ou à en mettre un autre de la main de notre Curé, qui le feroit beaucoup mieux. Ce petit bénéfice est au-dessous de l'opinion qu'a M. Poussy de lui; ainsi je crois qu'il ne seroit pas difficile de le porter à s'en défaire : songez tout doucement à cela, ma chère Madame, cette affaire ne vous fera point mal à la tête.

Pour cette tierce que je dois prendre du côté de Courcelles, c'est une négligence de Boucard qui n'est pas pardonnable; il en a eu d'autres encore plus importantes. Je ne sais encore comment un homme de cette lenteur et de cette indifférence pour mes intérêts, peut blâmer autant qu'il fait un homme à qui on n'a rien à reprocher; je lui écrirai sur cela. J'ai assez vu M. de Montel, à Paris, pour qu'il puisse croire qu'il m'a parlé de ce procès. Est-ce aimer les intérêts d'une personne que d'abuser de sa confiance ? Je m'en vais tâcher de redonner quelque sentiment à Boucard sur toutes ces choses, et lui dirai de conférer avec M. Tribolet qui m'a écrit plusieurs fois, et à qui je trouve bien de l'esprit ; si tout cela vous remue, vous aurez la bonté et la charité d'ordonner. Je vous rends mille grâces de votre agréable lettre, elle récompense le tems passé, je n'y trouve rien à souhaiter que de n'écrire point toujours en *tourniolant* comme vous faites : que n'écriviez-vous comme moi et comme du tems de nos pères ? Vous ne me dites point quand vous reviendrez.

Je viens d'écrire à Boucard un galimathias de M. de Montel et de cette tierce que me doit cette Madame Druys, qui l'empêchera de rien soupçonner, et je le prie, ma chère Madame, de vous parler de cette affaire et de M. Poussy ; tout cela vous reviendra, et je mande à Hébert de me dire combien M. Poussy dit de messes à Bourbilly, afin qu'il fasse voir que ce n'est pas lui qui m'a donné l'avis ; enfin je suis bien fine, je sais que la femme de Boucard n'est pas *si exacte* que lui, c'est ce qui me donne du chagrin; je leur demande l'argent des grains qu'Hébert leur a envoyés pour vendre.

Ma fille vous fait mille et mille très-humbles complimens, et moi, ma chère Madame, je suis en vérité toute à vous.

Je vous recommande la diligence, car le mois de juillet est proche, et ceux qui attendent mon argent ont grand'soif; faites un peu agir M. Tribolet, cela hâtera la conclusion.

## LETTRE XIII. 1008.

1693.

Aussitôt que j'eus reçu la lettre de Boucard, qui assurément ne diminuoit rien de l'horreur de la tempête, je me mis, comme une fidèle disciple de la Providence, à me soumettre de tout mon cœur à cette grêle qui avoit emporté tout mon pauvre bien, et je dis, comme votre petite fille, qui est peut-être grande à cette heure : Mon Dieu, vous avez tonné, vous avez grêlé, je ne vous ai pas empêché; car, en effet, ma chère Madame, que peut-on faire contre une puissance si supérieure, et des arrêts qui viennent de si haut? Qui croiroit qu'au septième de juillet, quand il a tant plu toute l'année, on ne fût pas en sûreté, et qu'il vînt une espèce de chose qui vous emporte tous vos grains, qui brise votre paille, qui emporte vos foins, qui casse et renverse les vitres et les couvertures de votre vieux château, et qui reçoit de cette manière un nouvel amodiateur. Le première pensée qui me vint, c'est-à-dire la seconde, car je vous ai dit la première, ce fut de songer que je ferois sur tout cela tout ce que vous me conseilleriez. A l'égard de mon fermier, c'est un homme sans aucun bien; je l'ai pris ainsi, il ne sauroit donc faire de rien quelque chose, je ne lui demanderai que ce qu'il aura reçu; et enfin, quand j'ai pensé, c'est Madame de Guitaut, la bonté, la justice et la charité même, qui sera maîtresse de tout cela, il n'est pas en mon pouvoir d'avoir la moindre inquiétude. Si je ne reçois rien à Noël ni à la Saint-Jean qui vient, je serai dans une extrême, mais je vous dis une extrême incommodité, mais je la souffrirai quand Madame de Guitaut m'aura dit qu'il faut que cela soit ainsi : voilà mon état et d'où je reviens de tout pays, avec la consolation que me donne votre nom, et la connoissance de vos bontés. Je suis ravie que vous n'ayez point été grêlée ; ce seroit trop, vous ne pouviez pas songer à moi et à vous. Devinez où s'en alla ce diable d'orage ? Après m'avoir ravagé, il s'en alla bien vite à Vanton près Dijon, chez le président de Berbisey. Il fit une belle diligence, il étoit à deux heures chez moi, et à quatre chez lui, et y fit de plus une oille (1), et une fricassée épouvantable de toutes sortes de gibiers et de volailles. Je vous remercie, Madame, de penser à ce qui a toujours fait mon château en Espagne, c'est de passer un été avec vous à Epoisses. Cette imagination me fait une douceur et un plaisir qui m'empêchent bien de pouvoir appliquer le bon mot de cet homme, qui souhaitoit que son ami eût des coups de bâton, pour lui faire voir à quel point il étoit dans ses intérêts. Ah ! ce ne seroit point pour moi les coups de bâton que d'être avec vous, aimable femme que vous êtes, ma chère idée est plus votre dupe que jamais. Vous me par-

---

(1) *Oille*, mot qui a passé de l'espagnol dans notre langue. Espèce de potage composé de diverses racines. On ne prononce point l'*i*, mais on mouille les deux *ll*.

lez d'une herse, hélas! y a-t-il encore du blé dans mon petit climat? Je vous écrivis l'autre jour de belles lettres, et bien à propos, je crois que c'étoit le jour de l'orage.

Vous avez de si bons correspondans, que je ne vous dis aucune nouvelle. Conservez votre tête pour bien ordonner pour tous mes intérêts.

L'abbé Testu vous honore au-delà de toute expression.

## LETTRE XIV. 1008.

Paris, août 1693.

Je m'en fie bien à votre cœur, Madame, pour avoir compris mes sentimens sur le sujet de Madame de la Fayette: vous veniez de perdre une agréable nièce, mais ce n'étoit point une amitié de toute votre vie, et un commerce continuel et toujours agréable. Je suis dans l'état d'une vie très-fade, comme vous le dites, n'étant plus animée par le commerce d'une amitié qui en faisoit quasi toute l'occupation. Si Dieu vouloit bien remplir ce vide, en vérité je lui en serois très-obligée. Vous sentez les peines du tems à venir, sur le sujet de M. votre fils (1); ma fille les sent très-présentes. Son fils est en Allemagne, et l'on attend à tous momens quelque courrier, dont la seule pensée fait battre le cœur. L'éducation de vos filles, toute simple, toute sainte, vous fait des religieuses toutes célestes; la Providence en use ainsi chez vous, et d'une autre manière chez Madame votre sœur. Tout est bon, mais votre mal de tête, qui sur ce ton-là seroit bon aussi, me paroît bien mauvais pour la tranquillité dont vous devriez jouir dans votre château; c'est un étrange remède que la saignée, à le recommencer souvent. Je suis persuadée que vos longs et difficiles calculs vous l'ont donné; et si vous ne trouvez quelqu'un qui vous soulage, la tête du pauvre Gauthier, qu'on m'a mandé qui étoit toute pleine de vapeurs, achevera de s'épuiser en épuisant la vôtre. Mon Dieu! ma chère Madame, ne négligez pas cet avis; j'ai vu des épuisemens bien terribles et bien dif-

---

(1) Louis-Athanase de Pechpeiron Comisy, Comte de Guitaut, Marquis d'Epoisses, Maréchal des camps et armées du Roi, Inspecteur général d'infanterie. Il avoit épousé Madeleine-Élisabeth de Chamillard; il mourut l'an 1744.

ficiles à guérir. Je vous admire de vouloir bien joindre encore mes affaires aux vôtres; vous me le dites d'une manière si sincère, que vous me persuadez que ce vous sera un divertissement en comparaison de vos supputations infinies. Cela étant donc, Madame, divertissez-vous, je vous en conjure, à ordonner et à régler avec Boucard tout ce que vous trouverez à propos : voici les articles; il me parle lui-même de cette terre de Savigny : ainsi je m'en vais lui en écrire sans aucun mystère, et lui dirai de prendre votre avis sur la manière de faire exécuter un jugement que je vois dans les mémoires de feu mon oncle l'Abbé, qui fut rendu autrefois, du tems de Lamaison. Je ne comprends point le grand mystère que fait M. Tribolet, pour ne pas paroître dans une affaire où son intérêt le met nécessairement ; il faudroit agir plus naturellement. Voici la seconde affaire, c'est de M. Poussy. Je crois M. d'Autun à Lyon, sans cela je lui écrirois, mais je crains qu'il ne me remît (1) à son retour ; car il faudroit, ce me semble, voir sur les

---

(1) Cet imparfait du subjonctif est ici très-régulier, à la suite d'un présent de l'indicatif. Il y a ellypse ; c'est

lieux, à quoi la fondation l'oblige, et le revenu ; et s'il ne fait pas son devoir, l'obliger de se corriger, ou en mettre un autre. Ce seroit à M. d'Autun à terminer ce différend, car sans cela M. Poussy se moquera toujours de moi, et chargera toujours sa conscience, comme il fait depuis quinze ans : pour moi, je suis très-peinée de cette négligence, et je ne prétends point la mettre sur mon compte, déclarant devant Dieu que je suis prête à faire sur cela tout ce que vous me conseillerez. Vous voilà en jeu, ma chère Madame, et j'espère qu'en vous touchant par cet endroit, vous parlerez à M. Tribolet, et vous me direz sans détours ce que j'ai à faire.

Voici une nouvelle affaire sur laquelle je mande à Boucard que je ferai encore tout ce que vous voudrez : je vous demande de la régler comme pour vous ; il n'y a point de supputations à faire, il n'y a qu'à juger comme je dois agir à l'égard de mon meunier. Hébert, dont M. Tribolet me vante

---

comme si on lisoit : « Je crains que *si je lui écrivois, il* « ne me remît.... »

Racine a dit dans *Andromaque*.

« On craint qu'il n'essuyât les larmes de sa mère. »

tant la droiture, a laissé accumuler, par sa négligence, une assez grande quantité de grains; il est question dans le dernier compte qu'il me va rendre, de prendre ces grains que lui doit le meunier, pour argent comptant. Il faut premièrement savoir combien il y en a, et puis on verra s'il est en état de me les payer. Voyez la belle manière de recevoir le revenu d'une terre! au lieu de se faire payer à mesure, et vendre le blé et les autres grains aussi cher qu'on le peut, on les laisse entre les mains du meunier; et puis, ce pauvre homme, me dit-on, aura bien de la peine à les payer. Je vois que, par de nouveaux intérêts, il faudra le ménager. Si on le minoit, le nouveau fermier, qui est l'homme de Boucard, auroit bien de la peine à en trouver un autre; ce seroit un commencement de prétexte à me mal payer; et cependant, moi qui n'ai pas besoin de diminuer mon revenu de la moindre chose, je suis toujours sur le point d'être condamnée à perdre : il n'y a rien de plus commode et de plutôt fait, que de tout jeter sur mon dos. Ma chère Madame, je me jette entre vos bras, causez de tout cela en vous promenant doucement; point d'écritoire, point de gestions, ôtez-moi tout cela, je ne veux que vous faire discourir avec ceux que vous choisirez, pour dire : voilà comme il faut que cela se fasse, je le manderai à Madame de Sévigné; et je vous assure que ce sera une sentence mieux exécutée que celle que vous savez sur la tierce; ou, pour mieux dire, ce sera pour moi une loi et une décision où je me réduirai avec plaisir. Ah! mon Dieu, ma chère Madame, quelle lettre! elle est pire qu'un calcul : je vous en demande mille pardons, et à *la très-bonne*, que j'embrasse, et qui me trouve bien indiscrète; elle a raison. Je vous quitte donc, et j'avoue que je dis beaucoup de paroles inutiles. J'espère que quand vous en aurez tiré les choses, en un moment, elles ne vous feront ni peur, ni mal. Je le souhaite, et vous fais mille excuses.

J'ai reçu les mille livres d'Hébert.

## LETTRE XV. 1008.

Paris, septembre 1693.

JE ne répondrai point, Madame, à toute l'émotion que vous a donnée le gain d'une bataille qui nous coûte si cher. Nous avons passé par ces tristes réflexions, et peut-être aurons-nous bientôt sujet d'en faire encore, dès que les troupes qu'on envoie au Maréchal de Catinat seront jointes à son armée, car il est sûr qu'il voudra secourir Pignerol, à quelque prix que ce soit : ainsi, vous voyez que nous aurons des sujets de raisonner. Dieu veuille que ce soit avec moins de tristesse ! Je vis l'autre jour Madame votre sœur, je lui demandai si elle avoit soin de vous mander toutes les nouvelles, qu'elle étoit logée bien commodément pour cela. Elle me dit qu'oui. C'est que vous m'aviez paru, dans votre lettre, n'être instruite ( comme vous le dites vous-même ) que par bricole; et en vérité vous devriez l'être bien directement.

Je ne puis vous dire, ma chère Madame, la honte que j'ai, malgré tout ce que vous me mandez, de vous parler de mes misérables affaires. Hébert me mandoit la dernière fois qu'elles vous avoient bien rompu la tête; et comme j'aime et honore cette tête, et que je sais combien vous en avez abusé, je ne puis souffrir qu'elle reçoive encore le moindre épuisement pour mes intérêts. J'envoie à Boucard un petit mémoire de mon aimable Rochon, dont je ménage la tête et la poitrine aussi. Il conseille une compensation que vous verrez et que je trouve fort juste. Je ne blâme point Hébert de ce qu'il a prêté au meunier pour semer; mais je désapprouve fort qu'il donne tant de tems et de patience au meunier, qui est mauvais payeur; il ne devroit pas *pour cela seul avoir une si grande complaisance pour Boucard.* Je vous avoue enfin, Madame, que je suis ravie de n'avoir plus ce receveur. Je n'ai pas reçu 2200 liv. de ma terre chaque année; et même cette dernière année que les grains sont chers, je ne m'en serois pas trop sentie. Je hais cette manière de paiement, encore plus les continuelles contestations de Boucard et de lui; cela me déplaît. Nous avons joint la fin de son compte avec cette dernière année : il faut finir, ma chère Madame, et n'en entendre jamais parler. S'il venoit ici comme il me l'offre, je ne regarderois pas son compte; c'est dans le pays et sur les lieux qu'il faut l'arrêter et se tirer de ce vilain détail. Ordonnez à Boucard de le finir; et si Hébert ne veut pas l'en croire, priez M. Manin d'y entrer pour y mettre la conclusion; il le voudra bien à votre prière, et je crois même qu'il ne sera pas fâché de me faire ce plaisir. Je vous assure que je signerai ce qu'ils auront tous deux signé; et quand, au lieu de décider comme je vous le demande à genoux, vous me demandez mon avis, je suis prête à pleurer; car que ferois-je si j'étois en Bourgogne, que de suivre tous vos conseils? Après cela, ma chère Madame, je ne vous dirai plus rien.

Si le nouveau fermier étoit un homme sincère et de bonne foi, qui voulût me payer à Noël *tout ce qu'il aura reçu en conscience*, comme il me le fait espérer, je le croirois aussi sur la perte que la grêle lui auroit causée, j'entrerois en considération de ce qu'il n'auroit point reçu; et si on voyoit dans le pays qu'il dit vrai, je ne lui demanderois point ce qu'il n'auroit pas touché : voilà comme j'en userois avec lui, s'il est digne de cette confiance, car je n'ai aucune envie de ruiner un homme qui l'est déjà, et je ne le ferois point du tout mettre en prison. Je vous ai envoyé le revenu de la terre, il sera aisé de voir ce qu'il ne recevra pas; et pour les bonnes années, si Dieu nous en envoie, il est clair que la terre qu'il afferme

3400 liv. vaut 4600 liv. Ainsi tout se pourroit accommoder et raccommoder. Ayez la bonté de vous informer de la conduite de cet homme, dont on m'a dit beaucoup de bien. Quoi qu'il en soit, il n'y a rien que je n'aime mieux que la recette que je finis et où j'ai beaucoup perdu.

Pour M. Poussy, s'il veut, sans autre façon, nommer un ecclésiastique, et vous un autre, et qu'ils choisissent un tiers, s'ils ont peine à convenir. Qu'ils voient une bonne fois à quoi M. Poussy est obligé, et que je n'aie plus ce paquet sur la conscience. Je vous jure, Madame, que je signerai tout ce que vous me conseillerez. Usez donc de tout le pouvoir que je vous donne pour soulager votre tête par de fréquentes décisions, et pour me donner le repos que je n'espère que de vous.

L'abbé Testu vous honore, vous estime et se prépare à faire de vous une amie qui fasse la douceur, l'honneur et la consolation du reste de sa vie. Pour moi, ma chère Madame, je ne trouve aucune femme que je puisse comparer à vous. Je le pense comme je le dis, et ne crois plus être votre dupe.

## LETTRE XVI. 1008.

Juillet 1693.

Mon Dieu! Madame, que de morts, que de blessés, que de visites de consolation à faire, et que ce combat, qui fut dit d'abord comme un avantage qui nous avoit coûté trop cher, est devenu enfin une grande victoire (1)! Nous avons tant de canons, tant de timballes, tant de drapeaux, tant d'étendards, tant de prisonniers, que jamais aucune bataille rangée, ni gagnée depuis cinquante ans, n'a fait voir tant de marques de victoire. L'armée du Prince d'Orange n'est plus en corps, elle est par pelotons en divers endroits, et M. de Luxembourg peut, s'il veut, marcher sur Bruxelles, sans que personne l'en empêche. Enfin, Madame, tout est en mouvement; nous tremblons pour le Marquis de Grignan qui est en Allemagne, où l'on ne doute pas que Monseigneur ne veuille donner une grande bataille.

---

(1) Il s'agit dans cette lettre de la bataille de Landen ou Neer-Winden, gagnée par le Maréchal de Luxembourg, en 1693, le 29 juillet.

Gardez bien vos deux petits garçons tant que vous pourrez, car quand ils seront à la chair, vous ne les pourrez non plus retenir que de petits lions. Vous vous souviendrez en ce tems-là pourtant que la balle a sa commission, qu'il n'y en a pas une qui ne soit poussée par l'ordre de la Providence, et que les plus braves et les plus exposés meurent dans leur lit *quand il plaît à Dieu.*

Parlons de votre tête, comment se porte-t-elle? L'état où vous me la représentez, me fait craindre de vous embarrasser de mes misérables affaires; cependant, ma chère Madame, il faut que vous ayez pitié de moi, et que vous ordonniez sur deux ou trois choses où vous déciderez absolument.

Je vous envoie le mémoire de ce que vaut ma terre, afin que vous voyiez ce qui me doit être payé malgré la tempête. Ces revenus doivent être payés à Noël et à la Saint-Jean, parce que dans ce dernier terme les blés doivent être vendus. Je fis ce mémoire avec M. Gauthier, chez vous, ma chère Madame, quand M. Gauthier apporta les comptes d'Hébert; M. Rochon y étoit. Sur cette connoissance vous verrez ce que je dois avoir à Noël, quelque peu que ce puisse être, c'est toujours quelque chose : il y a des prés et des rentes qui doivent aller leur chemin. Vous verrez par ces mémoires que quand les grains ont été à bas prix, ma terre a toujours dû valoir 3620 liv. à-peu-près, et quand les grains sont chers, cela passe 4,000 liv. Je ne veux point tirer de mon fermier, que je sais qui n'a point de bien (*c'est mon malheur*), plus qu'il ne recevra ; mais aussi, dans les tems à venir, il doit avoir égard à cette bonté que je veux bien avoir pour lui, et retrancher sur ce qu'il gagnera pour récompenser cette année; cela me paroît juste. Vous ordonnerez sur tout cela sans vous faire mal à la tête, et ce que doivent porter les sous-fermiers et le meunier dans ce commun malheur.

Boucard me propose de faire couper les bois qui sont gâtés, et que sans cela ils ne vaudront plus rien. Comme cette petite terre est à ma fille après moi, je prends plus de part à l'avenir qu'au présent, quoiqu'en vérité le présent me soit fort nécessaire. Je vous conjure de décider sur cet article. — Je vous demande aussi de faire achever le compte d'Hébert, de sa dernière année, *chez vous, afin que la belle et na-*

*turelle antipathie* de M. Boucard et d'Hébert soit bridée par le respect qu'ils auront pour vous. Je vous conseille de mettre M. Tribolet dans tout cela; il a bien de l'esprit, il peut être sur tout cela le chef de votre conseil, et ce ne peut être que par vous qu'il soit prié de s'y trouver. Pour cette tierce de Madame de Tavanes, je mande à Boucard qu'il y a eu une sentence et que c'est une étrange négligence que de l'avoir perdue. — Quand il sera tems nous remettrons cette affaire en chemin. Il faut que je vous envoie la lettre de M. Poussy : ne le dites à personne; mais je veux bien vous faire ce secret dont vous n'abuserez pas. Il s'amuse à battre la campagne sur ce que je mandois à Boucard qu'il eût bien voulu glisser cette affaire jusqu'après ma mort; mais il m'offre de nommer quelqu'un pour examiner *ses titres et raisons*. Dites-moi, Madame, qui vous me conseillez de nommer : *ce sera dans le pays* et je le prendrai au mot. Mais il me faut votre réponse pour lui répondre. Les lignes que j'ai marquées dans sa lettre vous épargneront de lire toutes les inutilités.

Mille pardons, ma chère Madame, des

inutilités de celle-ci; hélas! je tombe dans le même cas. Vous êtes trop bonne, mais la charité vous fait agir pour la personne du monde qui vous estime le plus et qui vous rend le plus de justice. Oui, *justice*; je me vante de connoître toutes les obligations que vous avez. Adieu, vous voilà attrapée.

L'abbé Testu ne parle de vous qu'avec transport. Je vous réponds que vous serez sa dernière amie; j'aimerois mieux cela que la première.

## LETTRE XVII. 1008.

1693.

J'AI vu, ce matin, Madame, dans un petit billet où vous n'écrivez que de votre petite écriture, que vous êtes assez bonne pour penser à mes affaires; pour moi, je mets toutes mes espérances en vous. C'est vous qui ordonnerez qu'on finisse ce compte d'Hébert; c'est vous qui nommerez deux ecclésiastiques pour régler les prétentions de M. Poussy; il y consent: voilà qui est désormais sur votre conscience. C'est vous qui direz à Boucard et à mon fermier, qu'ayant six ans à jouir et les grains étant si chers, et la terre valant 4,000 livres pour le moins, il gagnera assez sur les années suivantes pour ne pas faire une grande perte sur celle-ci : ce ne sera qu'un léger retardement.

C'est vous, ma très-chère Madame, que je croirai sur tout cela ; et comme vous aimez la justice, et que Dieu me fait la grâce de l'aimer aussi, je me trouve trop heureuse de me soumettre à vos décisions. Ma pauvre terre devroit être affermée 4,000 livres au lieu de 3,400 livres; mais c'en est fait.

Quand reviendrez-vous, ma chère Madame ? L'abbé Testu me le demande souvent avec l'empressement d'un nouvel ami. Comment se porte votre bonne tête ? Mon Dieu ! que j'estime cette tête, et que je parlois l'autre jour de vous, à ma fantaisie, avec un homme très-aimable, qui seroit votre dupe comme moi, si on pouvoit l'être !

## LETTRE XVIII. 1008.

Paris, décembre 1693.

Je vous avoue, ma chère Madame, qu'on ne peut pas être plus parfaitement consolée que je la suis de la perte de M. Hopines. C'étoit un bon homme, un bon docteur, de fort bonnes maximes; mais ses manières étoient si grossières, que j'avois beaucoup de peine à les supporter. Dès qu'il fut mort, il me parut que si le père Prieur de Sainte-Catherine, que j'estime depuis longtems, vouloit prendre soin de ma pauvre âme, je serois trop heureuse : je le lui demandai, il me parut qu'il ne me refusoit point, et depuis ce tems je ne suis appliquée qu'à prendre sur moi de ne point abuser de son tems. Il a bien de l'esprit; j'aimerois fort à causer avec lui: mais je respecte ses occupations, son esprit de retraite; en un mot, j'entre dans le goût qu'il a de ne point ressembler à ses voisins, et je le traite à sa mode, qui est aussi tout-à-fait la mienne. Car plus je vois de certaines femmes ne parler que de leur directeur, dîner avec lui, et le recevoir en visite, plus la vie retirée de ce

Père et sa solitude me le font paroître précieux et digne de la bonne opinion que j'en ai toujours eue. Voilà, Madame, le fond de mon cœur; mais je vais vous dire une chose, c'est que lui ayant parlé de vous dans mon langage de votre dupe, dont je ne puis me défaire, il ne s'en faut guère que je ne l'aie trouvé aussi dupe que moi; aussi, Madame, ne croyez pas que je puisse jamais faire scrupule d'avoir des sentimens pareils aux siens.

Il est bien fâcheux de passer de ce discours à ceux dont votre bonté veut bien m'entretenir; vous devez bien les mettre sur le compte de votre charité; j'en fais juge M. le Curé de Saint-Jacques, que j'honore infiniment. Je vous remercie donc, Madame, du terme de Noël, que Boucard même m'assure que je recevrai. Sans vous, qui voyez clair et qui avez en main un homme qui offre 4,600 liv. de ma terre, je ne me serois jamais tirée de tous les dédommagemens et diminutions dont il ne cesse de m'entretenir. Mais vous lui fermez la bouche en disant : Eh bien ! si vous perdez, voulez-vous quitter votre bail? On voit par là qu'il ne croit pas faire un mauvais marché de tenir sa parole, *c'est-à-dire son bail; il se croiroit un* lâche de le céder à un autre. Je suis fâchée, ma chère Madame, que mon pauvre fermier vous paroisse suffisamment sot. Il me semble que l'esprit est si bon à toutes choses, que tout va mal quand on en manque. Nous verrons ce que son travail et la chèreté des blés pourront faire en ma faveur. Je suis persuadée que M. Rochon sera bien de votre avis pour ne rien diminuer, la ferme étant de *six ans*. Je vous envoie son mémoire; je vous supplie, Madame, que ces pauvres tierceurs ne viennent point ici. Hélas! que viendroient-ils faire et que leur dirois-je, sinon de s'en retourner et d'écouter la justice de vos décisions. Ce seroit un voyage bien placé et une dépense bien imaginée!

Vous êtes toujours maîtresse de l'affaire de M. Poussy. Je suis persuadée comme vous, que Boucard *ne laissera point de mon bien* à Hébert qu'à son corps défendant. Je trouve Hébert très-négligent et très-coupable de n'avoir pas fait payer le meunier. N'avois-je pas raison de me plaindre d'un receveur? Je serai très-obligée à M. Manin de vouloir bien finir cette affaire. C'est encore à vous, Madame, à qui j'ai cette obligation, quoi que vous puissiez dire. N'êtes-vous pas trop bonne de vouloir bien, avec votre tête malade, entendre parler de toutes mes affaires ! Elle ne laisse pas d'être si bonne, que vous décidez de tout en vous reposant. Bon Dieu, que je suis incapable d'approcher à cent lieues près de votre habileté ! Aussi je me fais justice, et je me fie et suis trop heureuse de souscrire à tout. Si j'étois en Bretagne, ou en Provence, ou à Epoisses, je vous assure, Madame, que je me garderois bien de venir ici. On n'oseroit vous dire tout ce qu'on a sujet d'y craindre. C'est en cette occasion qu'il faut plus que jamais être disciple de la Providence.

J'embrasse de tout mon cœur *la très-bonne*. Je ne sais plus le plan de votre famille; je ne sais à qui j'ai affaire, ni ce qui est autour de vous. Il y a pourtant deux jolis garçons où je ne saurois me méprendre.

---

## LETTRE XIX. 1008.

Paris, janvier 1694.

EN voilà encore une, ma chère Madame, que je vais commencer. Je me souhaite, à moi toute la première, toutes les grâces dont j'ai un extrême besoin pour aimer Dieu plus que toutes choses, persuadée qu'il n'y a que cela de bon, et dédaignant de désirer autre chose. Et pour venir à vous, car encore faut-il bien que je pense à vous, je vous souhaite, Madame, la continuation des grâces que vous avez, et l'augmentation, parce qu'on n'en sauroit trop avoir. Après ce ton si relevé, pourrois-je vous parler du besoin que j'ai que mon fermier m'envoie le terme de Noël, si promis et si désiré; pourrois-je me rabaisser à vous supplier de ressusciter M. Boucard sur toutes les choses dont je lui écris sans cesse et qu'il me promet toujours? Non, Madame, je ne veux point quitter le sublime, ni vous embarrasser de ces ennuyeux détails. Je veux vous demander la continuation de votre charitable amitié, et c'est tout dire, et vous assurer que j'en suis toujours logée là, c'est de croire qu'il n'y a point de mérite comme le vôtre.

## LETTRE XX. 1008.

Paris, janvier 1694.

Mon Dieu! que vous m'étonnez, ma chère Madame, de me faire entendre que le sage

Gauthier, que je croyois le Grand-Lama de la contrée, soit tombé dans la confusion que vous me représentez ! Les gens si fins sont quelquefois confondus ; mais cette confusion vous donne d'étranges peines, et cause très-assurément les maux de tête que vous avez eus. Ce que vous faites me paroît comme impossible, c'est courir après les feuilles de la Sibylle : en un mot, Madame, cette chasse est bien fatigante. Vous avez bien raison d'être persuadée que l'espèce de folie dont vous parlez, manquoit absolument dans le nombre de toutes celles qu'on a connues jusqu'ici. Je vous plains infiniment et vous conjure d'avoir pitié de votre tête, et de ne rien mettre en comparaison de sa conservation. Cependant je profiterai du tems que vous donnerez à vos affaires, pour finir les miennes. Celle de M. Poussy finira tout comme vous l'ordonnerez ; et que puis-je désirer que de la terminer par votre avis ? vous en êtes donc la maîtresse absolue. J'attends l'argent que mon fermier me doit envoyer, avec impatience, par des raisons que vous pourrez peut-être bien deviner. Je reçois et je conserve avec plaisir la lettre et les offres de M. Tribolet, et j'en profiterai pour n'avoir aucun égard aux lamentations du triste Boucard. Je vois bien que je puis être payée cette année malgré la grêle, à cause de ce que le fermier a déjà reçu; et je me servirai de tous les avis que me donne M. Tribolet, si on prétendoit me faire perdre sur mes paiemens, et je le ferai souvenir de ce qu'il me promet. Mais si on me paie bien, je ne ferai point d'incident et laisserai les choses comme elles sont. Ce que vous avez dit une fois à Boucard sur ce sujet, l'empêchera d'abuser de ma bonté et de mon éloignement, car, sans vous, ma chère Madame, on prendroit tout sur moi, avec toute la bonne intention et toute l'affection du monde, car les gens prévenus ne voient ni n'entendent aucune raison; mais vous me valez tout ce que je ne perdrai point, et je suis ravie de vous avoir tant d'obligations.

Je vous prie de bien remercier aussi M. Tribolet, et de me conserver toutes ses bonnes volontés. Ayez recours aussi à toutes les équivoques, et invoquez M. de Vertamond pour finir l'affaire de M. Poussy.

Je m'en vais écrire à M. de Berbisey comme vous me le conseillez, et pour celui qui fait si bien des homélies. M. l'abbé Testu saura votre souvenir, dont il sera ravi : il vous estime et vous honore d'une manière digne de vous. On le va voir tous les dimanches. Ils surpassent de beaucoup présentement les plus beaux vendredis de feu Madame de Chavigny. Vous me voulez tenter de faire abattre ma belle allée de Bourbilly. Non, Madame, je veux que ma fille en fasse une partie d'une campagne à son fils ; je ne veux point dégrader une terre qui doit être à elle.

Je lui ferai vos souhaits pour cette année. Elle vous estime comme quand on vous connoît. J'ai envoyé votre billet chez vous ; si on ne vous a point envoyé la harangue qu'a faite l'Archevêque d'Arles, je vous l'enverrai, ma chère Madame ; c'est une belle chose.

## LETTRE XXI. 1008.

Paris, février 1694.

Je reçois, Madame, un arrêt du conseil d'en haut de M. l'abbé Tribolet, qui me taxe à donner aux pauvres de mes villages vingt boisseaux de blé par mois ; il ne dit point jusqu'à la récolte, mais je le suppose :

car ce seroit une étrange chose, et me mettroit quasi au nombre de ceux à qui je donnerois, si cela duroit toujours. Il m'assure que, si j'en appelle à votre tribunal, je n'en serai pas quitte à meilleur marché; cela ne m'empêche point d'y avoir recours et de m'y soumettre entièrement. Voyez donc, ma chère Madame, si une personne qui n'est pas très-bien payée de son bien, qui n'est pas sans dette, et qui a peine à trouver le bout de l'année, doit obéir aveuglément à Monsieur notre Curé. Je suis persuadée que rien ne se prendra sur les deux mille francs que mon fermier me doit envoyer incessamment, et sur quoi je compte, et que cette charité ne durera que jusqu'à la moisson. Avec ces deux précautions et les considérations que je vous ai fait faire d'abord, vous n'avez, ma chère Madame, qu'à ordonner et dire ce que vous voulez que je donne par mois, et ce sera une chose faite. Sans me vanter, j'ai de petites charités d'obligation en ce pays-ci; mais il n'importe, vous n'avez qu'à prononcer, et vous serez promptement obéie; voilà toute la réponse que je ferai à mon Curé.

## LETTRE XXII. 1008.

Paris, février 1694.

Que je vous obéis de bon cœur, Madame, et que je suis touchée des histoires que vous me contez de ces pauvres gens qui meurent de faim! On pourroit vous en conter de plus pitoyables encore, et en plus grande quantité; mais il faut s'attacher principalement à ceux que nous pouvons et devons secourir; et comme il n'est pas aisé de vivre d'espérance dans ces pressans besoins, je vous envoie un billet pour Lapierre, qui donnera à Monsieur notre Curé, à qui j'écris, vingt boisseaux de blé et de seigle, c'est-à-dire moitié l'un et moitié l'autre. Je serai trop bien récompensée dès ce monde-ci, de cette aumône, si M. l'abbé Tribolet me délivre des plaintes de mon fermier, et même de M. Boucard, sur la grêle, en offrant de me donner un autre fermier. Cela ferme la bouche et me fait un bien dont je ne puis assez le remercier. Je n'ai point encore reçu mon terme de Noël, ce paiement ira encore bien loin, car comme c'est par une lettre-de-change sur un marchand, il y a tant de jours et de mystères avant que de toucher son argent, qu'on se trouve insensiblement dans le rang des pauvres. Je ne puis vous dire à quel point je suis incommodée de ce retardement.

Je trouve qu'Hébert ne se presse pas beaucoup aussi de finir ce compte. — Pour M. Poussy, il dit qu'il est malade.

Enfin, ma chère Madame, rien ne finit que la patience, car on en trouve le bout fort souvent. Cependant, malgré les misères qui sont extrêmes, on ne laisse pas de se marier; M. le Prince de Rohan et Madame de Turenne; Mademoiselle de Damas et le fils de M. de Chevreuse. On dit encore M. d'Alincourt et Mademoiselle de Louvois. Vous ne songez point encore à quitter votre château; quelque joie que j'eusse de vous voir, je suis contrainte d'avouer que vous avez raison. Je vis l'autre jour un très-saint homme qui est de cet avis, quoiqu'il ait la même envie que moi.

## LETTRE XXIII. 1008.

Paris, mars 1694.

Puisque vous avez eu la bonté de songer à me faire tenir mes deux mille francs, je me trouve obligée de vous dire, ma chère Madame, que j'ai été assez heureuse de les recevoir par Dijon. C'est M. Boucard qui s'avisa de parler au trésorier de la province, qui fut bien aise de faire ce plaisir à M. le président de Berbisey, qui lui témoigna l'intérêt qu'il prenoit à moi. Bref, je les ai touchés ici, à mon très-grand étonnement.

Je vous conjure de me mander des nouvelles de votre bonne tête, à ce commencement de printems, et si vous avez toujours bien de la peine à reprendre en l'air ces sommes éparpillées, que je compare toujours aux feuilles de cette Sibylle qui ne rendoit ses réponses qu'à condition de les chercher sur les feuilles qu'elle jetoit en l'air. Voilà ce que c'est que de lire les bons auteurs.

J'ai reçu une lettre de M. l'abbé Tribolet, qui me loue d'avoir été si ponctuelle à suivre ses conseils touchant nos pauvres. Je le remercie ici, Madame, avec votre permission, de toutes les honnêtetés qu'il me fait. J'accepte ses offres pour me dire en sa conscience ce que je dois demander à Lapierre pour le paiement du terme de la Saint-Jean qui vient. Je vous en croirai et lui, Madame, persuadée que vous verrez clair aux plaintes qu'il voudroit me faire à cause de la grêle. Je n'en croirai pas tout-à-fait Boucard. Enfin, vous êtes ma souveraine de toutes les façons, et M. Tribolet le premier ministre. Je ne lui ferai point d'autre réponse. — Ma fille est partie pour Provence; je crois que j'irai la trouver dans six semaines. Il n'y a pas moyen de vivre au milieu de l'air et de la misère qui est ici. Je vous embrasse, ma chère Madame, avec toute l'estime et l'inclination que vous savez.

## LETTRE XXIV. 1010

Grignan, juin 1694.

JE suis plus près de vous ici, Madame, que je n'étois à Paris; il faut cependant que cette lettre y retourne pour aller sûrement à vous. Je partis le quatrième de mai, j'arrivai à Lyon le onzième jour, je m'y reposai trois jours, je m'embarquai sur le Rhône, et je trouvai le lendemain, sur le bord de ce beau fleuve, ma fille et M. de Grignan, qui me reçurent si bien, et m'amenèrent dans un pays si différent de celui que je quittois et de celui où j'avois passé, que je crois être dans un château enchanté. Enfin, Madame, jugez-en, puisqu'on n'y voit ni misère, ni famine, ni maladies, ni pauvres. On croit être dans un autre monde, mais on ne laisse pas de se souvenir de ses amies; et comme dans ce vilain monde que j'ai quitté, il est toujours question d'argent, et que j'ai assigné celui qui me doit revenir de mon terme de la Saint-Jean, à des gens à qui je dois des arrérages qui sont attendus avec impatience dans le mois de juillet, je mande à M. Boucard de m'envoyer 1391 liv. que mon fermier me doit, parce qu'il m'a payé 2090 liv. à Noël : ainsi il ne me doit plus que ce que je vous dis. Si la chose est sans difficulté, comme elle doit être, il ne vous importunera point, et m'enverra mon argent par Dijon. S'il a quelque chose à dire, je le renvoie à vous, ma chère Madame, et vous demande à genoux de juger et de décider, et de vous souvenir que j'avois un fermier qui m'offroit 200 liv. plus que Lapierre, en cas qu'il voulût quitter à cause de cette grêle; et qu'il songe que le blé est cher, que notre bail sera long; en un mot, je crois qu'il me doit payer mes 1391 liv. sans aucune difficulté; et je déclare que, si par hasard je me trompois là-dessus, je n'entendrois aucune raison que par vous, refusant toute remontrance et négociation, et perte de tems, et lettres inutiles, qui ne sont bonnes qu'à nourrir la lenteur et la nonchalance de mes gens, désirant *venir au fait* sans aucune mauvaise excuse. Ainsi, ma chère Madame, assemblez votre conseil, c'est-à-dire, M. l'abbé Tribolet, et ne me refusez pas cette suite et cette continuation de vos bontés et charités, car je n'ai que vous. M. Manin, M. Boucard et Hébert lui-même, m'avoient promis d'y mettre la dernière main; mais ce n'est pas une chose possible que de mettre ensemble et de fixer ces trois personnes; je n'y songe plus. Il n'est donc question que de ce nouveau fermier. Son premier terme étoit payable à Noël dernier 93, qui étoit de dix-sept cents livres, il me fit toucher 2009 liv. 4 s., c'est 309 liv. 4. s. de trop; il faut les compter comme reçus à bon compte sur les

1700 liv. qu'il me doit à la Saint-Jean dernière. Il doit donc encore 1390 liv. 16 s., sur quoi il faut compter les réparations dont je suis assommée, et le blé qu'il a donné par mon ordre : c'est justement, ma chère Madame, ce qu'il faut que vous fassiez pour l'amour de Dieu. Si ces réparations n'étoient pas absolument nécessaires, j'aurois sujet de me plaindre de Boucard et de Lapierre ; mais ce n'est plus votre affaire, car elles sont faites.

Je vous ai mandé, Madame, comme j'étois arrivée ici fort heureusement ; je crois vous avoir dit aussi l'aimable vie que j'y fais. Un chapitre et une tribune dont il ne tiendroit qu'à moi de faire des merveilles ; une liberté qui fait que j'ai toujours trois heures pour le moins à lire, et à faire ce que je veux. Quand je rentre dans la société, je trouve ma fille et sa fille, M. le Chevalier de Grignan, M. le Marquis de la Garde, d'une piété et d'un commerce admirables ; M. de Carcassonne et M. d'Arles, dans deux ou trois jours ; un beau château, un bel air, de belles terrasses, une trop bonne chère. Madame, cette vie est trop douce, les jours s'écoulent trop tôt, et l'on ne fait point de pénitence. — La mort de M. de Saint-Romain me fait peur ; je n'y vois pas un moment, entre sa vie dure et sèche pour la religion, et sa mort. Comment fait-on pour parler à Dieu, en faveur d'un tel philosophe ? Pour moi, il ne me vient jamais que ce que dit Saint Augustin d'un religieux qui déserta le christianisme, c'est qu'il n'étoit pas d'avec nous ; car s'il avoit, etc. : vous savez le reste.

Il est vrai qu'on a pensé enterrer toute vive cette pauvre petite la Fayette, et l'histoire que vous me contez fait grand'peur. Mais on est bien empêché, car vous saurez, Madame, qu'on me mande de Caen, qu'une Mademoiselle de Guinée, nièce d'un abbé que vous avez peut-être connu, étoit malade de la petite vérole : elle eut des convulsions, on la crut morte ; on lui voulut tirer le cœur, pour le mettre dans un couvent qu'elle aimoit : elle cria quand on commença de lui faire cette petite opération ; on fut étonné, comme vous pouvez penser ; on lui fit des remèdes, elle guérit, mais non pas de l'incision qu'on avoit commencée, car il faisoit fort chaud, la gangrène s'y mit, et elle en est morte. Ainsi, ma chère Madame, histoire de tous côtés. On ne sait quel parti prendre. Mais le pauvre M. Dubois, j'y ai un regret extrême. Il avoit été si occupé de saint Augustin, qu'il en avoit oublié ses petites affaires domestiques; mais je le crois bien placé, il étoit entre les mains de votre aimable et saint Curé de Saint-Jacques. Je l'envie et le regrette en même tems. Je ne vous dis point de nouvelles, vous en savez comme nous. Pour moi, je n'en sais jamais à Paris, mais dans les provinces on lit tout, on sait tout. Ma fille vous estime et vous honore; et moi, ma chère Madame, je vous embrasse et vous demande mille pardons, et vous conjure d'avoir pitié de mes pauvres affaires.

Je salue *la très-bonne.* Mandez-moi où est M. Trouvé. J'en ai entendu parler d'une manière qui me donne du chagrin. Eclaircissez-moi.

## LETTRE XXV. 1026.

Grignan, décembre 1694.

Je vous ai écrit la dernière, ma chère Madame, je vous demandois même une suite de vos bontés pour mes affaires qui sont quasi devenues les vôtres; mais il ne faut pas compter juste avec vous. Vous avez une règle de ne point perdre le tems, et de retrancher toutes les paroles inutiles, qui coupe la gorge à vos pauvres amies qui seroient ravies de vous entendre quelquefois. Il faut cependant vous faire justice; c'est que, sans le dire, vous faites sûrement ce que l'on vous demande; mais vous ôtez le plaisir de le savoir par vous-même et de vous en remercier. Par exemple, Madame, je vous écrivis cet été, je vous disois que j'avois quitté toutes les misères de Paris, pour venir respirer un peu plus doucement avec ma fille; je vous suppliois en même tems d'ordonner à M. Boucard de vous donner une entière connoissance des réparations que mon fermier a faites à Bourbilly, et de faire de vous, Madame, et de votre bonté, comme si j'étois dans le pays, hormis que vous avez mille fois plus de mérite, et que vous êtes cent fois plus habile. Je ne rabattrai rien de ce calcul. Je mandois en même tems à Boucard que je ne passerois rien à mon fermier, de tout le mémoire qui montoit à neuf cents francs, que vous n'eussiez pris la peine de le faire examiner et de l'arrêter : voilà ce que je souhaitois, et j'en suis encore là; car du terme de Saint-Jean passé, je n'ai touché que 800 liv. Ces diminutions font de grands mécomptes. J'espérois même que notre bon Curé, M. Tribolet, feroit un petit tour sur les lieux. Enfin, ma chère Madame, ayant su que vous n'êtes point encore à Paris, et que l'on doute même si vous y reviendrez, je vous écris cette lettre par Lyon droit à Semur, pour vous dire que je vous demande encore toutes ces bontés, et de vouloir bien me répondre avec cette charité qui fait le fondement de toutes mes importunités, et puis je prendrai la confiance de vous parler un peu de ce qui se passe ici. Il y a près d'un an que l'on parle d'un mariage pour le Marquis de Grignan; c'est la fille d'un fermier-général, nommé Saint-Amand. Vous ne doutez pas qu'il ne soit fort riche : il avoit une commission à Marseille pour les vivres; sa fille aînée a dix-huit ans, jolie, aimable, sage, bien élevée, raisonnable au dernier point. Il donne quatre cent mille francs comptant à cette personne, beaucoup plus dans l'avenir : il n'a qu'une autre fille. On a cru qu'un tel parti seroit bon pour soutenir les grandeurs de la maison, qui n'est pas sans dettes, principalement celle de Madame de Vibras, fille du premier mariage, qui presse fort. M. de Pontchartrain est entré dans cette affaire avec beaucoup d'amitié, M. le lieutenant civil aussi; ils ont fait le contrat à Paris, où le père etoit allé; il l'a signé, et le lieutenant civil qui avoit une bonne procuration. Le père et le contrat sont ici; sa femme et sa fille s'y sont rendues de Montpellier; et enfin, Madame, après avoir vu et admiré pour plus de cinquante mille francs de linge, d'habits, de dentelles et pierreries, qu'il donne encore fort honnêtement, après huit ou dix jours de séjour ici pour faire connoissance, le Marquis et cette fille seront mariés dimanche, 2$^{me}$ jour de l'année 95. Voilà, Madame, comme nous passons cet hiver, sans être sortis de notre château, où l'on a seulement les deux prélats, et M. de Montmort qui a commencé toute cette affaire. Je vais vous faire perdre un quart-d'heure de votre tems, Madame, pour lire cette longue lettre, et vous apprendre de quelle manière il a plu à la Providence de disposer de l'établissement de cette maison, et de notre séjour en ce pays. Si vous me faites l'honneur de répondre, adressez votre lettre à Paris, à l'hôtel du Carnavalet. Boucard me les envoie par Lyon, mais il est plus sûr de faire comme je le dis. Adieu Madame, l'objet de mon estime et de mon envie. Ma fille me prie de vous assurer de ses très-humbles services, et de vous dire qu'elle espère que bientôt vous aurez une pareille occupation.

---

## LETTRE XXVI. 1008.

Paris, avril 1694.

Hélas! ma chère Madame, pour mon goût, je passerois bien volontiers à Epoisses, et j'y ferois un long séjour avant que de sentir le moindre ennui, et je ne mettrois qu'au second rang le plaisir d'être payée du terme de la Saint-Jean; mais voici mes engagemens. Je suis liée avec M. le Chevalier de Grignan, qui n'est point parti avec ma fille pour m'attendre, parce que je ne pouvois partir qu'au commencement de mai; elle crut que cette raison assuroit mon voyage à Grignan, et que je n'aurois jamais le courage de partir toute seule. Cette pensée est d'une personne qui me souhaite; et comme j'aime aussi cette campagne de Grignan, et le château, et le pays, et le repos qu'on y trouve; je me suis résolue d'aller me mettre à couvert pour quelque tems, jusqu'à ce que l'orage qui nous accable ici de toutes parts soit un peu passé. J'ai perdu mes deux premières amies, Madame de la Fayette et Madame de Lavardin. J'en laisse encore ici que j'aime et que j'estime; mais comme ce n'est pas à ce degré, qu'elles en ont d'autres que moi, je les quitte avec un regret supportable. Pour le Chevalier de Grignan, il est sur le point de manger du pain de feuilles et de fougères, n'ayant au monde qu'une pension de Menin, qu'on ne lui paie plus. Son parti n'est pas difficile à prendre; nous faisons donc venir deux litières de Lyon, et avec des gens à cheval, et sa chaise roulante, nous partons le 8 de mai; et voilà, ma chère Madame, une trop bonne raison pour n'aller point à Epoisses. Si je ne meurs point bientôt, il me semble pourtant que la Providence veut que j'y fasse un voyage dans son tems; et que j'aime et admire de près cette Madame de Guitaut, dont le mérite, et l'esprit, et les manières sont faites pour me toucher et pour me plaire, sans préjudice de ce qu'elles font ailleurs; mais je réponds pour moi, et voilà comme je pense. Je laisse donc à un autre le soin de cultiver votre amitié avec l'abbé Testu ; le pauvre homme est tout-à-fait à plaindre : il y a quatre mois qu'il ne dort point, c'est une chose terrible ; sa crainte est de perdre la raison, qui seroit une grande perte pour lui, et de ne pas mourir. Sa vie n'est plus qu'une tristesse perpétuelle ; il est fort changé, il a eu de ces sortes d'insomnies dont il s'est tiré, mais celle-ci est d'une longueur qui l'épouvante : son état fait une extrême pitié. Ecrivez-moi, Madame, avant que je parte, il sera consolé de votre souvenir, que je lui ferai voir. Je vous demande de faire mes complimens à notre premier ministre : car par vous il devient le mien, et je lui suis obligée de l'intérêt qu'il prend à moi. Je trouve en lui ce que je ne trouve pas aux gens payés pour cela. Je le plains d'avoir perdu Madame sa mère. Je compterai cependant, ma chère Madame, sur le terme de la Saint-Jean, que je ferai toucher à Paris, chez moi, et dont l'emploi sera bientôt fait. Je disposerai M. Boucard à cette lettre-de-change, malgré la grêle, et M. le président de Berbisey me servira dans cette occasion, comme il fait toujours. Je finis, ma chère Madame, et je souhaite que vous ayez toujours quelque sorte d'amitié pour moi, non pas comme celle que j'ai pour vous (il faut être juste), mais comme votre cœur reconnoissant vous l'inspirera. Ecrivez-moi encore un billet avant le 8 mai; pour moi, je vous écrirai de quelque lieu que je sois, me trouvant plus près de vous à Grignan qu'à Paris.

## LETTRE XXVII. 824.

Paris, décembre 1688.

Je vous rends mille grâces, ma très-chère Madame, de vouloir bien vous détourner en ma faveur de cette triste pente que vous donne la cérémonie des Chevaliers. Comme je connois votre sensibilité et la délicatesse de votre imagination, je comprends que c'en est assez pour vous de songer à ce qui se passa, il y a vingt-sept ans (1), pour

---

(1) C'étoit l'époque où M. le Comte de Guitaut avoit

renouveler en vous ce qui ne s'en éloigne jamais. Je vous suis donc doublement obligée de votre compliment (1), qui est, pour le mieux nommer, une vraie marque de votre amitié qui m'est fort chère. Vous êtes heureuse de n'être point ici, puisque tout ce qu'on y dit vous donneroit du chagrin. Car c'est un tel débordement de paroles sur ce sujet, et des contents et des mal contents, et de tout ce qui se dit dans ces occasions, qu'à peine les affaires d'Angleterre et de Rome ont-elles pu les interrompre. Enfin, le mois de janvier finira tout; et pour finir aussi vos affaires avec votre cher neveu, j'espère que nous vous verrons ici; je le souhaite, ma chère Madame. J'ai dit à un homme dont le mérite me touche infiniment, et à qui on ne ment point, les sentimens que j'ai pour vous; vous êtes trop heureuse de vivre sous sa conduite, et pour y mourir je vous assure que c'est la plus sainte et la plus délicieuse chose du monde. Cette dernière épithète vous surprend; mais

---

été reçu chevalier de l'ordre du Saint-Esprit; il étoit mort à Paris, le 27 décembre 1685, âgé de soixante ans.

(1) M. de Grignan venoit d'être nommé chevalier de l'ordre du Saint-Esprit.

je ne m'en dédis point. Oui, c'est une chose délicieuse que de voir une mort où il n'est uniquement question que de Dieu, où les affaires temporelles et même les remèdes et l'espérance de guérir n'ont point de part, et où l'on entend dire à un malade tout ce que la religion bien entendue, et la charité, peuvent inspirer à un homme fort éclairé, et voir aussi un homme mourant, tout détaché des choses de la terre, et ne s'occuper, ne respirer que Jésus-Christ, en lui demandant miséricorde jusqu'au dernier soupir, avec un amour ardent et une crainte pleine de confiance. J'avoue, Madame, que je n'avois rien vu de pareil, on ne meurt point ainsi dans les autres quartiers de Paris. Je n'oublierai jamais cette mort, que je serois bien fâchée de n'avoir point vue. Dieu me fasse la grâce de m'en souvenir en tems et lieu !

* Vous savez bien que c'est de la mort de mon pauvre oncle de Saint-Aubin que je veux parler, et de son admirable Curé. Je suis tout-à-fait touchée de l'état de Mademoiselle de Létrange, elle est heureuse d'être avec vous, et vous, en vérité, Madame, d'être avec elle. Comment ferez-vous s'il faut vous séparer ? j'y prends trop d'intérêt

pour ne pas souhaiter d'en être instruite, au moins par le faubourg Saint-Jacques. Je ne manquerai pas d'envoyer vos complimens en Provence, où vous êtes fort honorée. Le petit Marquis est revenu. Si vous aviez vu la violente contorsion que cet éclat de bombe fit à son épée, et combien il s'en est peu fallu qu'il n'ait été tué, vous admireriez l'adresse et la justesse de la main qui a mesuré ce coup. M. de Grignan ne viendra point, il est du nombre de ceux qui sont excusés, parce qu'ils sont dans le service. On lui enverra cet aimable cordon bleu qui sied si bien. Je suis toute à vous pour toujours, ma très-chère Madame.

---

## LETTRE XXVIII. 1015.

1694.

On ne peut jamais être moins rouillée que vous l'êtes. Vos lettres font nos délices : la peinture de l'homme juché, partagé entre les plaintes de Philomèle et la précaution d'*Hans-Carvel* (1), est la plus folle et la plus plaisante vision qu'on puisse avoir. Il

---

(1) Personnage d'un conte de La Fontaine.

faut bien souffrir que vous-même rompiez en visière, quand vous me combattez avec de telles armes : je n'y sais point résister. Ce qui se passe dans votre pays mériteroit un voyage exprès : je parlerois dix ans sur ce chapitre inépuisable : mais je coupe court et vous prie de ne me citer jamais.

Ah ! ne me brouillez pas avec la république, (1) comme dit Attale. Je ne veux plus repasser sous la presse. Vos lettres donc sont admirables, et si les vieux châteaux sont mauvais à quelques-uns, croyez-moi, c'est que ceux qui les habitent n'ont pas une Madame de Guitaut comme vous. Avec une telle compagnie je vous défie tous deux d'être moisis. Je ne sais si ma. . . . . . . . . . . . . . . . . . . . . . . . . .( *Le reste est déchiré.* )

## LETTRE XXIX. 1008.

1693.

JE viens de recevoir votre petit billet, ma chère Madame, et je vous remercie tou-

---

(1.)Vers déjà cité par Madame de Sévigné, et tiré du *Nicomède* de Corneille.

jours de vos soins, qui sont proprement des charités. Je vous ai envoyé l'arrêté que j'ai fait au compte d'Hébert, que j'ai fait copier par son frère : je vois que vous ne l'avez pas reçu; car si vous l'eussiez eu, vous auriez vu ce qu'Hébert me doit de reste de ce compte, tant en argent qu'en grains, dont il s'est chargé. Le compte finit l'année 91, et il me doit toute l'année 92, sur quoi j'ai reçu cette lettre de 2500 liv. que je n'ai pas encore reçue; mais il verra par mon arrêté de quoi il est chargé, et comme il me doit encore toute l'année 92. Je serai bien fâchée si vous ne recevez point cet arrêté; s'il est perdu, je vous en renverrai un autre, car j'ai le compte ici en original, tant le frère d'Hébert a de confiance en moi. Je vous assure qu'il semble que tous les intérêts des princes soient de faire la guerre, rien ne se trouve du côté de la paix : ainsi, Madame, vendons nos grains, dès que les intendans nous le permettront; tout le monde me le conseille : je vous l'ai mandé; il est présentement question de le prévenir : ne perdons point de de tems, dès que nous le pourrons. Vous ne me dites rien de votre tête dont je suis toujours en peine. Je me réjouis avec vous, ma chère Madame, du mariage de Mademoiselle votre nièce; tout le monde l'approuve. M. de Caumartin vous les mariera toutes, quand il y en auroit une douzaine. S'il vouloit aussi marier toutes nos petites sœurs d'Avalon, ce seroit une commodité. Je parlerai à l'abbé Testu des vêpres de la veille de la Chandeleur à Notre-Dame; vous me donnez envie d'y aller aussi. Mon Dieu, que je suis fâchée, les matins, de voir Madame de Congis à votre place! ah! quelle représentation!

## LETTRE XXX. 1008.

1693.

N'ÊTES-VOUS pas trop bonne! Hélas! Madame, vous pensez à moi, et je trouve qu'il n'y a que vous qui songez à mes pauvres intérêts. Tout le monde est entêté et soutient son parti. Je vous conjure donc, puisque vous avez la parole d'un homme qui me fait une si bonne offre de ma terre, de la faire valoir à Boucard et à mon fermier, afin que cela les oblige, au moins, à ne me pas proposer des rabais, qui ne seroient pas justes, dans la cherté où est le blé : il est vrai qu'il aura quelque peine à toucher ce qui est grêlé ; j'en suis d'accord, mais les années suivantes le dédommageront bientôt de la grêle de celle-ci. Enfin, ma chère Madame, vous êtes maîtresse, ordonnez. On dit que mon fermier est bon homme et laborieux; parlez à lui, et comptez que je ne ferai que ce que vous ordonnerez, et sur l'affaire de M. Poussy, que vous finirez aussi comme il vous plaira. Comment se porte votre tête, et quand reviendrez-vous, ma très-aimable Madame ?

## LETTRE XXXI. 1008.

1693.

Vous ne voulez donc pas venir au sermon du père de la Rue, à St.-Paul ? c'est pourtant un Jésuite qui a fort contenté les courtisans à Versailles. Si vous ne voulez pas, et que vous aimiez mieux un de vos chanoines, ou M. Nicole, ou M. Letourneur, faites-moi donc tenir ici deux mille francs que mon fermier me garde entre ses mains ?

et qu'il n'ose confier aux marchands de Semur, qui n'osent plus se fier à ceux de Paris, et qui savent que présentement, sans aucune pudeur, on refuse aussi toutes les lettres-de-change : ces vendeurs de moutons sont des vilains qui m'ont fait enrager, et je ne puis pas même attendre jusqu'à Pâques, car mes besoins sont aussi pressans que ceux des pauvres à qui je donne du blé. Que ferai-je donc, ma chère Madame ? vous êtes mon secours en toutes occasions ; ne pouvez-vous point, vous qui savez que mon argent est là, me le faire donner ici, par le moyen de M. de Caumartin ? Que sais-je ce que je dis ! Enfin, Madame, ayez pitié de moi, consolez-moi au moins, exhortez-moi au jeûne, afin de diminuer mes besoins. Je vous envoie M. Boucard pour trouver quelque remède *prompt* à mes peines. Je suis absolument à vous, plus entêtée de votre mérite que jamais, par la connoissance que j'ai des autres femmes. Enfin, vous me paroissez comme il n'y en a point.

Mon curé est-il content de mon obéissance ?

# LETTRES
## A DIVERSES PERSONNES.

### LETTRE PREMIÈRE. 119.

*A M. d'Hacqueville.*

Aux Rochers, juin 1671.

Je vous écris avec un serrement de cœur qui me tue, je suis incapable d'écrire à d'autre qu'à vous, parce qu'il n'y a que vous qui ayez la bonté d'entrer dans mes extrêmes tendresses. Enfin, voilà le second ordinaire que je ne reçois point de nouvelles de ma fille : je tremble depuis la tête jusqu'aux pieds, je n'ai pas l'usage de raison ; je ne dors point, et si je dors, je me réveille avec des sursauts qui sont pires que de ne pas dormir. Je ne puis comprendre ce qui empêche que je n'aie des lettres comme j'ai accoutumé. Dubois me parle de mes lettres qu'il envoie très-fidèlement ; mais il ne m'envoie rien, et ne donne point de raison de celles de Provence ; mais, mon cher Monsieur, d'où cela vient-il? Ma fille ne m'écrit-elle plus? Est-elle malade? Me prend-on mes lettres? car, pour les retardemens de la poste, cela ne pourroit pas faire un tel désordre. Ah! mon Dieu, que je suis malheureuse de n'avoir personne avec qui pleurer! J'aurois cette consolation avec vous, et toute votre sagesse ne m'empêcheroit pas de vous faire voir toute ma folie. Mais n'ai-je pas raison d'être en peine? Soulagez donc mon inquiétude, et courez dans les lieux où ma fille écrit, afin que je sache au moins comme elle se porte; je m'accommoderai mieux de voir qu'elle écrit à d'autres, que de l'inquiétude où je suis de sa santé. Enfin, je n'ai pas reçu de ses lettres depuis le 5 de ce mois, elles étoient des 23 et 26 mai; voilà donc douze jours et deux ordinaires de poste. Mon cher Monsieur, faites-moi promptement réponse; l'état où je suis vous feroit pitié. Ecrivez un peu mieux; j'ai peine à lire vos lettres et j'en meurs d'envie. Je ne réponds point à toutes vos nouvelles, je suis incapable de tout. Mon fils est revenu de Rennes, il y a dépensé quatre cents francs en trois jours. La pluie est continuelle; mais tous ces chagrins seroient légers, si j'avois des lettres de Provence. Ayez pitié de moi; courez à la poste, apprenez ce qui m'empêche d'en avoir comme à l'ordinaire. Je n'écris à personne et je serois honteuse de vous faire voir tant de foiblesse, si je ne connoissois vos extrêmes bontés.

Le gros Abbé (1) se plaint de moi; il dit qu'il n'a reçu qu'une de mes lettres. Je lui ai écrit deux fois; dites-le-lui (2), et que je l'aime toujours.

## LETTRE II. 119.
### De Madame de Sévigné à M. de Coulanges (3).

Aux Rochers, 22 juillet 1671.

Ce mot sur la semaine, est par-dessus le marché de vous écrire seulement tous les quinze jours, et pour vous donner avis, mon cher cousin, que vous aurez bientôt l'honneur de voir Picard; et comme il est frère du laquais de Madame de Coulanges, je suis

---

(1) Pierre Camus de Pontcarré, aumônier du Roi, mort en 1684.
(2) L'original porte : *dites-lui*, et non pas *dites-le-lui*.
(3) Cette lettre est imprimée ici pour la première fois.

bien aise de vous rendre compte de mon procédé. Vous savez que Madame la Duchesse de Chaulnes est à Vitré; elle y attend le Duc son mari dans dix ou douze jours, avec les Etats de Bretagne. Vous croyez que j'extravague; elle attend donc son mari avec tous les Etats, et en attendant, elle est à Vitré toute seule, mourant d'ennui. Vous ne comprenez pas que cela puisse jamais revenir à Picard : elle meurt donc d'ennui, je suis sa seule consolation, et vous croyez bien que je l'emporte d'une grande hauteur sur Mesdemoiselles de *Kerborgne* et de *Kerquoison* (1). Voici un grand circuit, mais pourtant nous arriverons au but; comme je suis donc sa seule consolation, après l'avoir été voir, elle viendra ici, et je veux qu'elle trouve mon parterre net, et mes allées nettes; ces grandes allées que vous aimez. Vous ne comprenez pas encore où cela peut aller: Voici une autre petite proposition incidente. Vous savez qu'on fait les foins; je n'avois pas d'ouvriers, j'envoie dans cette prairie que les poëtes ont célébrée, prendre tous

---

(1) Dans des lettres du 10 juin et du 5 juillet, Madame de Sévigné la nomme *Croquoison*.

ceux qui travailloient, pour venir nettoyer ici. Vous n'y voyez encore goutte, et en leur place, j'envoie tous mes gens faner. Savez-vous ce que c'est que faner ? il faut que je vous l'explique. Faner, c'est la plus jolie chose du monde ; c'est retourner du foin en batifolant dans une prairie. Dès qu'on en sait autant, on sait faner. Tous mes gens y allèrent gaîment. Le seul Picard me vint dire qu'il n'iroit pas, qu'il n'étoit pas entré à mon service pour cela, que ce n'étoit pas son métier, et qu'il aimoit mieux s'en aller à Paris. Ma foi, la colère me monta à la tête ; je songeai que c'étoit la centième sottise qu'il m'avoit faite ; qu'il n'avoit ni cœur, ni affection ; en un mot, la mesure étoit comble. Je l'ai pris au mot, et quoi qu'on m'ait pu dire pour lui, je suis demeurée ferme comme un rocher, et il est parti. C'est une justice de traiter les gens selon leurs bons ou mauvais services. Si vous le revoyez, ne le recevez point, ne le protégez point, ne me blâmez point, et songez que c'est le garçon du monde qui aime le moins à faner, et qui est le plus indigne qu'on le traite bien. Voilà l'histoire en peu de mots. Pour moi, j'aime les narrations où l'on ne dit que ce qui est nécessaire, où l'on ne s'écarte point ni à droite, ni à gauche, où l'on ne reprend point les choses de si loin; enfin, je crois que c'est ici, sans vanité, le modèle des narrations agréables.

## LETTRE III. 507.

*A Madame de Grignan.*

Paris, 8 août 1677.

La proposition de m'envoyer un billet de votre main (1) est une belle chose. Il ne tiendroit qu'à moi, ma bonne, de m'en offenser; vous le feriez bien, si vous étiez en ma place. Je vous prie aussi de ne point monter aux nues, ni me contraindre sur certaines choses. Laissez-moi la liberté de faire quelquefois ce que je veux; je souffre assez toute ma vie en ne vous donnant pas ce que je voudrois. Quand j'ai rangé de certaines choses, c'est me blesser le cœur que de s'y opposer si vivement. Il y a sur cela une hauteur qui déplaît et qui n'est point tendre. Je ne vous donne pas

---

(1) Madame de Grignan avoit eu besoin d'argent, et sa mère lui en avoit envoyé.

souvent sujet de vous fâcher; mais laissez-moi du moins la liberté de croire que je pourrois contenter mes désirs là-dessus, si j'étois assez heureuse pour le pouvoir faire. Vous ne faites point connoître si les avis que je vous donne quelquefois sur votre dépense vous déplaisent ou non; vous devriez m'en dire un mot. En attendant, je vous dirai, ma bonne, que j'admire que M. de Grignan et vous, n'aimant point Laporte, lui vous servant très-mal, il ait reçu une fois cinquante louis, qu'il ait été sur le point de s'en aller, et que vous n'ayez pas été ravie de vous en défaire. Quel bizarre raccommodement? A quoi vous sert-il? Quelle foiblesse! Vous avez Pomier qui vous donne la main; et l'autre vous morgue et gagne votre argent assez mal. Où aviez-vous mis votre bon esprit? Je crois, ma bonne, que l'amitié que j'ai pour vous, et l'intérêt que je prends à tout ce qui vous touche, vous doit faire recevoir agréablement ce que je vous dis; mandez-moi si je me trompe.

## LETTRE IV. 544.

*A la même* (1).

Paris, 1678.

J'AI mal dormi; vous m'accablâtes hier au soir, je n'ai pu supporter votre injustice. Je vois plus que les autres, les qualités admirables que Dieu vous a données. J'admire votre courage, votre conduite. Je suis persuadée du fonds de l'amitié que vous avez pour moi. Toutes ces vérités sont établies dans le monde et plus encore chez mes amis. Je serois bien fâchée qu'on pût douter que vous aimant comme je fais, vous ne fussiez point pour moi comme vous êtes. Qu'y a-t-il donc? C'est que c'est moi qui ai toutes les imperfections dont vous vous chargiez hier au soir; et le hasard a fait qu'avec confiance je me plaignis hier à M. le Chevalier (2) que vous n'aviez pas assez d'indulgence pour toutes ces misères; que

---

(1) Madame de Grignan étoit alors auprès de sa mère.
(2) Le Chevalier de Grignan, qui demeuroit habituellement chez Madame de Sévigné, à Paris.

vous me les faisiez quelquefois trop sentir, que j'en étois quelquefois affligée et humiliée. Vous m'accusez aussi de parler à des personnes à qui je ne dis jamais rien de ce qu'il ne faut point dire. Vous me faites, sur cela, une injustice trop criante; vous donnez trop à vos préventions; quand elles sont établies, la raison et la vérité n'entrent plus chez vous. Je disois tout cela *uniquement* à M. le Chevalier, il me parut convenir avec bonté de bien des choses, et quand je vois, après qu'il vous a parlé sans doute dans ce sens, que vous m'accusez de trouver ma fille tout imparfaite, toute pleine de défauts, tout ce que vous me dîtes hier au soir, et que ce n'est point cela que je pense et que je dis, et que c'est au contraire de vous trouver trop dure sur mes défauts dont je me plains, je dis : Qu'est-ce que ce changement? et je sens cette injustice, et je dors mal; mais je me porte fort bien et prendrai du café, ma bonne, si vous le voulez bien.

## LETTRE V. 555.

*A la même.*

Paris, 1679.

Il faut, ma chère bonne, que je me donne le plaisir de vous écrire, une fois pour toutes, comme je suis pour vous. Je n'ai point l'esprit de vous le dire; je ne vous dis rien qu'avec timidité et de mauvaise grâce, tenez-vous donc à ceci. Je ne touche point au fond de la tendresse sensible et naturelle que que j'ai pour vous; c'est un prodige. Je ne sais pas quel effet peut faire en vous l'opposition que vous dites qui est dans nos esprits; il faut qu'elle ne soit pas si grande dans nos sentimens, ou qu'il y ait quelque chose d'extraordinaire pour moi, puisqu'il est vrai que mon attachement pour vous n'en est pas moindre. Il semble que je veuille vaincre ces obstacles, et que cela augmente mon amitié plutôt que de la diminuer : enfin, jamais, ce me semble, on ne peut aimer plus parfaitement. Je vous assure, ma bonne, que je ne suis occupée que de vous, ou par rapport à vous, ne disant et ne faisant rien que ce qui me paroît vous être le plus utile. C'est dans cette pensée que j'ai eu toutes les conversations avec S. E. (1), qui ont toujours roulé sur dire que vous avez de l'aversion pour lui. Il est très-sensible à la perte de la place qu'il croit avoir eue dans votre amitié; il ne sait pourquoi il l'a perdue. Il croit devoir être le premier de vos amis, il croit être des derniers. Voilà ce qui cause ses agitations, et sur quoi roulent toutes ses pensées. Sur cela, je crois avoir dit et ménagé tout ce que l'amitié que j'ai pour vous, et l'envie de conserver un ami si bon et si utile, pouvoit m'inspirer, contestant ce qu'il falloit contester, ne lâchant jamais que vous eussiez de l'horreur pour lui, soutenant que vous aviez un fonds d'estime, d'amitié et de reconnoissance, qu'il retrouveroit s'il prenoit d'autres manières; en un mot, disant toujours si précisément tout ce qu'il falloit dire, et ménageant si bien son esprit, malgré ses chagrins, que si je méritois d'être louée de faire quelque chose de bien pour vous, il me sem-

---

(1) Le Cardinal de Retz, qui mourut le 24 août de cette même année 1679, d'une mort qu'on l'a soupçonné d'avoir hâtée lui-même.

bloit que ma conduite l'eût mérité. C'est ce qui me surprit, lorsqu'au milieu de cette exacte conduite, il me parut que vous faisiez une mine de chagrin à Corbinelli, qui la méritoit justement comme moi, et encore moins, s'il se peut, car il a plus d'esprit et sait mieux frapper où il veut. C'est ce que je n'ai pas encore compris, non plus que la perte que je vois que vous voulez bien faire de cette Eminence. Jamais je n'ai vu un cœur si aisé à gouverner, pour peu que vous voulussiez en prendre la peine. Il croyoit avoir retrouvé l'autre jour ce fonds d'amitié dont je lui avois toujours répondu; car j'ai cru bien faire de travailler sur ce fonds; mais je ne sais comme tout d'un coup cela s'est tourné d'une autre manière. Est-il juste, ma bonne, qu'une bagatelle (1) sur quoi il s'est trompé, m'assurant que vous la souffririez sans colère, m'étant moi-même appuyée sur sa parole pour la souffrir; est-il possible que cela puisse faire un si grand

---

(1) Il s'agit ici de quelque présent que le Cardinal avoit voulu faire à Madame de Grignan: celle-ci, qui ne pouvoit le souffrir, ne voulut rien recevoir de lui. (*Voyez* la lettre du 26 juin 1675, tom. III, pag. 41, édition de 1806.)

effet? Le moyen de le penser! Eh bien, nous avons mal deviné; vous ne l'avez pas voulu : on l'a supprimé et renvoyé : voilà qui est fait; c'est une chose non-avenue, cela ne vaut pas, en vérité, le ton que vous avez pris. Je crois que vous avez des raisons; j'en suis persuadée par la bonne opinion que j'ai de votre raison. Sans cela ne seroit-il point naturel de ménager un tel ami? Quelle affaire auprès du Roi, quelle succession, quel avis, quelle économie pourroit jamais vous être si utile, qu'un cœur dont le penchant naturel est la tendresse et la libéralité, qui tient pour une faveur de souffrir qu'il l'exerce pour vous, qui n'est occupé que du plaisir de vous en faire, qui a pour confident toute votre famille, et dont la conduite et l'absence ne peuvent, ce me semble, vous obliger à de grands soins. Il ne lui faudroit que d'etre persuadé que vous avez de l'amitié pour lui, comme il a cru que vous en aviez eu, et même avec moins de démonstration, parce que ce tems est passé. Voilà ce que je vois du point de vue où je suis; mais comme ce n'est qu'un côté, et que du vôtre je ne sais aucune de vos raisons, ni de vos sentimens, il est très-possible que je raisonne mal. Je trouvois moi-même un si grand intérêt à vous conserver cette source inépuisable, et cela pourroit être bon à tant de choses, qu'il étoit bien naturel de travailler sur ce fonds.

Mais je quitte ce discours pour revenir un peu à moi. Vous disiez bien cruellement, ma bonne, que je serois trop heureuse quand vous seriez loin de moi, que vous me donniez mille chagrins, que vous ne faisiez que me contrarier. Je ne puis penser à ce discours sans avoir le cœur percé et fondre en larmes. Ma très-chère, vous ignorez bien comme je suis pour vous, si vous ne savez que tous les chagrins que me peut donner l'excès de la tendresse que j'ai pour vous, sont plus agréables que tous les plaisirs du monde où vous n'avez point de part. Il est vrai que je suis quelquefois blessée de l'entière ignorance où je suis de vos sentimens, du peu de part que j'ai à votre confiance; j'accorde avec peine l'amitié que vous avez pour moi avec cette séparation de toutes sortes de confidences. Je sais que vos amis sont traités autrement; mais enfin, je me dis que c'est mon malheur que vous êtes de cette humeur, qu'on ne se change point; et, plus que tout cela, ma bonne, admirez la foiblesse d'une véritable tendresse, c'est qu'effectivement votre présence, un mot d'amitié, un retour, une douceur, me ramène et me fait tout oublier. Ainsi, ma belle, ayant mille fois plus de joie que de chagrin, et le fonds étant invariable, jugez avec quelle douleur je souffre que vous pensiez que je puisse aimer votre absence. Vous ne sauriez le croire, si vous pensez à l'infinie tendresse que j'ai pour vous; voilà comme elle est invariable et toujours sensible. Tout autre sentiment est passager et ne dure qu'un moment, le fonds est comme je vous le dis. Jugez comme je m'accommoderai d'une absence qui m'ôte de légers chagrins que je ne sens plus, et qui m'ôte une créature dont la présence et la moindre amitié fait ma vie et mon unique plaisir (1). Joignez-y les inquiétudes de

---

(1) Quelques démêlés passagers, presque inséparables de toute relation intime, ont fait supposer assez gratuitement que Madame de Sévigné ne puisoit pas toujours dans le cœur d'une mère l'expression de ses sentimens exaltés pour sa fille : mais la seule profession de foi contenue dans cette lettre, où respire la plus affectueuse indulgence, suffiroit pour détruire les conjectures de l'envieuse et ingrate malignité, qui trop souvent se plaît à diminuer l'admiration, en affoiblissant l'estime.

votre santé, et vous n'aurez pas la cruauté de me faire une si grande injustice; songez-y, ma bonne, à ce départ, et ne le pressez point, vous en êtes la maîtresse. Songez que ce que vous appelez des forces a toujours été par votre faute et l'incertitude de vos résolutions; car, pour moi, hélas! je n'ai jamais eu qu'un but, qui est votre santé, votre présence, et de vous retenir avec moi. Mais vous ôtez tout crédit par la force des choses que vous dites pour confondre, qui sont précisément contre vous. Il faudroit quelquefois ménager ceux qui pourroient faire un bon personnage dans les occasions. Ma pauvre bonne, voilà une abominable lettre; je me suis abandonnée au plaisir de vous parler et de vous dire comme je suis pour vous. Je parlerois d'ici à demain, je ne veux point de réponse; Dieu vous en garde, ce n'est pas mon dessein. Embrassez-moi seulement et me demandez pardon; mais, je dis pardon d'avoir cru que je puisse trouver du repos dans votre absence.

Nota. Lorsque Madame de Simiane, cédant aux instances de ses amis, se détermina à communiquer les lettres écrites par Madame de Sévigné a Madame de Grignan, elle voulut en soustraire

tout ce qui auroit pu révéler le secret des tracasseries qui avoient eu lieu entre la mère et la fille. Ces tracasseries n'avoient jamais été si vives que pendant le séjour de Madame de Grignan à Paris, dans les années 1678 et 1679, et elles avoient même alors éclaté dans la famille et dans la société intime de ces deux Dames. Voilà pourquoi les deux lettres qui précèdent n'ont jamais été connues du public. Cependant on retrouve quelques traces de ces altercations dans les lettres qui ont été imprimées, et surtout à l'époque dont nous parlons. Les lettres ci-dessus donnent l'explication de ce qui se trouve dans une lettre du 20 septembre 1679 : « Ne me dites pas que je vous regrette sans sujet; où prenez-vous que je n'en ai pas tous les sujets du monde? Je ne sais pas ce qui vous repasse par la tête; pour moi, je ne vois que votre amitié, vos soins, vos bontés, vos caresses. Je vous assure que c'est tout cela que j'ai perdu, et que c'est là ce que je regrette, sans que rien au monde puisse m'effacer un tel souvenir, ni me consoler d'une telle perte......»
(Tome IV, pag. 399, édition de 1806.)

## LETTRE VI. 561.
### A la même.

Paris, 14 septembre 1679.

J'AI vu sur notre carte, que la lettre que je vous écrivis hier au soir, à Auxerre, ne partira qu'à midi; ainsi, ma très-chère, j'y joins encore celle-ci, vous en recevrez deux à la fois. Je veux vous parler de ma soirée d'hier. A neuf heures j'étois dans ma chambre, mes pauvres yeux ni mon esprit ne voulurent pas entendre parler de lire, de sorte que je sentis tout le poids de la tristesse que me donne notre séparation; et n'étant pas distraite par les objets, il me semble que j'en goûtai bien toute l'amertume. Je me couchai à onze heures, et j'ai été réveillée par une furieuse pluie. Il n'étoit que deux heures, j'ai compris que vous étiez dans votre hôtellerie, et que cette eau qui est mauvaise pour les chemins depuis Auxerre, étoit bonne pour votre rivière. Ainsi sont mêlées les choses de ce monde. Je pense toujours que vous êtes dans le bateau (1), et que vous y retournez à trois heures du matin : cela fait horreur. Vous me direz comme vous vous portez de cette sorte de vie, et vos jambes et vos inquiétudes. Votre santé est un point sur lequel je ne puis jamais avoir de repos. Il me semble que tout ce qui est auprès de vous en est occupé, et que vous êtes l'objet des soins de toute votre barque; j'entends de votre cabane, car ce qui me parut de peuple sur le bateau représentoit l'arche. On m'assura que vers Fontainebleau vous n'auriez quasi plus personne. Ce matin l'Epine est entré dans ma chambre; nous avons fort pleuré. il est touché comme un honnête homme. N'ayez aucune inquiétude, ni de vos meubles, ni du carrosse de M. de Grignan. Je ne puis m'occuper qu'à donner des ordres qui ont rapport à vous. Vos dernières gueuses de servantes ont perdu toute votre batterie et votre linge; c'est pitié.

J'embrasse M. de Grignan et ses aimables filles et mon cher petit enfant. Ne voulez-

---

(1) Madame de Grignan retournoit en Provence; elle alloit par le coche jusqu'à Auxerre.

vous pas bien que j'y mette Mongobert, et tout ce qui vous sert, et tout ce qui vous aime? Mademoiselle de Méry est toujours sans fièvre; je la verrai tantôt. Je crois, ma bonne, que vous me croyez autant à vous que j'y suis.

Lebel vous salue très-humblement.

## LETTRE VII. 790.
### *A la même.*

Paris, 6 octobre 1688.

Et comment voulez-vous que je ne pleure pas en voyant tant de soins, tant d'amitié, des billets si tendres! Je ne suis pas à l'épreuve de toute la tendresse que me donne une conduite si charmante. Nous ne cessons point de vous aimer et de vous admirer. M. le Chevalier et moi, nous nous cherchons si naturellemment, que vous ne devez pas douter, ma chère bonne, que cette petite chambre ne sera ma demeure ordinaire : mais vous nous y manquez toujours, et d'une manière fort sensible. Vos portraits, qui sont autour de nous, ne nous consolent point. Il nous faut notre chère Comtesse, que nous ne trouvons plus; et sur cela, les yeux rougissent, tout est perdu : l'honneur même d'être servie présentement la première, en prenant du café, m'afflige au lieu de me consoler, tant mon cœur est peu sensible aux grandeurs de ce monde. Nous mangeons ensemble, nous sommes dans une parfaite intelligence; et il est vrai que plus on connoît M. le Chevalier sur ce ton-là, plus on l'aime et on l'estime. Il me paroît que mon commerce ne lui déplaît pas; enfin, c'est ma destinée que cette petite chambre, il n'y en a point où vous puissiez être plus parfaitement aimée et estimée, pour ne pas dire honorée. M. le Chevalier a eu une goutte terrible aux deux mains. Vous verrez aujourd'hui qu'il est en état d'écrire. J'ai fait dire vos neuvaines : c'est toujours votre dévotion. J'espère, et je ne doute nullement qu'elles ne vous conservent votre enfant, dont nous vous envoyons une fort jolie lettre. J'ai vu mes amies, qui sont, en vérité, les vôtres : je les en aime mieux; sans cela, je ne serois point à mon aise avec elles. Madame de Lavardin est toujours entêtée de votre vrai mérite, et du peu de cas que vous faites de votre beauté, qui est l'écueil de toutes les femmes. Je me porte bien, ma très-aimable : mon sommeil n'est pas encore tout-à-fait bien ; mais si vous nous aimez, conservez-vous, dormez, mangez, ne vous épuisez point, ne vous creusez point ; c'est assez de votre absence, nous ne pourrions soutenir la crainte de votre santé. Priez toujours M. le Chevalier de me dire les choses que vous ne voulez pas écrire deux fois. Madame de Coulanges est toute glorieuse du petit billet que vous lui avez écrit. Songez à M. d'Avaux. J'ai fait vos complimens en attendant, et tout ce que vous désirez est ponctuellement exécuté. Adieu, ma chère bonne, je ne sais plus que vous dire de ma tendresse pour vous. Tout est dit, tout est senti et tout est cru : j'en suis assurée. Parlez-moi de vous sans cesse, tout m'est cher et considérable.

J'embrasse M. de Grignan et notre prélat. Aimez-vous bien tous trois. Bonjour à Martillac. J'ai fait vos adieux à Madame de Chaulnes.

## LETTRE VIII. 982.
*A la même.*

Aux Rochers, avril 1690.

« Vous les recevez donc toujours, ma
» bonne, avec cette joie et cette tendresse
» qui vous fait croire que Saint-Augustin et
» M. Dubois y trouveroient à retrancher.
» Ce sont vos chères bonnes, elles sont
» nécessaires à votre repos; il ne tient qu'à
» vous de croire que cet attachement est
» une dépravation : cependant vous vous
» tenez dans la possession de m'aimer de
» tout votre cœur, et bien plus que votre
» prochain que vous n'aimez que comme
» vous-même. *Voilà bien de quoi !* »

Voilà, ma chère bonne, ce que vous me dites. Si vous pensez que ces paroles passent superficiellement dans mon cœur, vous vous trompez; je les sens vivement : elles s'y établissent, je me les dis et redis, et même je prends plaisir à vous les redire, comme pour renouveler mes vœux et vos engagemens. Les personnes sincères comme vous donnent un grand poids à leurs paroles.

Je vis donc heureuse et contente sur la foi des vôtres. En vérité, elle est trop sensible, cette amitié : il me semble que, par un esprit de justice, je serois obligée d'en retrancher; car la tendresse des mères n'est pas ordinairement la règle de celle des filles ; mais vous n'êtes point aussi comme les autres : ainsi je jouirai sans exemple de tous les biens que vous me faites, je solliciterai même M. Dubois pour ne point troubler une si douce possession.

Parlons de votre santé, voilà le tems que votre sang se met en colère. Vous en étiez, il y a un an, fort incommodée, vous vous fîtes saigner et purger, vous vous en trouvâtes très-bien. Je vous en fais souvenir, ma chère bonne, parce qu'il n'y a rien que que je trouve si considérable que la santé. Vos maux de gorge sont effrayans; vous me présentez le vôtre comme une légère incommodité : Dieu le veuille ! Je voudrois toujours que jamais vous ne fussiez sans du baume tranquille, il est souverain à ces sortes de maux, et je crains que vous n'en manquiez quand je songe combien vous en avez fait prendre à Martillac de tous les côtés. Vous n'auriez qu'à prier l'abbé Bigorre de vous en envoyer une petite bouteille, on les paye un écu ou une demi pistole, ce ne seroit pas une affaire; songez-y, ma bonne, ne soyez jamais sans un tel secours; ne vous échauffez point le sang: les échecs vous font mal en vous divertissant : mais c'est une occupation, ce n'est pas un jeu. Je gronde Pauline, je lui dis qu'elle ne vous aime point de vous donner cette émotion. J'ai grondé M. le Chevalier; je vous gronde, ma bonne; d'ici je ne puis pas mieux faire.

Pour nos desseins, je vous ai dit mon projet. Si vous n'allez point à Paris, je n'irai point; si vous y allez, vous ferez le miracle de forcer mes impossibilités. Si vous êtes à Grignan, j'irai, et je me fais un grand plaisir de songer que, si Dieu le veut bien, j'y passerai cet hiver avec vous : le tems passe bien vîte avec une telle espérance; mais je vous demande bien sérieusement de ne rien dire à Paris de ce dessein. Ce me seroit un embarras et un chagrin dans le commerce que j'ai avec mes amies, qui commencent déjà de souhaiter mon retour et de m'en parler. Laissons mûrir le dessein de ce voyage de traverse, comme une opinion probable dans Pascal. Voilà, ma chère bonne, où nous devons en demeurer; car, pour passer à Paris avant que de vous aller voir, c'est ce qui ne convient, ni à mon goût, ni à mes affaires. L'abbé Charrier est à Paris; il vous écrira de Lyon.

Vraiment, vous avez retenu si follement toutes les sottises que j'ai dites sur les cruelles haleines que j'ai le malheur de sentir plus que les autres, que vous m'en avez fait rire, comme si je n'en avois jamais entendu parler. Il est vrai que j'ai le nez trop bon; et si par hasard quelqu'un de mes amis avoit empoisonné ses paroles en me parlant, je n'aurois pas au moins à me reprocher de ne l'en avoir point averti. Mais les gens qui comptent leur corps pour rien, comptent pour rien aussi l'incommodité de leur prochain.

M. de Pommereul a présentement les plus belles dents du monde. Je lui dis aussi avec plaisir que j'aurois vu Madame de Coetlogon, si son mari m'avoit visitée. Il m'approuve, déteste le mari et avoit donné un bon exemple : car, arrivant de Paris, le lendemain que je fus arrivée à Rennes, il arrêta chez moi avant que d'entrer chez lui, et m'embrassa, et fit par amitié et par ancienne considération ce que l'autre devoit faire par honnêteté. Il a une envie démesurée de donner un lieutenant de Roi à M. de Molac, pour faire sa charge; mais la presse n'est pas grande aux conditions d'obéir à l'Intendant. Il est aussi de notre confidence pour l'arrière-ban.

Ne reconnoissez-vous pas M. de Chaulnes, d'avoir fait écrire le Pape à sa chère fille Madame de Maintenon? Elle est si touchée de ce bref, qu'elle en a remercié Madame de Chaulnes avec un air de reconnoissance qui passe la routine des complimens. Ce n'est point elle qui me le mande; et même, chacun de ceux qui m'écrivent, croyant que l'autre m'a envoyé la copie de ce bref, il se trouve que je ne l'ai point eue; enfin j'ai prié qu'on me l'envoyât. Cette Duchesse me mande que Madame la Dauphine s'en va, elle est enfin à la dernière extrémité: tous ses officiers sont consternés. Le Maréchal de Bellefonds y perd son bien; mais assurément cette belle place sera bientôt remplie. Madame la Maréchale d'Humières étoit debout auprès de Madame de Chaulnes, comme le Roi venoit souper; il démêla cette Maréchale, et lui dit en se mettant à table:

Madame, vous pouvez vous asseoir. Elle fit une grande révérence, et s'assit, et l'histoire finit ainsi. On dit que sa fille (1) ne fera de Duc que son mari, et qu'elle finira là.

J'ai écrit à notre bonne Duchesse de Chaulnes que je la priois de nous donner M. Rochon, le 25 de mai, pour notre requête civile; qu'il y faisoit un principal personnage, et que je ne serois pas seule à lui demander cette grâce.

Je suis, en vérité, ravie que M. de la Garde (2) soit payé de sa pension.

*Elle s'adresse à M. de la Garde.*

Monsieur, vous trouverez bon que, sans cérémonie, et d'un cœur qui sent votre joie, je vous dise la part que j'y prends. J'entre plus que personne dans toutes les raisons de justice qui vous la font sentir. Ma fille en est touchée comme vous, et vous aime, et vous estime, et vous a tant d'obligations,

---

(1) Anne-Louise-Julie de Crévant, Mariée à Louis-François d'Aumont, Duc d'Humières, à cause de sa femme.

(2) Antoine, Baron de la Garde, étoit le second fils de Louis Escalin des Aymars, Baron de la Garde, et de Jeanne d'Adhémar de Monteil, tante de M. de Grignan.

que vous ne devez douter de sa reconnoissance non plus que de la mienne.

Je veux parler tout de suite à M. de Grignan.

### Elle s'adresse à M. de Grignan.

Mon cher Comte, on dit que vous m'aimez : je vous dirai ici que j'en suis ravie; car, pour vous écrire, je suis votre très-humble servante, je ne m'y joue pas : je sais l'effet de vos réponses, et même vous ne devez pas souhaiter ce commerce. Il vous a déjà fait perdre ma belle-fille, qui n'en veut plus avec vous. J'avoue qu'il est assez extraordinaire de rompre avec un homme, parce qu'il écrit trop bien; mais je vous dis le fait, elle s'est retirée derrière le théâtre (1) : cette fin est digne du commencement; mais de perdre votre belle-mère par la même raison, seroit une chose risible. Ainsi je vous parle ici tout uniment, et ce n'est point une lettre. Je vous dis toutes

---

(1) *Voyez* la lettre de Madame de Sévigné, belle-fille, à M. de Grignan, qui se trouve dans celle de sa belle-mère, du 29 juin 1689, tom. VII, pag. 162, édition de 1806.

sortes de bonnes et sincères amitiés, et puis je vous demande si vous ne connoissez point M. de Bruys de Montpellier? autrefois huguenot, présentement les poussant à outrance par des livres dont nous sommes charmés; vous les aimeriez passionnément aussi. Voilà tout; vous me répondrez dans la lettre de ma fille.

*Elle s'adresse à Madame de Grignan.*

Me revoilà, ma bonne; après avoir fait un petit tour, il faut toujours revenir à vous. Ah! oui, vraiment, je connois le style d'où Pauline a puisé sa lettre. Mon Dieu! comme je trouve présentement qu'on n'aime plus que ce qui est naturel! mais j'avoue que la beauté des sentimens et les grands coups d'épée m'avoient enchantée. L'abbé de Villarceaux étoit encore plus grand pécheur que moi; c'est-à-dire que des gens fort au-dessus de mon mérite avoient cette folie. Voilà comme on se console, et comme dira Pauline. C'est donc, Mademoiselle Pauline, de cette même main, de cette même plume, que vous écrivez à Madame d'Epernon, pour savoir d'elle si Dieu veut que vous soyez carmelite : vraiment j'en suis bien aise. Si vous continuez, il ne faudra point attendre de si loin une réponse. Je l'empêche aujourd'hui de vous écrire, cet amant. S'il vous fait devenir folle, par l'honneur de son amour, comme dit Madame votre mère, vous le faites devenir aussi le berger extravagant dans les bois.

En vérité, ma bonne, je n'ai rien vu de plus plaisant que l'inclination qu'il a pour cette jolie petite idée dont vous me donnez aussi la meilleure opinion du monde. Son imagination ne s'engage à rien, qu'elle ne soutienne avec toute la grâce et tous les dons nécessaires. Cela compose une personne non-seulement très-divertissante, mais très-charmante. Votre enfant partira bientôt. Vous avez vendu votre compagnie, comme on fait toutes choses, quand on n'est pas heureux. C'est un grand bonheur que le Roi ait eu pitié de ces pauvres guerriers, en leur ôtant leur vaisselle et retranchant leur table. Je conseille au Marquis d'obéir ponctuellement, et à vous, de l'ordonner au maître-d'hôtel. M. de Grignan écrira-t-il à son ami le Maréchal d'Humières, pour la duchesse? Je lui conseille, pour ne le point fâcher, d'écrire à la Maréchale-Duchesse. C'est par-là qu'on évite d'offenser son ami ou de s'offenser soi-même.

Voilà, ma chère bonne, une réponse de M. du Plessis. Je crois qu'elle vous fera plaisir, et qu'en même tems il vous fera pitié avec son sot mariage. Ma chère bonne, ayez soin de votre sang, de votre santé, je vous en conjure; je ménage très-bien la mienne. J'ai déjà demandé à mes amis tous les secours qu'ils nous ont déjà donnés. Je crois que la pension des mémoires n'a point été retranchée ni reculée. Mille amitiés à M. le Chevalier.

## LETTRE IX. 983.

*A la même.*

Aux Rochers, 25 juin 1690.

Je commence aujourd'hui cette lettre, ma chère bonne, par vous dire que je viens de recevoir la vôtre du 10, qui étoit allée à Rennes; c'étoit sa fantaisie. Je croyois qu'elle dût venir demain de Paris, de sorte qu'elle m'a surprise très-agréablement, et j'y vais répondre sans préjudice de celle que je recevrai demain, s'il plaît à Dieu. Mariillac a la langue bien longue; que veut-elle dire avec mon mal de bras que je cachois à Livry? ce n'étoit rien du tout, et il vous eût inquiétée. Pour le détail de ma santé, présentement, je suis honteuse de vous le dire; il me semble qu'il y a de l'insolence, et que je devrois cacher les bontés de la Providence, n'en étant pas digne. Je ne sais si c'est le bon air, la vie réglée, la désoccupation; enfin, quoique je ne sois pas *insensible* à ce qui me tient au cœur, je jouis d'une santé si parfaite, que je vous ai mandé que j'en suis étonnée. Je me porte très-bien de ma *purge*, et vous remercie d'être contente de la vôtre. Je n'ai ni vapeurs la nuit, ni ce petit mal à la bouche, ni de grimaces à mes mains; point de néphrétique; nous buvons du vin blanc, que je crois très-bon et meilleur que la tisane. Enfin, ma chère bonne, soyez contente, et portez-vous aussi bien que moi, si vous voulez que ce bon état continue. Je n'en ai pas moins ces pensées si salutaires que toute personne doit avoir, surtout, ma bonne, quand la vie est avancée, et qu'on commence à ne plus rien voir, à ne plus rien lire qui ne vous parle et ne vous avertisse. Quand vous en serez là vous ne m'en direz pas des nouvelles; mais vous vous souviendrez que j'avois raison, et que ces réflexions sont des grâces de Dieu, tout au moins naturelles, qui vous font sentir que vous êtes sage. Ces pensées, cette pendule (1), n'ont point changé mon humeur; mais la solitude contribue à les entretenir, et nos sortes de promenades aussi; et tout cela est bon. Et si l'on n'avoit point une chère bonne, que l'on aime trop, on auroit peine à comprendre pourquoi on quitteroit une vie si convenable et si propre à faire la chose qui, *en bonne justice*, nous devroit occuper. Vous voyez, ma bonne, que je vous rends compte de mon intérieur, après vous avoir parlé de mon corps et de ma santé. Madame de Coulanges paroît occupée des choses solides et ennuyée des frivoles; si cela dure, ce sera une dignité pour elle, et son humilité attirera notre estime. L'abbé Testu a été violemment occupé pour le mariage de M. de Chapes (2) et de Mademoiselle d'Humières.

---

(1) *Pendule* est là comme synonyme de *jubilé*, par allusion à l'anecdote racontée dans la lettre du 24 juillet 1675. (*Voyez* tom. III, pag. 65, édition de 1806.)

(2) Louis-François d'Aumont, Marquis de Chapes, qui avoit épousé, le 15 mai 1690, la fille du Maréchal

Cet assortiment vint tout d'un coup dans son esprit un jour qu'il dînoit chez la Duchesse d'Aumont (1); il le dit aux *Divines*, et depuis ce jour, elles et lui n'ont point eu de repos que ce mariage n'ait été achevé, contre vent et marée. Dans ce commerce, il s'est désaccoutumé de Madame de Coulanges, et tellement accoutumé à la maison de la Duchesse d'Aumont, qu'il en a fait sa Madame de Coulanges. Voilà ce qui me paroît. Elle a vu M. de la Trousse en visite; elle m'en parle, elle se plaint. Je ne crois pas qu'il aille chez elle, parce que ce flux d'urine ne lui permet pas d'être dans une visite. On dit qu'il s'en va à la Trousse; mais vous devriez bien savoir tout cela mieux que moi. La Duchesse du Lude a été assez long-tems occupée de Versailles et de Marly. Il y a trois mois qu'elle n'y va plus, que l'autre jour à Marly, où il y avoit vingt-quatre femmes. Si vous demandez à Mademoiselle d'où vient ce changement, elle vous dira que la Princesse d'Harcourt les y faisoit aller, parce qu'elle avoit besoin de M. de Lamoi-

---

d'Humières, à la charge de prendre le nom et les armes de cette maison.

(1) Mère du Marquis de Chapes.

gnon; mais dans la vérité, c'est que ce sont des grâces gratuites qu'on donne quand on veut, et à quoi on ne veut pas s'assujettir. Pour Madame de Coëtquen, elle n'est plus du tout des parties de Marly; on dit qu'elle a témoigné trop de chaleur pour M. de Schomberg. Voilà, ma bonne, ce qu'on m'a mandé, que je ne garantis point. M. Dubois ira à Brevannes. Je doute que cette journée toute remontée, qui ôte tout le commerce de manger et de causer les soirs, puisse plaire à Madame de Coulanges. Il y aura encore un peu du vieil homme dans la solidité de cette partie; nous verrons. Pour moi, j'ai toujours cru que quand Madame de Coulanges comprendroit la fin de la fable de La Fontaine, que j'appliquai si follement à Paris, elle seroit toute une autre personne. Voici la fin :

. . . . . . Tous les amans,
Après avoir aimé vingt ans,
N'ont-ils pas quitté leurs maîtresses ?
Ils l'ont tous fait. S'il est ainsi,
Et que nul de leurs cris n'ait nos têtes rompues;
Si tant de belles se sont tues,
Que ne vous taisez-vous aussi ? (1)

---

(1) Parodie de la Lionne et l'Ourse, liv. X, fab. 13.

Cette folie vous fait rire. Je la crois parfaitement en cet état; c'est ce qui me donne bonne opinion d'elle.

Vous lisez les épîtres de saint Augustin, ma chère bonne, elles sont très-belles, très-agréables, et vous apprendront bien des nouvelles de ces tems-là. J'en ai lu plusieurs; mais je les relirai avec plus de plaisir que jamais, après avoir lu l'histoire de l'Eglise des six premiers siècles. Je connois très-particulièrement tous ceux à qui elles s'adressent; et Paulin, Evêque de Nole, est tout-à-fait de mes amis. Il eut de grands hauts et bas dans sa vie, et mérita et démérita l'amitié et l'estime de saint Augustin. Il vécut saintement avec sa femme étant Evêque, et vous le verrez dans ces épîtres. Il est vrai, ma bonne, que saint Augustin l'aime trop, et joue et subtilise sur l'amitié, d'une manière qui pourroit ne pas plaire, si on n'étoit ami de M. Dubois; mais ce saint avoit une si grande capacité d'aimer, qu'après avoir aimé Dieu de tout son cœur, il trouvoit encore des restes pour aimer Paulin et Aspe, et tous ceux que vous voyez. Je cacherai ce que vous me dites à mon fils; il en abuseroit, et s'il avoit la bride sur le col, il iroit trop loin; car, après tout, notre saint Evêque est une des plus brillantes lumières de l'Eglise. A propos, voilà quatre vers qu'on a mis au-dessous du portrait de M. Ar..... (1). Mon fils les a trouvés si beaux et m'a fait tant de plaisir en me les expliquant, que je vous les envoie, croyant que vous aurez quelque joie de voir qu'on rend quelquefois hommage à la vertu. Celle de Madame d'Epernon vous est obligée du bon tour que vous donnez à la fin de sa lettre. Je suis tout-à-fait de votre avis; et, de plus, c'étoit la mode d'en user ainsi, quand elle a quitté le monde. Il est honnête qu'elle n'ait pas suivi ce qui s'est passé depuis qu'elle n'y est plus (2). Ces sortes de Princesses appeloient les femmes de qualité *ma cousine*, et elles répondoient *Madame*.

Notre paquet de la ville de Vitré, tout entier, n'est point venu, et par conséquent votre lettre est à Domfront, en Normandie, car c'est celui de cette ville qui nous est

---

(1) Arnault, alors retiré à Bruxelles.

(2) Anne-Louise-Christine de Foix de la Valette d'Épernon, étoit entrée aux Carmelites, à l'âge de vingt-quatre ans, en 1648; elle y mourut en 1701.

venu, et le nôtre y est demeuré. Ce désordre arrive quelquefois. J'espère que j'en aurai demain lundi deux ensemble. Je les souhaite avec empressement ; huit jours sont bien longs sans avoir des nouvelles de ma chère Comtesse. Nous sommes aussi dans une grande ignorance de toutes les affaires publiques, et même de l'état de mon pauvre Beaulieu, dont je n'attends la mort qu'avec beaucoup de chagrin. Nous serons demain instruits de tous côtés, car M. de Rennes, qui revient de Paris, vient souper et coucher ici ; je saurai de lui bien des choses que les lettres n'apprennent point. Enfin, ma très-agréable bonne, adieu pour aujourd'hui. Je suis ravie que vous vous portiez bien de votre *purge* ; la mienne m'a fait tous les biens du monde, en me laissant comme elle m'avoit trouvée. Nous fûmes hier, jour de Saint-Jean, à Vitré, gagner ou tâcher de gagner le jubilé. Il y avoit une grande procession où je ne fus pas ; le tems m'eût manqué. J'ai souvent conté la vôtre d'Aix, au grand étonnement des écoutans, et ces diables de père en fils, et les autres folies où la sagesse du Cardinal Grimaldi avoit échouée (1). Je crains que le Pape ne soit plus libéral d'indulgences que de bulles. On m'envoya, l'autre jour, de Paris, sur le même chant, ceci :

> Aux paroles d'Ottobon
> Coulanges (2) est trop crédule,
> Je connois ce pantalon :
>    ( Il est Vénitien. )
> Et nous n'aurons qu'en chanson
> Des bulles, des bulles, des bulles.

Ne me citez point. Le singulier et le pluriel font une faute; mais elle étoit dans celle de notre cousin. Adieu encore, mon enfant,

---

(1) Voyez, dans le recueil imprimé, la lettre du 21 juin 1671, tom. I, pag. 264, édit. de 1806. Le Cardinal de Grimaldi est mort archevêque d'Aix, en 1685.

(2) M. de Coulanges avoit accompagné M. de Chaulnes, ambassadeur à Rome, qui étoit chargé de solliciter du Pape Alexandre VIII (Ottoboni) les bulles pour les Evêques, que son prédécesseur, Innocent XI, avoit refusées avec tant d'obstination. Il avoit paru, à ce sujet, une chanson de M. de Coulanges, dans laquelle se trouve ce couplet :

> Air : Des Fraises.
> Sur l'heureux choix d'Ottobon
> N'ayez point de scrupule ;
> Sous ce prélat sage et bon
> Va renaître la saison
> Des bulles, des bulles, des bulles.

je vous aime et vous embrasse, Dieu le sait, comme vous dites quelquefois. Nous embrassons tout Grignan.

Je ne sais que répondre sur Balaruc, où M. le Chevalier ne veut plus aller; si......

## LETTRE X. 983.

*A la même.*

Aux Rochers, juillet 1690.

CE fut un grand jour, ma chère bonne, pour M. de Luxembourg : quelle belle victoire (1), pleine, entière, glorieuse, qui ne pouvoit être placée plus à propos! Je suis assurée qu'encore que vous n'ayez point été en peine de notre Marquis, qui, je crois, n'étoit pas du détachement que M. de Boufflers y envoya, vous n'aurez pas laissé d'être extraordinairement émue. Pour moi, je l'étois à ne savoir à qui j'en avois; car je compris bien que notre enfant ou n'y étoit pas, ou n'étoit pas du nombre des malheureux; mais je ne saurois que vous dire. Une si grande chose, alors qu'on l'espère le moins,

---

(1) Celle de Fleurus.

voir tant de personnes affligées, songer que la guerre n'est pas encore passée, tout cela fait un composé qui fait circuler le sang plus vite qu'à l'ordinaire. J'ai senti vivement la belle et brillante action du chevalier de Pomponne. Elle vous viendra de tous côtés. Après le Marquis, il n'y avoit personne à qui je prisse tant d'intérêt, à cause de M. de Pomponne, que j'aime, comme vous savez. Vraiment les larmes me vinrent bien aux yeux, en apprenant ce que le Roi lui dit sur ce sujet. Madame de Vins, qui sait mes sentimens, m'a écrit une lettre dont je lui serai toute ma vie obligée. Je lui devois une réponse; mais sachant comme je suis sur ce nom, elle m'écrit d'une manière si aimable, que je ne puis assez l'en remercier. Sa lettre ne sent point du tout le fagot d'épines, je vous en assure; elle sent l'amitié, et n'a point été reçue aussi par un fagot d'épines. Dites-lui, ma bonne, combien j'en suis contente et reconnoissante. C'est une aimable amie et digne de vous. J'ai Madame de Saucourt (1) à la tête, la voilà sans garçons et

---

(1) Il falloit écrire Soyecourt.

avec deux gendres (1). *Ne me faites point parler.* C'est une belle chose que de ne chercher que le bien, et se défaire bien vite de ses filles. Voilà des coqs-d'Inde avec les plumes du paon. Demandez à M. le Chevalier ce que c'est que Tilloloy? C'est une maison royale. Ah! que cela siéra bien à ces Messieurs! Me voilà en colère.

On dit que Mademoiselle de Cauvisson (2) épousera son oncle, à cause des substitutions. Je n'ai rien à dire encore sur ce sujet, sinon de ne pas comprendre que

---

(1) Marie-Renée de Longueil, fille du président de Maisons, et veuve de Maximilien Antoine de Belleforière, Marquis de Soyecourt, perdit ses deux fils à la bataille de Fleurus. L'ainé, nommé le Marquis de Soyecourt, colonel du régiment de Vermandois, fut tué sur le champ de bataille; le cadet, dit le Chevalier de Soyecourt, mourut de ses blessures le surlendemain; il étoit capitaine-lieutenant des gendarmes-dauphin. Il ne restoit plus à Madame de Soyecourt que deux filles qu'elle avoit mariées en 1682; l'ainée à M. de Seiglière de Bois-Franc, maître des requêtes de l'hôtel, et la seconde au Marquis de la Chenelaye. La première, après la mort de ses deux frères, prit le nom de Marquise de Belleforière

(2) Il falloit écrire Calvisson. Gabrielle-Thérèse de Louet, fille du Marquis de Calvisson, épousa, le 12 octobre 1690, avec dispense du Pape, le Comte de Calvis-

Madame de Cauvisson (1) ne se casse pas la tête contre les murailles, en me souvenant comme elle est sur la chose la plus commune de la vie. Je ne sais, ma bonne, si vous ne vous moquez point de moi, de vous envoyer ces détails, que notre Troche m'écrit et qu'elle prend en très-bon lieu. Il y a des gens qui les méprisent; pour moi, comme je les aime fort, je hasarde de vous plaire ou de vous ennuyer. Mais non, car vous n'aurez qu'à les jeter, s'ils vous ennuient. La mort de Villarceaux vous fera pitié, et la consolation de Madame de Polignac à sa compagne vous fera rire, et vous reconnoîtrez aisément cette vivante qui se veut divertir *un petit brin*, pendant qu'elle est jeune (2). Vous verrez ce que dit S. M. On

---

son, son oncle; Mademoiselle de Calvisson n'avoit qu'un frère, Louis de Louet, dit le Marquis de Nogaret, capitaine de cavalerie, qui fut tué à Fleurus. Il avoit épousé, l'année précédente, la fille du Marquis de Biron.

(1) Mère du Marquis de Nogaret, tué à Fleurus. Il ne lui restoit plus que des filles.

(2) Jacqueline de Beauvoir de Grimoard, fille du Comte du Roure, troisième femme du Vicomte de Polignac. Elle avoit été impliquée dans le procès de la Voisin, et mourut en 1721.

sait les grandes choses et l'on ignore les petites ; en voilà à choisir.

« Ce que vous me mandez, que ces galères sont devenues des sirènes, c'est-à-dire des chimères, comme dans Virgile, m'a fait plaisir. Je vous envoie le petit Bigorre (1), pour le plaisir des heureux augures. Vous y verrez toutes ces vues qui commencent à se démêler, et il m'entraîne à espérer que *Rome, Savoie et la mer*, se termineront selon nos désirs. Cette Savoie me tient bien au cœur, par rapport à vous et à votre époux.

Ma très-chère bonne, je crois que votre enfant a besoin de ce qu'il vous demande, la difficulté c'est de le lui pouvoir donner. Votre état est une mer où je m'abîme, et qui me fait peur pour votre santé. Quand j'y compare mes affaires réduites au petit pied, je crois regarder par un microscope, je me crois riche, et ne songe plus à moi. Vous me soulagez bien l'esprit en me disant vos pensées pour Pauline, en cas que vous alliez à Paris : ce sont précisément celles que

---

(1) Le petit bulletin des nouvelles politiques, que l'abbé Bigorre lui adressoit de Paris, et qu'elle envoyoit à Grignan.

j'avois, et je n'osois vous les dire; je voulois que les vôtres parussent les premières. Toutes vos raisons sont admirables, ma bonne, c'étoient celles qui m'étoient venues; n'en changez point : aimez cette petite créature, rendez-la digne de votre tendresse, vous en serez toujours la maîtresse, elle ne sera point difficile à gouverner. J'ajoute à toutes vos raisons la liberté que vous aurez encore de me la donner de certains jours que vous n'en aurez point affaire. Elle ne sera point en mauvaise compagnie, et je ne vous serai peut-être pas tout-à-fait inutile, pour faire que jamais vous ne puissiez vous repentir de l'avoir amenée. Je ne sais si je me brouillerai avec elle, par ce conseil que je vous donne. Voilà une affaire vidée, il n'est plus question que d'aller à Paris; ce sera, ma bonne, selon que votre requête civile sera jugée. Nous sommes d'accord de nos faits sur cet article. Nous n'avons plus rien à dire. Madame de la Fayette me mande que je n'ai qu'à songer à graisser mes bottes; que, passé le mois de septembre, elle ne me donne pas un moment. Sur cela je *mange des pois chauds*, dans ma réponse, comme disoit M. de la Rochefoucault, et je n'en ferai pas moins tout ce que je vous ai dit, ma chère bonne, mais il faut se taire jusqu'à ce qu'il soit tems de parler.

J'approuve et j'honore les bouts rimés des auteurs d'Aix; mais ce sont des sonnets, c'est un opéra pour moi. Ces rimes me font peur. Je ne suis point animée par vos ouvrages, à tous, ni par Rochecourbière et M. Gaillard, que j'aime aussi. Je pense que j'en demeurerai à la simple approbation; quand ce ne seroit que pour faire voir à Pauline, qu'il y a des choses où mon esprit ne prend pas.

Vous parlez tous, comme bien des gens, des succès de nos armées navales et des *combats navaux*, c'est quasi toujours le vent qui les décide : autant en emporte le vent. Je vous ai dit que, depuis la bataille d'Actium, jamais aucune affaire n'avoit été décidée par cette manière de combattre; mais ce fut une belle décision que celle-là (1). Notre flotte est dans la Manche. Nous attendons ce que Dieu nous garde de ce côté-là. Toutes ces galères, qui ont fait partir M. de Grignan,

---

(1) *Voyez* la lettre du 31 août 1689, tom. VII, pag. 238, édition de 1806.

sont devenues à rien. Il falloit que M. de Janson chaussât mieux ses lunettes. Adieu, ma chère et mon aimable bonne, je vous aime, je vous embrasse, je vous souhaite de la force, du courage, de la santé pour soutenir votre vie. Je pense à vous mille et mille fois, mais toujours inutilement, c'est ce qui m'afflige. N'êtes-vous point trop bonne d'avoir écrit à Mademoiselle de Méry? Mon Dieu! je lui ai écrit aussi. Que deviendra tout cela? Elle fera de grands cris, et vous trouvera trop généreuse, comme vous l'êtes en effet, et moi bien vilaine, bien crasseuse, bien infâme; enfin, ma mignonne, nous verrons sa réponse. Nous parlerons de vos quittances à la première vue. Vous êtes estimable en tout et partout.

*Mons. de Sévigné prend la plume.*

Vous me demandez mon avis, ma petite sœur; le voici : Il faut des autels pour ma divinité (1), mais il ne faut pas envoyer ma divinité au service des autels, pendant que vous serez à Paris. Toutes vos raisons pour

---

(1) Pauline, fille de Madame de Grignan. Il étoit question de la mettre au couvent pendant le séjour que sa mère devoit faire à Paris.

l'amener avec vous sont décisives, et les autres ne me paroissent pas mériter que vous y fassiez seulement attention. Je suis bien assuré que vous ne me voudrez point de mal de décider comme je fais; et si je suis mal avec vous, je m'en prendrai à d'autres choses qu'à cette décision. Vos entrailles auront été bien émues en entendant parler de tant de morts, et en apprenant que l'armée de M. de Boufflers avoit joint celle de M. de Luxembourg. Cependant votre Marquis n'étoit point au combat, et j'en suis ravi; il me semble qu'il étoit funeste aux jeunes gens de conséquence, et je serois bien fâché de vous voir figurer avec Madame de Saucourt et Madame de Cauvisson. Je laisse ici deux Dames qui sont moins affligées que celles-là, mais qui m'assurent qu'elles le sont. Je n'oserois vous en dire la raison, car, ma foi, elle n'en vaut pas la peine. Je vous dirois bien, moi, pourquoi je suis triste de mon côté, et vous le comprendriez plus aisément. Adieu, ma petite sœur, je salue tout ce qui est autour de vous, et continue toujours d'adorer la déesse Pauline.

*Madame de Sévigné reprend la plume.*

Il s'en va, l'infidèle! J'ai vu, ma bonne,

que j'étois comme vous; je me moquois de Copenhague et des gazettes; mais la campagne et l'intérêt qu'on prend aux affaires générales, fait changer d'avis. Je les lis toutes avec empressement, et vous aime de même. Mille amitiés sincères à vos chers consolateurs. N'écrivez-vous pas à Madame de Meckelbourg (1) et à M. de Pomponne, et M. de Grignan avec vous?

Nous trouvons les deux sonnets fort jolis, et si beaux, que nous en serions effrayés. Nous donnons à M. de Grignan le plus parfait, qui commence par

La base veut monter au rang de la corniche.

et finit par

Juste ciel!

---

(1) Élisabeth-Angélique de Montmorency, qui avoit épousé en premières noces Gaspard de Coligny, Duc de Châtillon, et en secondes noces Christian-Louis, Duc de Meckelbourg. Elle étoit sœur du Maréchal de Luxembourg.

# ÉCRIT DE M<sup>me</sup> DE SÉVIGNÉ. (1)

M. de Cambrai soutient très-bien les intérêts de Dieu; M. de Meaux soutient vivement ceux de la religion, il doit gagner son procès à Rome.

La grande question est donc de savoir la vraie définition des *cinq amours* de M. de Cambrai; c'est un pur amour. *L'oraison passive consiste dans l'exercice de ce pur amour :* tous les chrétiens ne sont pas appelés à cet état, *donc tous les chrétiens ne sont pas appelés à la perfection chrétienne,* qui consiste dans le pur amour, tel que le définit l'Ecole, ce qui est contre le précepte, « Tu aimeras Dieu de tout ton cœur, de toute ton âme, de toutes tes forces. »

M. de Cambrai dit : Tous sont appelés à la perfection; mais ils ne sont pas tous appelés aux mêmes exercices et aux mêmes pratiques particulières. Cette réponse ne paroît pas assez forte. Il a dit : Tous les

---

(1) Il est d'autant moins raisonnable d'attribuer cette pièce à Madame de Sévigné, qu'elle étoit morte quand les différends entre MM. de Fénélon et Bossuet éclatèrent.

chrétiens sont appelés à la perfection de l'amour de Dieu, peu y parviennent; on n'en doit exiger la pratique que quand les âmes y sont disposées. On trouve de la contradiction dans cette réponse, parce qu'il a dit, dans son avertissement, qu'il ne faut pas même nommer le pur amour, qu'il n'en faut jamais parler que quand Dieu commence à ouvrir les cœurs à cette parole; qu'il ne faut pas exciter la curiosité sur cette matière; qu'il n'en parle que parce qu'on y est forcé.

M. de Meaux conclut : Donc ce n'est pas le pur amour ordonné, commandé à tout chrétien; il ne faudroit pas en faire un mystère, il n'en faut pas *réprimer la curiosité*, ni la regarder comme une *occasion de scandale et de trouble*; ainsi, quand on met l'*oraison passive* dans le pur amour, où consiste la perfection proposée à tout chrétien, on est contraint de dire que tout chrétien n'est pas appelé.

Je crois que c'est conclure du particulier au général, et il me semble qu'on peut dire: Tous sont appelés *au pur amour*; tous ne sont pas appelés par la voie de l'oraison passive; elle consiste dans le pur amour, mais ce pur amour peut être sans elle.

Grand embarras sur l'amour de nous-mêmes, et l'intérêt propre, si ce terme est pris pour l'avantage surnaturel qui nous revient de l'espérance. En ôtant l'intérêt propre, on retranche une vertu théologale; ce qui est hérétique.

Si l'intérêt propre veut dire un amour naturel et délibéré, il sera vrai qu'il sera motif et principe des actes surnaturels, et un moyen de se détacher de la créature et de s'attacher au créateur; ce qui est un vrai *pélagianisme*. Selon M. de Meaux, il n'y a pas d'objet plus réel, plus solide, plus palpable à l'esprit, que l'Etre parfait, seul existant par lui seul, auteur de toute substance, de tout mouvement, immense, éternel. Il n'y a point de connoissance plus évidente et plus certaine que celle de nos propres sentimens; ils sont vrais, incontestables. Rien ne peut nous faire révoquer en doute que nous sentons; si c'est l'amour, nous savons que notre volonté nous porte vers son objet, nous unit à lui, nous fait regarder comme ne faisant qu'un tout avec lui, dont nous ne sommes qu'un atome. Si ces deux propositions sont vraies, il n'y a point de dispute moins subtile que celle de

M. de Cambrai et de M. de Meaux. J'appelle subtil un sujet douteux, captieux, qui n'a pour base qu'une vraisemblance au lieu d'une vérité constante. C'est argumenter par des principes plus obscurs que l'obscurité qu'on veut éclaircir, et chercher la lumière avec les ténèbres. Ce caractère de subtilité est celui de toutes les controverses; l'un des partis dit blanc, l'autre dit noir : ils font des multitudes d'écrits, ils raisonnent juste ou non, selon la bonté de leur esprit; mais au fond, quel est le fruit de la dispute, quel est le plaisir de celui qui écoute, si, pour sujet et pour principe, vous avez une opinion probable au lieu d'une vérité incontestable; un préjugé, une prévention, l'opinion des autres, au lieu de votre propre connoissance, de votre propre sentiment, conscience, conviction intérieure? Quelle erreur de soutenir que cette fameuse controverse de M. Claude et de M. Arnaud soit plus intelligible que celle de M. de Cambrai et de M. de Meaux ! Il est aisé d'en voir la différence sur ce que je viens d'établir, et il doit demeurer pour constant que cette dernière dispute est la plus solide et la plus intelligible de toutes les disputes, celle qui est la plus à portée de l'esprit et du cœur humain, dont il est juge naturel, qui l'intéresse le plus : il y est question de ce qu'il sait faire essentiellement. Connoître, aimer Dieu, c'est là tout l'homme, c'est son essence et sa fin, son action naturelle et nécessaire. Il est vrai qu'il y a des degrés de connoissances et des degrés d'amour; mais si ce grand objet étoit souvent médité, il seroit plus connu et par conséquent plus aimé, et nous remplirions mieux les fonctions auxquelles nous sommes destinés, et nous conserverions la dignité de notre être; nous n'en perdrions pas une partie en nous avilissant dans une attache honteuse au néant de nous-mêmes. C'est le mélange d'amour de nous-mêmes, plus ou moins fort, qui fait la différence des cinq amours de M. de Cambrai; et quelle est la difficulté d'entendre le plus ou le moins, quand on entend une fois Dieu, amour, néant? Ces trois noms nous sont connus : la définition des deux premiers est faite; le néant, qui n'a point de propriété, n'a point de définition.

## NOTE SUR CET ÉCRIT.

Le siècle de Louis XIV mettoit aux idées et aux opinions religieuses une importance qui s'est extrêmement affoiblie dans le dix-huitième. Les longues disputes des protestans et des catholiques, les guerres qu'elles avoient allumées, les massacres qui en avoient été l'horrible suite, avoient malheureusement accoutumé les esprits à s'occuper de questions théologiques. Des hommes d'un grand talent, Pascal, Arnaud, combattoient les jésuites, et trouvoient une foule de lecteurs ; Bossuet et Fénélon, en différant d'opinions, étoient certains de créer deux partis, que la seule modération de ce dernier pouvoit empêcher de prendre de la consistance. Les meilleures têtes n'étoient point à l'abri de ces influences théologiques. On les reconnoît dans ces subtilités métaphysiques dont Madame de Sévigné offre un exemple remarquable dans ce petit écrit, et dont on aperçoit les traces jusque dans les sentimens alambiqués des romans de cette époque.

Petite-fille d'une sainte fraîchement canonisée, son éducation de famille et ses habitudes d'enfance avoient dû être dévotes ; mais son esprit, son goût pour le monde, son caractère doux et tendre, l'avoient facilement conduite à s'abandonner à la Providence. Cette pensée, comme elle le dit, la tiroit d'affaire, lui faisoit voir clair dans la vie, sans prétendre y expliquer tant de choses inexplicables pour nous, qui ne voyons pas le dessous des cartes. Ce dogme de la Providence lui permettant de n'être ni crédule, ni incrédule, son jugement en devint plus sain, sa raison plus franche et douée du tact le plus heureux et le plus fin; elle put mieux juger les opinions des partis, quand elle n'en épousoit aucun. C'est ce qu'elle a fait avec autant de justesse que de profondeur, lorsqu'elle a dit, à propos de la dispute sur le Quiétisme et sur le livre des Maximes des Saints :

« M. de Cambrai soutient très-bien les intérêts
« de Dieu; M. de Meaux soutient vivement ceux
« de la religion, il doit gagner son procès à
« Rome. »

Ce qu'elle prévoyoit avec tant de sagacité, arriva. Innocent XII condamna les Maximes des Saints, quoiqu'il fût scandalisé de la chaleur avec laquelle les adversaires de Fénélon le poursuivoient, et qu'il écrivît à quelques prélats :

*Peccavit excessu amoris divini, sed vos peccastis defectu amoris proximi.*

Un poëte du tems avoit d'avance lancé une épigramme qu'on eût pu prendre pour le pronostic de la sentence du Pape :

Dans ces fameux débats, où deux prélats de France
    Semblent chercher la vérité,
        L'un dit qu'on détruit l'espérance;
        L'autre, que c'est la charité.
C'est la foi qui périt, et personne n'y pense.

Rome y pensoit; et comme la foi seule fait sa force et sa fortune, il n'étoit pas à craindre qu'elle l'oubliât, en faveur de l'espérance et de la charité.

Le Journal de l'Empire, du 1$^{er}$ juillet 1811, a gourmandé Grouvelle d'avoir voulu faire une philosophe de Madame de Sévigné, et fort applaudi l'abbé Vauxelles de l'avoir présentée comme une vraie croyante. L'éloge ici ne semble pas plus mérité que le blâme; et ceux qui liront attentivement Madame de Sévigné, pourront la trouver d'une tiédeur, d'une indifférence, dont le journal ne s'accommoderoit pas mieux que de la philosophie. S'informe-t-on, lorsqu'on lit les lettres à Atticus, si Cicéron croyoit aux augures? Que nous importe de savoir quel a été le degré de la foi de Madame de Sévigné? Ne doit-il pas nous suffire d'être certains qu'elle a été une femme très-aimable, très-vertueuse, une tendre mère, et qu'elle nous a fait le présent inestimable de ses Lettres, qui ont surpassé celles que, toute sainte qu'elle étoit, sa grand'mère a pu nous laisser?

# LETTRES
## INÉDITES
## DE DIVERSES PERSONNES.

## LETTRE PREMIÈRE.
*Madame de Maintenon au Duc de Richelieu.*

A Marly, ce 1.er mai 1690.

Il est vrai, Monsieur, que Sa Sainteté m'a honorée d'un bref qu'on dit être fort obligeant ; mais je n'en vaux pas mieux pour cela, et tous ces honneurs ne sont qu'une suite de celui que le Roi me fait. Je prie Dieu de me faire voir aussi clair sur tout le reste, qu'il me semble que j'y vois clair là-dessus. J'espère que les affaires se tourneront comme vous le souhaitez, et comme vous ne doutez pas que je ne le désire de tout mon cœur. Vous aurez appris la mort de Madame la Dauphine : il y a long-tems qu'on s'y préparoit, cependant on ne croyoit pas qu'elle arrivât sitôt ; et Dieu veuille qu'elle-même n'en ait pas été surprise ! Elle a montré de la piété et du courage. Le Roi la vit expirer après avoir été une heure à prier aux pieds de son lit. Vous aurez su la pension qu'il a donnée à Bissola. On parle déjà de marier Monseigneur, qui a été plus touché qu'il n'a su le montrer. Adieu, M. le Duc, le monde passe et nous passerons à notre tour. Le bon parti est d'y penser, vous le savez mieux que personne, et je ne sais là-dessus que ce que vous m'avez appris. Je n'oublie point ces heureux tems, et je conserverai toute ma vie, pour vous, l'estime, la tendresse et le goût que j'ai toujours eus. Vous m'écrivez avec une cérémonie très-désobligeante.

## LETTRE II. 1101.

*Madame la Comtesse de Grignan à Madame la Comtesse de Guitaut.*

Marseille, ce 20 février 1705.

JE n'ai reçu qu'aujourd'hui, Madame, la lettre que vous m'avez fait l'honneur de m'écrire le 1er. décembre. Je vous rends mille très-humbles grâces de vos sentimens sur mon malheur \*. Un cœur comme le vôtre, Madame, comprend aisément l'état déplorable où je suis, et ne sauroit lui refuser sa compassion. Il est vrai, Madame, que les seules réflexions chrétiennes peuvent soutenir en ces dures occasions; mais que je suis loin de trouver en moi un secours si désirable! Je ne sais penser et sentir que très-humainement, et pleurer et regretter ce que j'ai perdu. Je suis, Madame, tout à vous, et, plus que personne du monde, votre très-humble et très-obéissante servante.

M. de Grignan vous rend mille très-humbles grâces, Madame.

---

## LETTRE III. 1087.

*La même à la même.*

Ce 9 octobre 1697.

L'on ne sauroit apprendre, sans frémir, la perte que vous avez faite, Madame; elle est accompagnée de si cruelles circonstances, qu'il n'est pas besoin d'être à vous

---

\* La mort du Marquis de Grignan, **son fils.**

autant que j'y suis, pour en sentir toute l'amertume. Je voudrois que mes sentimens pussent affoiblir les vôtres, mais c'est un bien que l'on ne sauroit faire, quoique l'on partage bien sincèrement la douleur des personnes que l'on honore. C'est en vous-même, Madame, que vous trouverez vos secours et votre force, par l'acquisition que vous avez faite, depuis long-tems, de beaucoup de soumission et de vertu. Je vous honore et vous admire plus que personne; et je suis, Madame, avec beaucoup de vérité, votre très-humble et très-obéissante servante.

## LETTRE IV. 1086.

*La même à la même.*

Juillet 1697.

M. de Grignan va vous rendre ses devoirs. Je vous aurois rendu les miens, Madame, s'il ne me laissoit pour garder à vue M. le Chevalier de Grignan qui est si malade, qu'on ne comprend point qu'il soit en chemin en cet état. C'est une merveille que nous ne demeurons pas à chaque hôtellerie.

Il ne nous en a coûté que deux jours de séjour à Auxerre; mais il m'en coûte aujourd'hui, Madame, d'être privée de l'honneur de vous voir, et c'est une grande augmentation au chagrin qui m'accompagne dans tout ce voyage. J'aurois été ravie de vous renouveler l'idée d'une personne qui vous honore parfaitement, de jouir un moment de votre aimable conversation, de voir votre jolie famille et votre beau château. Plaignez-moi, je vous supplie, Madame, de perdre tant de biens, et sachez-moi quelque gré de le sentir vivement. Je suis, Madame, plus parfaitement que je ne puis vous le dire, votre très-humble et très-obéissante servante.

## LETTRE V. 1079.

*La même à la même.*

29 mai 1696.

Puisque je suis assez malheureuse pour avoir quelques affaires en Bourgogne, il me semble, Madame, que mes premiers devoirs vous appartiennent, et que je ne puis envoyer en ce pays-là, sans commencer par vous assurer que vous trouverez en moi, dans toute occasion, les sentimens d'estime et de considération que vous méritez à tant de titres. Je me laisserois conduire par les exemples que l'on m'a donnés là-dessus, quand je ne connoîtrois pas par moi-même tout ce que vous valez; mais j'en suis si parfaitement instruite de toute manière, qu'il ne manque rien à mes lumières pour vous honorer plus que personne du monde. Je ne crois point cette vérité difficile à vous persuader. Vous ne doutez point aussi, Madame, que je ne sois très-sincèrement votre très-humble et très-obéissante servante.

## LETTRE VI. 1083.

*La même à la même.*

Ce 13 août 1696.

JE sais, Madame, l'estime et l'amitié réciproque qui étoit depuis long-tems entre vous et la personne que je pleure; je sais aussi qu'un cœur comme le vôtre connoît le prix d'une amie d'un rare mérite, et qu'une perte si irréparable est digne de ses larmes et de ses regrets. Ainsi, Madame, je sens toute la part que vous avez dans mon malheur, par toutes ces circonstances, et je sens aussi avec beaucoup de reconnoissance l'intérêt que vous avez la bonté d'y prendre par rapport à ma vive douleur. Vous êtes si instruite de toutes les raisons qui la rendent juste et ineffaçable, vous savez si bien tous les différens caractères, toues les différentes perfections qui me rendoient précieuse et chère cette personne incomparable, que vous devez comprendre et approuver la mortelle affliction que j'éprouve d'une si cruelle privation. Quel besoin n'aurois-je pas, Madame, d'un courage et d'une vertu comme les vôtres pour soutenir un si grand mal et pour en faire un usage utile ! C'est ce qui ne m'est pas donné ; je suis livrée à la misère d'une grande foiblesse. Je vous rends mille très-humbles grâces de me donner tout le secours qui vous est possible, par les marques de l'honneur de votre amitié ; je vous en demande la continuation, et de me croire, plus que personne, votre très-humble et très-obéissante servante.

## LETTRE VII. 291.
### M. le Comte de Grignan à M. le Comte de Guitaut.

Grignan, 14 octobre 1674.

J'ai reçu votre lettre du 6, où vous me mandez ce que vous avez dit à M. de Tholon sur l'affaire de Baricaux et de Saint-Remy; mais trouvez bon que je vous dise que si vous ne lui parlez pas franchement, cela nous fera un embarras : vous savez comme je vous en ai parlé; ces Messieurs me veulent faire un plan sur cela, parce qu'ils voient bien qu'ils ne sauroient avoir contentement; je leur permets encore une fois de faire sur ces deux affaires-là tout ce qu'ils trouveront bon, je n'en serai point fâché contre eux. Mais, entre vous et moi, je ne veux point que M. de Tholon, ni aucun de ces Messieurs, se mêlent de l'accommodement de ces deux communautés, ce n'est point leur affaire; je n'y toucherai point qu'après l'assemblée, car je suis déterminé à voir, avant tout autre chose, de la manière dont ils en useront avec moi pendant l'assemblée, M. de Tholon est persuadé qu'il ne peut, en conscience, s'empêcher de faire son opposition. Je suis persuadé du contraire, et qu'il pourroit agir comme les trois premières années. Ces Messieurs veulent un accommodement avec moi, à condition qu'ils ne feront pas un pas de leur côté, et que du mien je ferai toutes les avances; ils s'opposent à la seule affaire que j'aie dans la province : ils sont les maîtres de la maison de ville d'Aix; ils souhaitent que dans l'accommodement de Baricaux et de Saint-Remy, dont je suis le maître, je me relâche en faveur de leurs amis. Qu'est-ce qu'ils me donnent? Rien. Voyez-vous, mon cher Monsieur, je vous parle comme à M. de Guitaut, mon ami, et vous prie que ceci soit entre nous. L'affaire de mes gardes est une affaire d'honneur; si je la perds, ces Messieurs doivent compter que je ne saurai jamais revenir pour eux. Ce n'est point les cent mille francs qui me tiennent au cœur, comme vous pouvez croire, car je les rendrai à la province dans le moment, pourvu qu'il paroisse que j'en ai été absolument le maître. Je serai encore ici jusqu'à la Toussaint. Mes complimens, s'il vous plaît, à M. le Marquis de Janson.

Je suis tout à vous.

## LETTRE VIII. 292.

*Le même au même.*

Lambesc, 22 novembre 1674.

Le sieur de Tripolis, qui vous rendra cette lettre, est celui qui remplit la place de ce pauvre Dubreuil. Vous voulez bien, Monsieur, que je vous le présente et que je vous supplie de le regarder comme un homme que j'aime fort. J'ose espérer que cette raison ne le brouillera pas avec vous. Je crois que vous avez vu M. de Janson, qui apparemment vous a conté tout ce qui s'est passé ici et à Aix. Je suis fâché que l'on n'ait pu convenir des choses qui pourroient rétablir l'union dans la ville d'Aix. Je puis vous assurer que celle que je prétends être entre MM. de Marseille, de Janson et moi, n'est point altérée. Lorsque vous souhaiterez une narration de moi, vous me le ferez savoir, je vous l'enverrai ample et sincère. Nous partons dans deux jours pour retourner à Aix ; l'assemblée finit demain. Ne vous verrons-nous point cet hiver ? Je le souhaite fort et suis absolument à vous.

Je suis très-obéissant serviteur de Madame de Guitaut.

## LETTRE IX.

### M. de Coulanges à Madame la Marquise d'Huxelles (1).

A Tournus, samedi au soir, 1ᵉʳ août 1705.

Je ne doute point que le fidèle M. Gallois ne vous ait rendu compte de la diligence que je fis, il y eut précisément hier huit jours, pour avoir l'honneur de vous voir. Ainsi, Madame, vous n'avez point de reproches à me faire sur le secret de mon voyage, que j'avois dessein de vous communiquer, si j'eusse été assez heureux pour vous trouver chez vous; mais les dieux ne l'ayant point permis, je ne puis, ce me semble, mieux faire que de vous offrir mes services en ce pays-ci, et que de vous dire que je suis à la joie de mon cœur auprès d'un grand Cardinal (2), auquel je

---

(1) Femme très-aimable, maîtresse du Marquis de Louvois, qui éleva rapidement son fils aux premiers grades militaires.

(2) Le Cardinal de Bouillon.

voudrois bien donner des marques plus solides de la fidélité de mes sentimens sur tout ce qui le regarde, et de ma très-tendre amitié, si j'ose parler de la sorte, que de m'embarquer courageusement, comme j'ai fait, moi huitième, dans un carrosse de diligence, par une chaleur excessive, une poudre insupportable et des cahots qui peuvent être de votre connoissance, et qui mettent dans un mouvement fort éloigné encore d'apporter quelque rafraîchissement : mais, en vérité, Madame, me voici bien récompensé de toutes mes peines, et je ne pouvois mieux, ce me semble, employer la parfaite santé et le regain de jeunesse dont je fais profession, et que je pousserai le plus loin qu'il me sera possible. Ma destinée présentement est entre les mains de M. le Cardinal, qui me veut faire voir plus d'une solitude qu'il habite en ces pays-ci, selon les saisons, et qui, pour mon retour à Paris, me jetant du côté de la rivière de Loire, m'a fait prendre la précaution de ne point passer par Châlons, sans aller un moment rendre mes respects à Catherine de Beaufremont. Je m'acquittai donc de ce devoir jeudi matin, et je trouvai, par vos soins, Madame, une chapelle magnifique ; le tombeau que vous avez fait élever à feu M. le Marquis d'Huxelles (1) est d'un très-bon air, et très-bien exécuté, le dessin très-beau, les figures très-proprement taillées, et les inscriptions sur les marbres très à propos et très-bien gravées. Je pris d'autant plus de plaisir à les lire, que je connus par elles, que Marie de Bailleul (2) n'avoit fait toute cette dépense que parce qu'elle avoit été mariée dans la maison d'Huxelles, et point du tout pour être enterrée dans cette chapelle ; ce qui me fut d'une très-grande consolation. Comme je n'ai pas manqué, Madame, de me bien vanter ici de l'honneur de votre amitié, M. le Cardinal a été tout le premier à m'en estimer davantage ; et sur cela, combien m'a-t-il demandé de vos nouvelles, et m'a-t-il chargé de vous faire des complimens de sa part. Je l'ai trouvé en parfaite santé, et si fort au-dessus des malheurs qui lui sont arrivés (3), qu'il ne veut pas seulement qu'on lui en parle. Il est tranquille, il se repose sur sa bonne conscience,

---

(1) Son mari.
(2) C'étoit le nom de Madame d'Huxelles.
(3) Sa disgrâce à la Cour.

et il ne veut de moi que des propos qui le puissent divertir. Il a ici une couvée de Montrevel qu'il aime fort, et dont il s'accommode à merveille. Il m'a déjà fait boire et chanter avec l'abbé, et j'aurois été présenté à ses sœurs, si elles n'étoient point malades. Il a encore l'abbé Bouchu ; enfin, Tournus n'est pas sans quelque sorte de compagnie. Voilà, Madame, tout ce que je vous puis dire, après avoir pris la liberté de vous informer aussi amplement de mes nouvelles, j'espère que vous me ferez l'honneur de me donner des vôtres, et de me confirmer que vous êtes très-persuadée que je sais vous honorer comme vous le méritez, et que je suis toujours plus que personne du monde, avec beaucoup de respect, votre très-humble et très-obéissant serviteur.

## LETTRE X.

*Le même à la même.*

A Paris, 26 août 1705.

J'AI reçu, Madame, sur les bords de la dormante Saône, la première lettre que vous m'avez fait l'honneur de m'écrire, dont mon amour-propre n'a pas été peu satisfait ; car, quel plaisir de faire voir adroitement en province, qu'on est connu de certaines personnes de mérite et de considération, et que par elles-mêmes on en a quelquefois des nouvelles. Jugez donc combien je me suis paré de votre lettre, Madame, dans une province principalement où vous avez brillé si long-tems : j'en ai fait part, comme de raison, à notre grand Cardinal tout des premiers, qui m'a paru très-touché de votre souvenir, et qui répond aussi agréablement que vous le pouvez désirer à tous vos complimens, et à tous les bons et tendres sentimens dont vous les assaisonnez, fondés sur une aussi ancienne connoissance : votre lettre ensuite, comme vous pouvez bien le croire encore, n'a point été lettre close pour toute cette couvée de Montrevel. Elle a été très-aise de s'y voir solennisée avec autant d'amitié et de bonne souvenance de la bonne chère que vous dites avoir faite autrefois à Lugny, aussi bien que du baptême du Chevalier (1), dont vous avez la bonté de vous tenir toujours pour marraine ; enfin, j'ai fait très-honorable com-

---

(1) De Montrevel.

mémoration de vous partout, Madame, et j'ai la satisfaction même de l'avoir faite le verre à la main; car, outre que votre santé m'est très-précieuse, vous ne sauriez croire encore combien on est aise d'y boire la vôtre, avec les meilleurs vins et les plus sains de Bourgogne. Mais n'est-il pas tems, pour vous obéir, comme vous me paroissez du goût de feue votre pauvre amie, Madame de Sévigné, qui vouloit des détails, et qui les baptisoit du nom de style d'amitié, que je vous dise, qu'après avoir passé quinze jours entiers à Tournus à bien discourir, à faire bonne et grande chère, et à me promener dans les prairies sur le bord de la rivière, quand le tems, qui a toujours été d'une chaleur extraordinaire, nous le vouloit bien permettre, notre grand Cardinal a pris la résolution de se mettre en marche pour son château de Parai, dit le Monial, qu'il habite volontiers en cette saison, et que pour cela nous nous mîmes en campagne par un mercredi matin, 19 de ce mois. Comme il ne vouloit ce jour-là qu'aller à Cormatin, et qu'il trouvoit à propos que je visse l'abbaye de la Ferté, par sa bonté ordinaire, et par une attention dont je suis confus la plupart du tems, il m'y envoya, dès le matin, dans un bon carrosse à six chevaux, moi quatrième, dont l'abbé de Montrevel, comme de raison, occupa la première place. Après avoir donc trotté par des prairies que la saison rend très-trottables, nous y arrivâmes très-commodément sur les neuf heures, et je ne fus pas peu surpris de voir de tels bâtimens, et une église ornée de tant de statues et de bas-reliefs, qui auroient même leur mérite en Italie. La situation me parut même admirable; je donnai tout le tems qui convenoit à l'admiration d'une maison aussi magnifique, et aux louanges dues au bon vieil abbé de 85 ans, qui, en vingt-un ans, a eu le courage de mettre à bonne fin une telle entreprise. Il ne tint pas à lui qu'il ne nous donnât un très-bon déjeuner; mais nous avions un ordre exprès de porter tout notre appétit à Cormatin, où nous devions rejoindre M. le Cardinal; et pour y en porter davantage, la compagnie avec qui j'étois voulut bien consentir encore à un petit détour, pour aller voir le pélerinage de Notre-Dame-de-Grâce, dont j'étois bien aise de rendre compte à Madame de Louvois. J'eus donc, dans cette marche, la satisfaction de passer sur ses terres, de saluer les poteaux chargés de ses armes, et après avoir jeté l'œil à Savigni sur un assez vilain château, sur un haut, que je ne lui conseille point du tout de faire rebâtir, de trouver dans le bas cette chapelle dont elle m'a parlé tant de fois, bâtie par les anciens Mandelots ses ancêtres : mais quelle pauvreté règne dans cette chapelle! j'en fus honteux pour l'héritière de Souvré et de Mandelot, veuve d'un des plus grands et des plus riches ministres que nous ayons eus (1), et si bien que j'ai pris la liberté de lui en écrire deux mots, à telle fin que de raison. Après avoir cependant révéré ce saint lieu, comme s'il avoit été plus richement orné, vu de près et baisé respectueusement cette miraculeuse image de la Vierge, et en avoir appris toute l'histoire de la vieille bouche d'un fort vieux cordelier, nous prîmes enfin le chemin de Cormatin, guidés par le château d'Huxelles : mais quel beau château que celui de Cormatin, Madame! vous ne m'en aviez jamais parlé. Quoi! trois grands corps de logis et quatre gros pavillons avec des tours en cul-

---

(1) Madame de Louvois.

de-lampe, qui m'ont paru des chefs-d'œuvre. Quelque faim que j'eusse, je me mis à parcourir tout ce beau château, pendant que notre grand Cardinal, en nous attendant, s'étoit mis, entre deux draps, dans un très-bon et beau lit dans votre appartement. A qui en avez-vous, Madame, de croire que Cormatin soit fort dégradé, pour n'y avoir pas un lit avec des perles, et quelques tapisseries portées à Strasbourg (1), dont la renommée m'a entretenu. Je vous assure qu'il est fort bien meublé, et si M. le Maréchal d'Huxelles n'a pas le goût de ses pères pour mettre la dernière main à ce château, du moins en a-t-il fait paroître un, que j'estime fort, qui est d'avoir rehaussé tous ses lits, et de leur avoir donné tout le bon air du tems présent. Je fus en particulier très-content de celui où je couche, d'un damas rouge, ce me semble, avec des compartimens de broderie, dans une belle chambre au-delà de la chapelle, ornée de lambris avec des chiffres

---

(1) Où le Maréchal d'Huxelles, fils de la Marquise, résidoit en qualité de commandant d'Alsace. Elle avoit eu la satisfaction de le voir parvenir au grade de Maréchal de France en 1703.

de du Blé (1) et de Phelipeaux, et, je crois, le portrait de Jacques, votre beau-père, sur la cheminée. Jamais encore je ne couchai dans un meilleur lit, dans des draps mieux conditionnés; et la tapisserie de cette chambre, qui est de Bucherons, me parut des meilleures. On peut encore arriver présentement dans cette chambre par une grande salle nouvellement lambrissée d'un très bon air, qui fait foi des soins de M. le Maréchal, aussi bien que le jardin fruitier et les espaliers qu'il a fait planter, et la dépense qu'on fait au revêtement des fossés, pour les rétablir. Je ne doute point qu'ils ne soient très-agréables quand ils sont remplis et que la Grosne a la liberté d'y prendre son cours. J'ai vu avec un extrême plaisir et attention le tableau d'Henri IV, qui est dans le bout de la galerie, et j'y ai bien reconnu de nos vieux amis; mais je tremble encore que M. le Maréchal d'Huxelles ait eu quelque envie de le faire porter à Strasbourg. Hélas! sans sa vieillesse, l'affaire en auroit été faite. Cependant ces sortes de tableaux sont faits pour le principal manoir, et point du tout

---

(1) C'étoit le vrai nom des d'Huxelles.

pour voyager dans les pays étrangers; et si celui-là eût été transféré, il ne seroit jamais arrivé qu'en mille pièces.

Mademoiselle Bouton, dont j'ai grand sujet de me louer, et qui est votre très-humble servante, me conta bien des choses, et me fit voir votre portrait dans sa chambre; mais quelle mauvaise détrempe! il ne m'inspira point du tout, en le voyant, de m'écrier :

Privé de mon vrai bien, ce faux bien me soulage;

car je ne vous y reconnus point du tout. Elle me fit voir encore une chambre en haut, remplie de bien mauvais portraits, où je n'en trouvai qu'un du Cardinal de Lorraine qui pourroit convenir, par sa grandeur, à beaucoup de ceux que vous avez à Paris; mais ce n'est qu'une copie. Comme vous pouvez croire, Madame, la faim à la fin chassa le loup hors du bois, et je ne fus pas fâché de trouver un bon dîner-souper, sur les cinq heures, dans une grande salle, où Antoine du Blé, car je soupçonne que c'est lui, nous regarda toujours assez fièrement de dessus son cheval. Pourquoi n'avez-vous point fait écrire son nom? C'est que dans le items que vous habitiez ce château, vous m'étiez pas si touchée de l'ancienne portraiture, que vous l'êtes présentement, *altri tempi, altre cure* (1). Après avoir bien contenté mon appétit, je recommençai de plus belle à visiter Cormatin, et je ne négligeai pas les dehors. Nous en partîmes assez matin le lendemain. L'abbé de Montrevel nous quitta, pour s'en retourner à Tournus, et nous, par de belles prairies dont toutes les barrières nous furent ouvertes, nous arrivâmes de très-bonne heure dans le trou de Cluni (2). M. le Cardinal commença par y entendre la messe, par mettre ensuite solennellément la première pierre à l'édifice d'un hôpital, comme il avoit fait à Tournus quelques jours auparavant, où il ne manquera pas d'étaler des marques de sa piété et de sa libéralité; et puis je le suivis dans la grande et triste église de l'abbaye, mais qui ne laisse pas d'avoir son mérite, par son étendue, par ses voûtes et par quantité de tombeaux antiques qui s'y trouvent dispersés. Mais bientôt, quel magnifique mausolée y

---

(1) Autres tems, autres soins.
(2) Fameuse abbaye et chef d'ordre.

verra-t-on, par les soins de notre grand Cardinal, qui y a mis en œuvre tous les meilleurs ouvriers d'Italie, en marbres et en bronze, pour le rendre un des plus beaux de l'Europe. Tout mon déplaisir est qu'il ne sera point dans un lieu plus à la main, pour être vu et admiré; mais il a de si bonnes et de si particulières raisons pour signaler là la mémoire de ses ancêtres et de leurs descendans, qu'il n'y a pas moyen de ne les pas approuver. Nous passâmes tout le reste du jour ennuyeusement dans Cluni. Le lendemain, par des chemins diaboliques, dans une bonne litière, avec notre charmant Cardinal, je fis cinq mortelles lieues pour gagner Charolles, ville capitale du Charollois, où nous passâmes saintement la soirée avec de bons pères du tiers-ordre de Saint-François, qui, dans leur couvent hors de la ville, ont fait joliment construire et approprier un appartement pour notre adorable Cardinal, toutes les fois qu'il est obligé d'y passer pour se rendre ici; ils m'en donnèrent aussi un très-propre, et ce fut là qu'après avoir passé une très-bonne nuit, nous restâmes très-dévotement une grande partie du samedi, qui étoit le jour de la Vierge; car nous n'en partîmes que sur le soir, pour venir coucher dans ce château, qui n'en est qu'à deux lieues, et où nous sommes depuis douze jours. C'est le lieu du monde le plus agréable, et embelli par les soins de notre Cardinal, qui y a fait des dedans et des dehors qui mériteroient bien un pays plus fréquenté; car je n'ai jamais vu un désert qui ait plus d'agrémens. Ce n'est plus la Saône ni la Grosne qui arrosent nos terres, mais une petite rivière de Bourbance, qui, jolie et fort raisonnable dans de certains tems, comme dans cette saison-ci, devient, dans d'autres, fort déraisonnable par ses débordemens. Cette petite rivière embellit une des plus jolies vues qu'on puisse voir. Nous avons de très-aimables jardins, une terrasse toute pleine de mérite, et des jets d'eau de trente-cinq pieds de haut, dont on feroit cas dans une maison royale. Les dehors nous fournissent des promenades charmantes, et, entre autres, dans une belle et grande forêt fort à la main, où les chênes, qui donnent de la tête dans les nues, ne sont pas moins beaux et verts qu'au premier jour de l'univers. Mais ce lieu si charmant est à huit grandes lieues de la poste, et voilà son seul défaut, et ce qui m'a empêché, Madame, de vous remercier plutôt de votre première lettre et de votre seconde, qui étant encore adressée à Tournus, m'est venue comme par miracle. Je n'en ai pas pas fait un moindre usage que de la première; elle n'a pas été moins approuvée de notre grand Cardinal, et l'abbé de Montrevel, qui nous est revenu depuis deux jours, a été ravi de voir que vous continuiez à y faire mention honorable de toute sa couvée. Il doit venir cet hiver à Paris, et déjà je l'ai prié, sous votre bon plaisir, de souper un soir chez vous avec notre bon petit abbé des Roches. Est-ce que vous m'en dédirez, Madame ? Je suis donc présentement à Parai, en tout plaisir et en toute bonne chère.

CHANSON sur l'air : *Sommes-nous pas trop heureux, belle Iris ; que vous en semble ? etc.*

Je connois de plus en plus,
En faisant très-grande chère,
Qu'un estomac qui digère,
Vaut plus de cent mille écus.
Le mien soutient cette thèse,
Rempli de friands morceaux,
Et digérant à son aise
Truffes, melons et cerneaux.

Cependant, Madame, je vois approcher

le tems de mon départ, et ce n'est pas sans déplaisir assurément, quoique Madame de Coulanges me tienne fort au cœur ; mais enfin, comme mon pays n'est pas de ce monde, je fais état, sous le bon plaisir de notre grand Cardinal, de partir dans les premiers jours du mois prochain, si, sous le bon plaisir aussi du ciel, il lui plaît de nous envoyer de la pluie, pour mettre la rivière de Loire en état de me porter jusqu'à Orléans. Ainsi, Madame, voilà désormais notre commerce de lettres fini ; mais je m'en consolerai dans l'espérance d'avoir l'honneur de vous voir bientôt, et de vous protester, sur nouveaux frais, sans compliment aucun, que personne au monde ne vous honore plus que je fais, et n'est plus sincèrement que je le suis, avec beaucoup de respect et d'attachement, votre très-humble et très-obéissant serviteur.

Comme vous aimez à me lire, dites-vous, madame, je ne vous ferai point d'excuses d'une aussi longue lettre. Je vous remercie de l'épitaphe de feu M. le Marquis de Nangis, qu'il n'est pas impossible que je ne voie en place, et de la situation présente où est l'hôtel de Grammont, dont vous avez la bonté de me faire un récit très-fidèle. Je crains que le port de cette lettre n'effraie M. Gallois; le papier de Rome contribuera beaucoup (1) encore à le rendre considérable.

Je vais demain dîner à Marcigny-les-Nonains. J'y suis invité par l'Abbesse, nièce du père de La Chaise. Avec le secours d'un bon cuisinier qu'elle a demandé, et qu'on fera partir dès ce soir, l'on m'assure qu'elle me fera très-bonne chère.

## LETTRE XI.

*M. de Lamoignon à M. le Comte de Guitaut.*

Basseville, 20 novembre 1658.

J'ai reçu trop de marques, Monsieur, de votre amitié, pour douter de la part que vous voulez bien prendre à la grâce que le Roi m'a faite (2), et surtout à la manière dont il me l'a faite. C'est à moi maintenant à travailler que cette grâce ne tourne point contre moi, en m'en rendant digne. Je vous

---

(1) Par son épaisseur.
(2) Il venoit d'être nommé premier président du parlement de Paris.

assure que je ne plaindrai pas mes peines pour y réussir et me mettre en état de n'être point inutile à ceux qui me font l'honneur de m'aimer. Cette pensée me doit rendre agréable la fatigue de la plus pénible charge du royaume. Ces difficultés seroient fort aplanies, si vous m'y donniez occasion de de vous témoigner la sincérité avec laquelle je suis votre très-humble et très-obéissant serviteur.

## LETTRE XII.

*Le même au même.*

Paris, 14 juin 1674.

Je ne doute point que vous n'ayez eu de la joie de la grâce que le Roi a accordée à M. le premier président. Je vous avoue qu'elle m'a surpris, et que je ne m'attendois pas qu'elle dût sitôt arriver. Vous devez être bien persuadé qu'il ne peut venir de bonne fortune dans aucune maison où vous ayez plus de personnes qui vous soient sincèrement acquises. Je suis revenu d'un voyage que j'ai fait aux eaux de Vichy, où j'ai retrouvé ma santé qui étoit en assez méchant état. Je voudrois pouvoir l'employer pour votre service, et vous témoigner à quel point je suis tout à vous.

## LETTRE XIII.
### *Le même au même.*

Basseville, 15 avril 1667

Je suis si sensiblement touché de la perte que vous avez faite, Monsieur, que je ne puis attendre mon retour à Paris, qui sera tout au plus tôt, pour vous en témoigner ma douleur. Je sais que tous vos amis vous parleront de la même manière sur ce sujet, et que les indifférens même ne peuvent pas s'empêcher d'avoir de la compassion pour la perte que vous avez faite ; mais je vous assure que je me distingue fort en moi-même de ce grand nombre, et que, comme on ne peut être plus persuadé que je suis et de votre mérite et de la bonté que vous avez pour moi, on ne peut aussi s'intéresser avec plus de force et de sincérité que je ferai toujours en tout ce qui vous touche. Je crois que vous me ferez bien la justice de n'en pas douter ; mais vous me feriez une grande grâce si vous l'éprouviez en quelque chose de bien solide, vous assurant que je ne saurois rien faire qui me fût plus agréable, que de vous témoigner que je suis de tout mon cœur votre très-humble et très-obéissant serviteur.

## LETTRE XIV.
### Le même au même.

Paris, ce 28 janvier 1674.

J'AI reçu tant de marques de l'honneur de votre amitié, que je n'ai pu douter que vous n'ayez bien voulu prendre quelque part en la joie que le mariage de mon fils me donne. Cela n'est pas même, entre vous et moi, aux termes d'un compliment ordinaire, puisque l'honneur que mon fils a de vous appartenir d'une alliance très-proche, fait une principale partie de la satisfaction que je reçois en cette occasion, et que d'ailleurs vous avez agi pour ce mariage d'une manière si obligeante pour nous, que vous le devez regarder en quelque façon comme votre ouvrage. Pour moi, Monsieur, je voudrois vous pouvoir offrir quelque chose de nouveau dans cette rencontre; mais je vous étois déjà acquis par une profession si particulière et par une inclination si forte à vous honorer, qu'il me semble que cette nouvelle obligation, ni aucune autre chose, n'y peut rien ajouter, ne pouvant être plus que je suis, il y a long-tems, votre très-humble et très-obéissant serviteur.

## LETTRE XV.

*Le même au même.*

Paris, 1$^{er}$ juillet 1666.

En vérité Monsieur, je suis dans la dernière confusion de n'être pas des premiers à vous témoigner la part que je prends aux pertes que vous avez faites. Je ne sais comment il est arrivé qu'un séjour de près de deux semaines, que la commodité des fêtes, et la nécessité de ma santé, qui n'étoit pas trop bonne, m'a obligé de faire à la campagne, m'a empêché de savoir plutôt le secret de de votre affliction. Mais j'ai bien cette confiance dans la vérité et dans l'honneur de de votre amitié, que vous me faites la justice de croire qu'il n'y a personne qui s'intéresse plus à tout ce qui vous regarde que je ferai toujours. On me fait espérer que nous aurons bientôt l'honneur de vous voir. J'en ai bien de l'impatience, car il me semble qu'il y a bien long-tems que vous êtes absent, et il m'ennuie fort que je ne puisse vous dire du meilleur de mon cœur que je suis, plus que personne du monde, votre très-humble et très-obéissant serviteur.

## LETTRE XVI.

*M. le Duc de Beaufort au même.*

Toulon, 22 février 1664.

JE suis très-considérablement obligé à M. le Prince d'avoir répondu pour moi de la manière qu'il a fait au Roi, auprès duquel on m'a voulu donner un tour. Je ne m'en étonne pas, les absens sont sujets à cela. Ce ne m'a pas été une petite joie d'apprendre le don de la pension de M. le Duc, qui en sera plus agréablement traité du maître à l'avenir, croyant l'avoir obligé. Mille reconnoissances à M. le Prince. Je ne manquerai pas de lui écrire et d'avoir l'honneur de lui assurer de mes fidèles services; ils lui sont acquis et à M. le Duc. Pour vous, Monsieur, je ne peux assez vous témoigner combien je suis à vous.

## LETTRE XVII.
*Le Cardinal de Retz au même.*

Rome, 1er juin 1667.

MONSIEUR, je viens d'apprendre votre perte, et crois que vous ne doutez pas que je ne la ressente comme je dois, puisqu'il n'y a personne au monde qui prenne plus de part à tout ce qui vous touche, à qui l'honneur de votre amitié soit plus sensible, et qui soit avec plus de passion et plus de sincérité, Monsieur, votre affectionné serviteur.

## LETTRE XVIII.
*M. Bergier, confesseur du grand Condé, au même.*

Chantilly, ce 22 septembre 1680.

LA lettre que vous m'avez fait l'honneur de m'écrire, du 15 septembre, m'a donné une joie que je ne peux vous exprimer. J'y ai vu,

Monsieur, des sentimens si beaux et si chrétiens, que j'ai remercié Dieu de tout mon cœur de vous les avoir donnés. Je le supplie de continuer à vous en remplir. Ce sont les sentimens qu'il a coutume de communiquer aux âmes qu'il veut élever à une haute perfection. Plût à la divine bonté que nos amis fussent capables de ces bons sentimens, et qu'ils voulussent faire dès maintenant ce qu'ils ne feront toujours que trop tard, quand ils commenceroient dès demain ! Ils ne pèchent point par ignorance ; ils ont des lumières tout ce qu'il en faut pour éclairer un royaume entier. Il faut espérer qu'à la fin ils prendront le chemin que ces lumières leur montrent. Vous les connoissez, il n'y a rien à faire auprès d'eux, à moins qu'ils soient prévenus d'une grande estime ou d'une forte amitié, pour ceux qui leur parlent et les veulent engager à accomplir leurs devoirs. Mon peu de mérite ne m'obtiendra jamais ni l'une, ni l'autre. Je n'ai auprès d'eux aucun caractère, je ne peux espérer d'en être considéré que comme un vieux, un bon et affectionné serviteur ; mais, et la vieillesse, et la bonté, et l'affection, ne donnent aucun crédit, je n'en ai que trop de preuves. Je ne laisse pas de faire ce que je peux. Grâces à Dieu, je ne crains rien; une disgrâce qui m'enverroit dans un petit coin de province, achever le reste de mes jours dans la retraite et dans la solitude, est la chose du monde que je souhaite avec le plus de passion. Ne désespérons pourtant de rien, *non est abreviata manus Domini*, demandons à Dieu incessamment qu'il regarde nos amis d'un œil de miséricorde; il se plaît à être importuné, nous en obtiendrons ce que vous et moi désirons avec tant de passion. Mais parlons un peu de la santé de S. A. S. Monseigneur le Prince, elle se rétablit tous les jours, et il y a espérance que ce grand Prince ne sera de long-tems malade. Il y a huit jours qu'il prend du lait d'ânesse avec beaucoup de succès; il en prendra encore autant pour le disposer au lait de vache qu'il reprendra. Vous savez bien qu'il a perdu la plus jeune de Mesdemoiselles ses petites-filles. On la nommoit Mademoiselle de Clermont. Elle mourut mardi dernier. Adieu, mon cher Monsieur, aimez-moi toujours un peu, et me croyez, ce que je suis très-véritablement, votre très-humble et très-obéissant serviteur.

Mes très-humbles respects à Madame la Comtesse de Guitaut, et mille recommandations aux saintes prières de *la très-bonne* et de M. Mazeins.

## LETTRE XIX.

*M. de la Rochefoucault au même.*

19 novembre 1651.

J'AI la plus grande joie du monde d'apprendre que Madame votre femme est grosse, et que vous vous portez mieux. Ces petites rechutes ne vous doivent pas inquiéter; il faut s'étourdir soi-même, si on peut, et se distraire de l'application des affaires fâcheuses et de celle de la maladie, et s'occuper, s'il est possible, à ce qui divertit le plus. Ces conseils-là sont bien plus aisés à donner qu'ils ne le sont à suivre. Je suis très-fâché de ce que vous me mandez de M. l'Esnet, et je m'assure qu'il en sera bien fâché aussi, quand il y aura fait réflexion. Ce qui m'en déplaît le plus, c'est que je n'y vois guères de remèdes, et qu'en cent ans on ne réparera pas ce qu'il a détruit. Ce que vous me mandez d'un autre homme de mes amis, me fera hâter mon voyage. Je ne puis plus résister à l'impatience que j'ai de le voir, et je vous retiens pour faciliter notre entrevue. Je prétends être à Noël à Paris, si ma santé me le permet. Je suis ravi que vous y passiez l'hiver. Je vous conjure que je sache si la mère (1) de notre ami se laisse fléchir ou non sur l'argent. Ce sera une chose terrible si elle ne fait pas ce qu'elle doit là-dessus. Je ne doute pas que son frère ne lui dise son avis; mais je voudrois qu'il le dît de sorte à faire connoître qu'il désire qu'il soit suivi. Il est impossible d'écrire tout ce qu'on pense là-dessus. J'espère que je vous le dirai bientôt. Je suis à vous sans réserve.

Il n'est pas nécessaire de vous dire de faire en sorte que Madame votre femme se ménage au dernier point dans l'état où elle est. Vous en savez toutes les conséquences, et vous êtes en lieu de bon conseil; mais il est vrai que la moindre chose peut étrangement nuire à sa santé.

---

(1) Madame la Princesse de Condé, mère du Grand Condé.

## LETTRE XX.
*Le même au même.*

22 décembre 1657.

JE me persuade que vous vous souvenez encore assez de moi, pour trouver bon que je m'adresse à vous pour vous demander des nouvelles de la santé de monseigneur le Prince, et pour vous supplier de l'assurer que personne n'a ressenti une plus véritable joie que moi, de sa guérison. Je vous jure que je vous ai considéré comme je l'ai dû faire dans toutes les craintes de sa maladie, et que, dans un si grand malheur, j'ai pris part à toutes vos peines et à toutes vos inquiétudes. Je suis ravi qu'elles soient finies. Je vous conjure de le témoigner à Monseigneur le Prince, et de l'assurer de mes très-humbles respects. J'ai demandé la même grâce à madame de Tourville; mais, comme j'ai su qu'elle n'est plus à Gand, j'ai cru que vous voudriez bien vous charger de ce soin-là. Je vous demande la continuation de votre amitié, et je vous proteste que vous ne l'accorderez jamais à personne qui soit à vous si véritablement que j'y suis.

Lettres inéd.

## LETTRE XXI.
*Le même au même.*

Ce 26 d'août, à la Terne, 1667.

Vous m'avez fait un plaisir sensible, et il n'y a que vous de qui je le puisse attendre. Mon fils m'a expliqué la chose et la part que vous y avez. Rien au monde n'est mieux. Je m'en vais à Baréges. Je voudrois y recevoir de vos nouvelles et de l'état de la santé de Madame votre femme. Trouvez moyen, je vous conjure, de me faire savoir ce qui vous regarde. Il n'y a personne au monde, sans exception, à qui cela touche tant qu'à moi. Je vous écrirai quand je pourrai; faites-en de même. J'ai passé à Lille, où j'ai fait vos complimens et vos excuses. On vous prépare de grands reproches. J'ai dit tout ce que j'ai pu; mais on ne se paye pas de médiocres raisons. Au reste, je crois que Madame la Comtesse est une ingrate, car je n'ai point vu de tableau, et si j'ai sollicité de toute ma force.... Je finis par où j'ai commencé, croyez fermement que vous m'avez fait un grand plaisir, et que je le sens bien. Aussi, Dieu vous le rende! Bon soir.

## LETTRE XXII.
### *Le même au même.*

Ce 15 novembre 1664.

Vos raisons sont très-bonnes; mais avec tout cela vous ne laisserez pas de venir: vous serez même fort nécessaire ici à bien des choses que vous jugez bien. Pour moi, je vous y souhaite de tout mon cœur, pour mon seul divertissement, qui est fort grand d'être avec vous. Assurément nous aurions d'amples matières de conversation, et votre entremise seroit utile ici à bien des gens; et encore une fois, je crois que tout cela vous y fera venir malgré que vous en ayez. J'ai mandé à un de nos amis de demeurer où il est jusqu'à ce que les affaires qui l'y retiennent soyent achevées; et comme elles doivent finir très-promptement, je m'imagine qu'il saura bientôt sa destinée. Je suis ravi que vous ayez si heureusement réparé la perte que vous aviez faite dans votre famille. Il n'y a guères de nouvelles ici. La

Reine se porte mieux. On va danser un ballet. J'attends le retour de M. l'Esnet pour savoir à quoi m'en tenir de mon affaire. Je parle souvent de vous avec ma voisine, et elle m'est d'un grand secours. Vous lui seriez nécessaire ici aussi bien qu'à d'autres. Nous nous entendons bien sur mille choses. Je voudrois pourtant bien que nous en pussions parler à loisir. Je vous conjure de me mander si vous avez absolument résolu de ne point venir, quoi qu'on vous dise. Je ne sais quand je m'en irai, parce que j'ai ici des affaires; mais quelque hâte que je puisse avoir, je ne partirai point que je ne vous aie vu, quand même il vous faudroit donner un rendez-vous. Si j'apprends quelque chose aujourd'hui, digne de votre curiosité, je l'ajouterai à ma lettre avant qu'elle parte, sinon contentez-vous-en, et me croyez plus sincèrement à vous que personne du monde.

Au reste, vous m'écrivez avec des façons que, si vous continuez, nous ferons comme les évêques.

Depuis vous avoir écrit, il est arrivé un courrier de Gigery, qui dit que les Maures sont arrivés devant les lignes, et qu'ils ont mis du canon sur des hauteurs, dont ils ont rasé les deux tours; ce qui a fait prendre à nos gens le parti de se retirer dans ce qui leur restoit de vaisseaux. Je crois qu'ils ont laissé leurs chevaux et leurs malades. Le reste s'est embarqué sans avoir combattu. Il est demeuré aussi quelque cinquante soldats qui ont mieux aimé se jeter dans la mer que d'attendre les ennemis. M. de Beaufort et M. de Vivonne étoient partis trois jours auparavant. Il y a aujourd'hui quinze jours que cela est arrivé. Castelane arrive ici demain, qui en dira toutes les particularités. On dit qu'on donne la Guyenne à M. de Beaufort, et qu'on supprime l'amirauté. Voilà tout ce que je sais.

## LETTRE XXIII.

### *Le même au même.*

Paris, 22 septembre 1664.

IL faut être bien effronté pour oser me demander d'écrire, après tout ce que vous avez fait pendant que j'ai été en Poitou. Néanmoins, comme je pars tout à cette heure pour aller à Chantilly, et de là à Liancourt, je passerai par-dessus les reproches, et vous dirai, comme si de rien n'étoit, que je vais voir ce qu'on me dira touchant l'affaire dont je veux parler, comme je vous l'ai dit, et (*le sieur Gourville*) l'homme dont vous me demandez des nouvelles, est toujours où il étoit. Il se résout à y demeurer tout l'hiver, si ce n'est qu'il aille en votre voisinage pour peu de tems, voir un homme avec qui il a des affaires. Il ne m'a point mandé s'il est content ou non de la condition que l'on lui veut faire. Je crois que l'affaire de M. Fouquet ira plus vite qu'on a cru. On met toutes les maisons et toutes les terres des trésoriers de France à bail judiciaire. J'ai dit à un de vos gens, depuis huit jours, tout ce que je savois de nouvelles en ce tems-là. Il n'est rien arrivé depuis, qui mérite d'être écrit. Le Roi est à Villers-Coterets et en reviendra jeudi. L'ami (*Gourville*) que vous avez laissé ici dans une assez méchante affaire, est toujours de même avec ceux qui se sont déclarés ses ennemis de tous sexes et de toutes professions; il a eu une longue conversation avec votre patron, qui en paroît assez satisfait. Je pourrai peut-être vous en dire davantage à mon tour. Je m'ennuie pour le moins autant ici que vous faites à la campagne, et je voudrois de tout mon cœur être à Epoisses. Je vis hier une Dame qui vous a estimé, ce me semble, plus qu'elle ne fait. Nous dîmes pourtant du bien de vous ; mais je crois qu'elle n'y a pas trouvé tout le mérite qu'elle pensoit. Ce que vous me mandez du camarade d'un de nos amis éloigné, a plus fait de bruit, il y a quelque tems, qu'il n'en fait à cette heure, et on ne croit pas que cela produise rien de considérable. On a parlé du mariage de M. de Savoie et de la cadette, Mademoiselle de Nemours, comme d'une chose faite. On en parle à cette heure douteusement. Le prince François a demandé l'aînée comme sa femme ; on la lui refuse, et cela retarde le mariage d'elle et du Roi de Portugal. On dit que l'on ne fera plus rien en Hongrie, et qu'on ne fera pas grand'chose à Gigery. Me voilà à bout de nouvelles, et il faut que je parte présentement. Si vos gens me veulent avertir un jour devant que le courrier parte, je vous écrirai plus régulièrement que je ne devrois, après l'affront que vous m'avez fait. Je vous manderai tout ce que j'aurai vu à Chantilly. Je crois que Madame la Palatine y sera ; elle est venue ici pour deux jours. Adieu, je suis plus à vous que personne du monde.

## LETTRE XXIV.

*Le même au même.*

A la Terne, 24 septembre 1667.

J'AI appris ce matin que vous êtes à Chantilly, et que Madame votre femme y est aussi en bonne santé. Je vous assure que je ne pouvois pas recevoir une meilleure nouvelle. Mandez-moi quelquefois ce que vous saurez, et que la paresse ne vous reprenne pas sitôt. J'ai eu mille maux depuis que je suis en ce pays-ci. J'en suis quitte présentement; mais j'attends la goutte à mon ordinaire. J'espère que je vous verrai cet hiver. Je vous ai écrit, il y a un mois, pour vous remercier du plus grand plaisir que je pouvois recevoir. Je ne suis pas près de l'oublier. Adieu, j'ai tant de gens à entretenir ce soir, que je ne vous en dirai pas davantage.

## LETTRE XXV.

*Le même au même.*

Du camp devant Lille, ce 20 d'août 1667.

NE croyez pas que je vous oublie jamais. Ce n'est pas pour être meilleur que les autres que je vous dis ceci, mais parce que je ne serai jamais assez heureux pour que la tête me tourne. J'ai reçu deux de vos lettres depuis quatre jours, et il ne se peut rien ajouter à vos soins. Je crois que vous serez bien étonné de savoir que je suis volontaire depuis six semaines, et que je fais tout comme ceux qui se portent bien. M. le Duc nous a fait grand'peur; il a eu la fièvre deux fois vingt-quatre heures, continue et très-violente; elle le quitta hier. Je ne sais si on le portera à Tournai, ou s'il demeurera au camp. J'ai été d'avis que l'on prît par écrit l'avis des médecins et qu'on le suivît exactement. M. de Brioles m'a dit qu'il se serviroit de cela pour demander un congé. Apparemment ce mal n'aura pas de suite, et vous serez libre de venir ou de ne venir pas. Je ne doute pas que M. le Prince ne soit parti sur le bruit de la maladie; mais je crois qu'il ne continuera pas son voyage, sachant que Monsieur son fils se porte mieux. Puisque vous voulez savoir des nouvelles de mon Abbaye, j'ai eu celle de Fonfrède, en Languedoc, avec l'économat; elle vaut quinze mille livres de rente; elle est pour celui de mes enfans que vous connoissez et qui se nommoit M. d'Anville. Il ne se peut rien ajouter à la manière, et tout s'est passé là-dessus comme je le pouvois souhaiter. Je suis venu ici ensuite et on me traite assez bien. Je crois que je demeurerai cet hiver à Paris, et qu'au printems j'irai jouir des douceurs de la campagne; je n'en sais pas davantage. J'ai parlé à M. le Prince de ce qu'il me doit, et je vous assure que j'en ai eu bien de la peine. Il m'a promis, le plus solennellement du monde, de me payer en la manière que vous savez; je lui en ferai ressouvenir. Adieu, conservez-moi votre amitié, et croyez que je serai, toute ma vie, plus à vous que personne du monde.

## LETTRE XXVI.
*Le même au même.*

Paris, 21 mai 1667.

Je viens d'apprendre, par M. de Brioles, l'accident qui est arrivé aux couches de Madame votre femme. Je ne vous dis point que j'en suis aussi affligé que vous-même, parce que je crois que vous n'en doutez pas. Je vous conjure de me mander de ses nouvelles et des vôtres. Je vous ai écrit, il n'y a pas quinze jours, une assez longue lettre ; je voudrois bien savoir si vos gens vous l'ont envoyée. Il n'y a rien présentement qui puisse être mandé, que l'aventure du chariot, dont je m'assure que vous êtes informé comme nous. Quand je saurai le nom des principaux acteurs, je vous le manderai. Le fils de Jarzé a eu permission de porter le mousquet dans le régiment du Roi, commandé par M. d'Anseaux. Par ce moyen-là il verra le Roi, et cela fait son affaire insensiblement. La paix d'Angleterre n'est pas faite encore, et même il semble qu'elle s'éloigne. Me voilà à bout de nouvelles. Je suis plus à vous que personne du monde.

## LETTRE XXVII.

*Le même au même.*

Je ne vous pardonnerai jamais la trahison que vous me fîtes hier. Vous saviez bien l'envie que j'avois de voir Madame de Guise, et vous n'eûtes pas la charité de m'avertir que j'étois devant elle. C'est à vous à lui demander pardon pour moi, d'avoir manqué en tant de manières au respect qu'on lui doit. Réparez cela le mieux que vous pourrez. Je vous disois bien que je n'aurois pas le courage aujourd'hui d'aller à la fête; mais, si vous voulez me mander à quelle heure M. le Duc sera habillé, je m'y trouverai, et de là j'irai au Palais-Royal pour voir le reste. Je suis le plus aise du monde d'avoir trouvé Madame votre femme en bien meilleur état que je ne pensois. Faites-lui bien des complimens pour moi, et assurez-la que je l'aimerai bientôt autant que vous.

FIN.

IMPRIMERIE DE POCHARD.

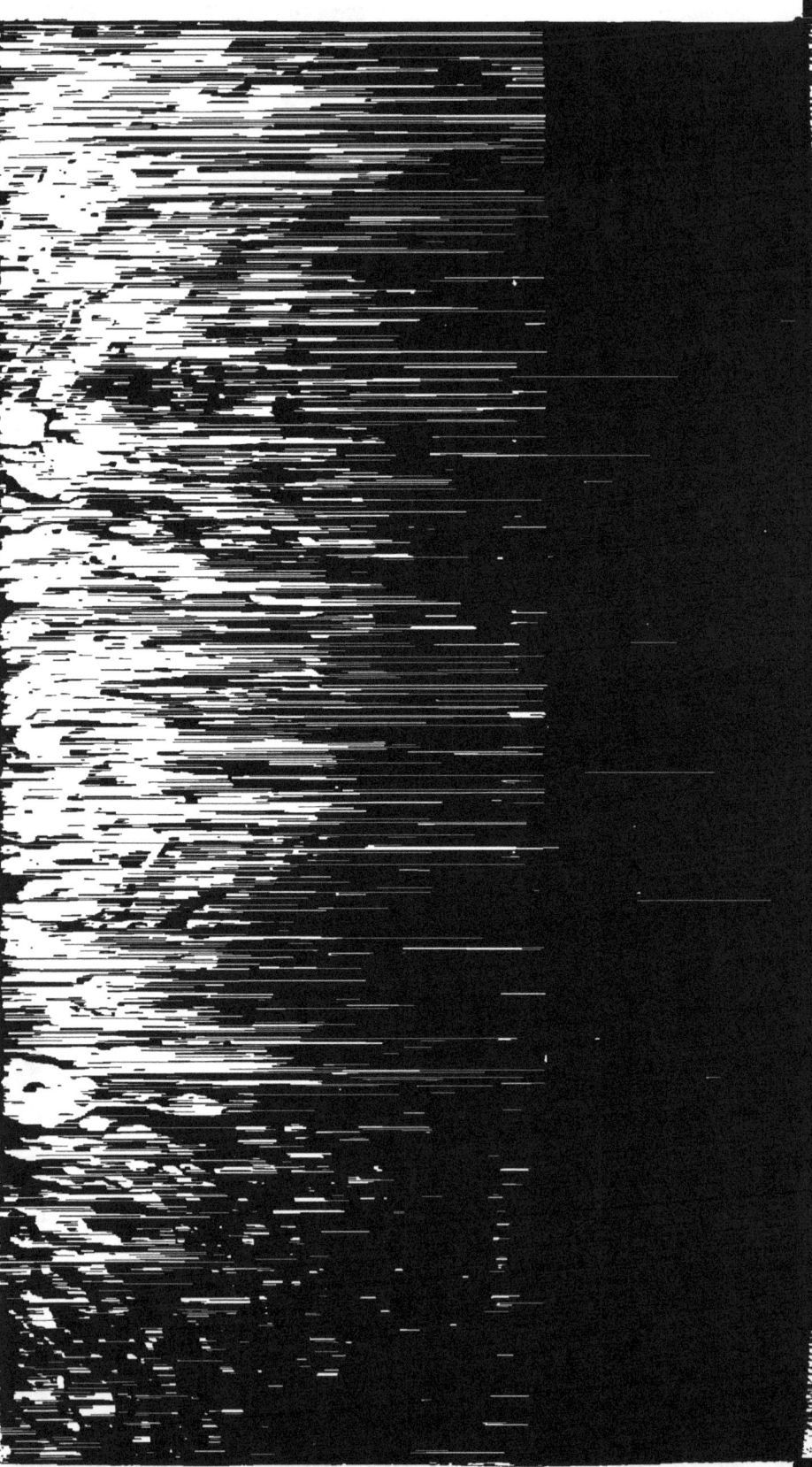

www.ingramcontent.com/pod-product-compliance
Lightning Source LLC
Chambersburg PA
CBHW050422170426
43201CB00008B/510